Jens-Christian Möller
Esta Schlenther-Möller

Kita-Leitung

Leitfaden für Qualifizierung und Praxis

Cornelsen

Umschlaggestaltung: Ungermeyer, grafische Angelegenheiten, Berlin
Titelfoto: Fotolia / © Carola Vahldiek

7. Auflage 2016

Druck: AZ Druck und Datentechnik GmbH, Kempten

ISBN 978-3-589-24783-7

PEFC
PEFC/04-31-2260

PEFC zertifiziert
Dieses Produkt stammt aus nachhaltig bewirtschafteten Wäldern und kontrollierten Quellen.

www.pefc.de

Inhaltsverzeichnis

Vorwort 7

1 Einleitung 9

2 Leitungspersönlichkeit 11

2.1 Soziale Rollen 11
2.2 Rollenerwartungen 12
2.3 Schlüsselqualifikationen 14
2.4 Rollenverständnis von Leitung 17
2.5 Macht in sozialen Organisationen 20

3 Arbeitsorganisation und Zeitmanagement 22

3.1 Grundlagen des Zeitmanagements 22
3.2 Arbeitsmanagement 26
3.2.1 Störfaktoren erkennen 26
3.2.2 Umgang mit Arbeitsstörungen 26
3.3 Exkurs „Mitarbeiter-/Teambesprechung" 31
3.3.1 Wie wird die Tagesordnung aussehen? 34
3.3.2 „Jour fixe" als Ergänzung zur Teambesprechung 37
3.4 Tagesstruktur 38
3.5 Zeitplanung – Ziele setzen 44
3.5.1 Was sind Ziele? 45
3.5.2 Zielebenen der Kita 47

4 Teamentwicklung 48

4.1 Was ist ein Team? 48
4.2 Gruppen und Teams 54
4.3 Was zeichnet ein gutes Team aus? 57
4.4 Überprüfen Sie die eigene Teamsituation 58
4.5 Gruppendynamische Aspekte von Teamentwicklung .. 62
4.5.1 Gruppendynamische Prozesse auf vier Ebenen 62
4.5.2 Gruppendynamische Rollen 63
4.5.3 Rollen in erfolgreichen Teams 66

5 Mitarbeiterführung 68

5.1 Definitionen „Führung" 69
5.2 Führungsaspekte 70
5.3 Selbstreflexion 72
5.4 Das Verhaltensgitter (nach Blake/Mouton) 75

5.5 Situationsorientiertes Führen und Entscheiden 77
5.5.1 Situationsorientiertes Entscheiden 77
5.5.2 Situationsorientiertes Führen 78
5.6 Delegation 81
5.6.1 Grundsätzliches 81
5.6.2 Auswirkung von Delegation 83
5.6.3 Widerstand gegen das Delegieren 84
5.7 Kontrolle als Führungsmittel 86
5.8 Motivation 89

6 Finanzierung von Kindertageseinrichtungen 92

6.1 Grundlagen der öffentlichen Kita-Finanzierung 93
6.1.1 Elternbeiträge 94
6.1.2 Kommunale Förderung der Kindertageseinrichtungen 94
6.1.3 Die Bedeutung der Kommune 96
6.2 Die Bedeutung des Haushaltsplanes 98
6.2.1 Auswirkungen auf die kommunale Kita 102
6.2.2 Deckungsgrundsätze 103
6.2.3 Über- und außerplanmäßige Ausgaben 104
6.2.4 Der Stellenplan 105
6.3 Kindertageseinrichtung unter „freier Trägerschaft“ 106

7 Die Verwaltungsorganisation in der Kindertageseinrichtung 111

7.1 Die Büroorganisation 111
7.1.1 Einteilung eines Büros 113
7.1.2 Wie soll das Ablagesystem aufgebaut sein? 116
7.2 Büroablage mit SPEED 117
7.3 Arbeitssicherheit und Gesundheitsschutz 119
7.4 Arbeiten mit dem PC 121

8 Qualitätsmanagement in Kindertageseinrichtungen 123

8.1 Gründe für Qualitätsentwicklung in Kitas 123
8.2 Zwei QM-Linien 126
8.3 Vier Ebenen der Qualität 127
8.4 Qualitätskonzepte im Überblick 128
8.4.1 Der „Kronberger Kreis“ 128
8.4.2 Die Kindergarten-Einschätz-Skala (KES-R) 132
8.4.3 Das Konzept der DIN EN ISO 9000 ff. (ISO 9000) 133
8.4.4 Die 3-D-Prozessoptimierung (BETA Ltd.) 140
8.4.5 IQUE – Integrierte Qualitätsentwicklung 144

8.5 Dimensionen der Qualitätsmanagementkonzepte und Schritte der Qualitätsentwicklung 144

9 Kommunikation und Konfliktmanagement 147

9.1 Miteinander umgehen: „Komm- und Geh-Struktur“ 147
9.2 Grundlagen guter Kommunikation 149
9.2.1 Grundsätze nach Watzlawick 149
9.2.2 Vom Sender zum Empfänger 152
9.2.3 Hilfsmittel der Kommunikation 153
9.2.4 Fragetechniken 154
9.3 Positive nonverbale Signale – Körpersignale 158
9.4 Gesprächsrahmen 159
9.5 Veränderung der Wahrnehmung durch Kommunikation 161
9.6 Teamkommunikation nach TZI-Regeln 164
9.6.1 Was ist TZI? 164
9.6.2 Das TZI-Dreieck 165
9.7 Konfliktbewältigung in der Kita 168
9.7.1 Was ist ein Konflikt 168
9.7.2 Konfliktbearbeitung 170
9.7.3 Strategien zur Konfliktlösung 170

10 Mitarbeiterinnengespräche führen 177

10.1 Grundsätzliches und Zielvereinbarungen 177
10.2 Vorbereitung eines Mitarbeiterinnengesprächs 184
10.3 Das Kritikgespräch 187
10.4 Das Anerkennungsgespräch 188

11 Öffentlichkeitsarbeit/PR 192

11.1 Grundlegendes 192
11.1.1 Öffentlichkeitsarbeit speziell in Kitas 192
11.1.2 Der Nutzen der Öffentlichkeitsarbeit 195
11.2 Interne Kommunikation 197
11.3 Externe Kommunikation 198
11.3.1 Das Info-Brett 198
11.3.2 Elternbriefe 201
11.3.3 Ereigniskalender 202
11.3.4 Pressearbeit 205
11.4 Jahresberichte und Statistik 206

12 Marketing 211

12.1 Begriff des Marketings und Ausrichtung von Kitas 212

12.2 Zielrichtungen des Marketings ... 215
12.3 Marketinginstrumente ... 218
12.3.1 Trendanalyse ... 220
12.3.2 Stärken-Schwächen-Analyse (SWOT-Analyse) ... 223

13 Konzeptionsentwicklung ... 225

14 Zusammenarbeit und Erziehungspartnerschaft mit Eltern ... 231

15 Beobachtung in der Kita ... 237
15.1 Grundlegendes ... 237
15.2 Praxis der Beobachtung ... 240
15.2.1 Regelmäßigkeit und Systematik ... 240
15.2.2 Vorbereitung und Durchführung von Beobachtungen ... 242
15.2.3 Beobachtungsrahmen ... 247
15.3 Datenschutz ... 252

Anhang: Hilfen für die Personalarbeit ... 257
Arbeitsrechtliche Grundbegriffe von A bis Z ... 257
Muster von Aufgabenprofilen/Stellenbeschreibungen ... 259

Literaturverzeichnis ... 266

Stichwortverzeichnis ... 268

Vorwort

Pädagoginnen und Pädagogen aus dem Elementarbereich sind in den vergangenen Jahren mehr und mehr ins öffentliche Blickfeld geraten, je mehr die Bedeutung der Elementarpädagogik öffentlich diskutiert worden ist. Studien wie die internationale Bildungsstudie PISA oder IGLU (Internationale-Grundschul-Lese-Untersuchung) hatten zur Konsequenz, dass die Anforderungen an Erzieherinnen und Erzieher immer stärker gestiegen sind.

Schon die Diskussion um „Kundenorientierung" hatte zu Veränderungen geführt, die nun auch die pädagogische Ebene erfasst hatte. In der Folge entstanden Bildungs- und Orientierungspläne für den Elementarbereich, die z.T. nicht unerhebliche Auswirkungen auf den Alltag von Kindertageseinrichtungen (und andere sozialpädagogische Arbeitsfelder) haben werden.

Leider haben die Rahmenbedingungen, unter denen Elementarpädagogik gestaltet werden soll, nicht die gleiche Aufmerksamkeit und die notwendige politische (und finanzielle) Lobby gefunden und sind daher trotz anders lautender Beteuerungen nicht im erforderlichen Maß verbessert worden.

Aus unserer Sicht haben es unter den veränderten Bedingungen „Allrounder" unter den Pädagoginnen und Pädagogen nicht gerade einfach. Neben soliden Grundkenntnissen und fundiertem Fachwissen, sind spezifischere Ausrichtungen unvermeidlich. Speziellere Weiterbildungen (z.B. integrative Erziehung, naturwissenschaftliche Bildung, musikalische Früherziehung, Sprachkompetenzförderung, Kleinstkindpädagogik u.v.a. mehr) lassen deutlich werden, dass auch die Leitung sich nicht mehr nur als „erste Erzieherin" verstehen kann. Die Gestaltung bedarfsgerechter Angebote, die Schaffung neuer Organisationsformen und eine gut organisierte Kommunikation nach innen und nach außen sind nur einige wichtige Aufgabenbereiche von Leiterinnen und Leitern.

Darüber hinaus bedeutet „Leiten" auch, sich mit Fragestellungen von Führungskompetenz (verstanden als Subjektkompetenz) auseinanderzusetzen, die im Rahmen der Vermittlung pädagogischer Fachkompetenz u.U. unberührt geblieben sind. Es geht also z.B. um Organisieren, Verwalten, Steuern etc. und auch um einen offenen Umgang mit tabuisierten Themen, wie z.B. „Macht in sozialen Organisationen" oder der (Neu-)Definition der eigenen Rolle als Leitungsmitarbeiterin.

Wir möchten angehenden und schon praktisch tätigen Leiterinnen und Leitern mit diesem Buch einen Leitfaden an die Hand geben, der sie bei der Auseinandersetzung mit den aufgeworfenen Fragestellungen unterstützt, sie bei einer Qualifizierung für eine Leitungsfunktion begleitet und der auch in der Praxis hilfreich ist und zur Hand genommen wird, um Themen nachzulesen. Über dieses Anliegen informiert genauer das Kapitel 1, die Einleitung dieses Buches.

Wir möchten in diesem Zusammenhang allen jenen danken, die uns über Jahre hinweg in kritischer und engagierter Diskussion begleitet haben. Insbesondere denjenigen, die sich auf den Weg gemacht haben, ihre Leitungsrolle zu überprüfen, neu zu definieren, und denjenigen, die die Entscheidung getroffen haben, den Wechsel von der pädagogischen Fachkraft „Erzieherin" zur Leiterin einer der wichtigsten sozialen Organisationen, die es bei uns gibt, bewusst zu gehen, und dabei viele neue und kreative Ideen und Lösungen für den Kindergarten entwickelt haben.

Noch eine ganz praktische Anmerkung: Es ist leseunfreundlich und umständlich, stets die weibliche und männliche Form von Berufsbezeichnungen zu benutzen und so haben wir uns für eine Form entschieden. Da in unserem Berufsfeld weit überwiegend Erzieherinnen anzutreffen sind, ist unsere Wahl auf die weibliche Form gefallen – und in Umkehrung der sonst in Büchern üblichen Floskel bitten wir alle (männlichen) Erzieher und Leiter, sich natürlich gleichermaßen mit angesprochen und auf keinen Fall diskriminiert zu fühlen.

April 2007

Jens Möller und Esta Schlenther-Möller

1 Einleitung

Leiten und Führen von sozialen Organisationen ist eine komplexe Aufgabe geworden. Mehr noch als in früheren Jahren haben sich der Umfang der Aufgaben, die zu bewältigenden Anforderungen und die anspruchsvollen Inhalte zu einer großen Herausforderung für Leitungskräfte entwickelt.

Auch – aber nicht nur – unter diesem Gesichtspunkt stellt sich die Frage, wie Leitungskräfte im Bereich von Kindertagesstätten, Kindergärten, Horten, Kitas – wir benutzen im Folgenden als Oberbegriff Kita – auf ihre neue Rolle und auf ihre Leitungsaufgabe vorbereitet werden.

Hintergrund

Im Regelfall sind Kita-Leiterinnen nicht gezielt auf eine Leitungs- und Führungsaufgabe vorbereitet worden – häufig gab es allerdings auch keine entsprechende Zielsetzung. Kindergartenleitung wurden viele Erzieherinnen, weil eine Stelle frei geworden ist, sie gefragt wurden oder aus ähnlichen Gründen.

So sind Kita-Leiterinnen vielfach eher auf sich allein gestellt, um sich das notwendige „Know-how" anzueignen.

Selbsterfahrene Leitungsmodelle oder das Handeln nach Versuch und Irrtum sind dabei wohl noch die häufigsten Möglichkeiten zum Erwerb von Leitungskompetenz. Seltener – aber doch immer häufiger – ist der Weg, sich gezielt auf die Leitungstätigkeit vorzubereiten.

Systematische Möglichkeiten, sich dem Leitungsthema professioneller zu nähern, bieten die von verschiedenen Bildungsträgern angebotenen Sozialmanagement-Lehrgänge oder, wie z.B. in Niedersachsen, Bremen und Schleswig-Holstein, die Weiterqualifizierungen zur Fachwirtin für Kindertageseinrichtungen. Wir benennen diese Lehrgänge hier nur exemplarisch, angesprochen sind selbstverständlich alle vergleichbaren Bildungsmaßnahmen und das Angebot ist im Fluss und entwickelt sich weiter.

Zielsetzung und angesprochene Leserinnen: 1. angehende Leiterinnen

Mit dem vorliegenden Band soll

- Erzieherinnen, die für sich den Entschluss gefasst haben, in den Leitungsbereich zu wechseln, die Möglichkeit gegeben werden, einen praxisorientierten Überblick über die Themen zu erhalten, mit deren Lösung sie im Rahmen einer Leitungstätigkeit konfrontiert werden (können).

2. Anregungen für die Praxis

- Leitungskräfte sollen für ihre aktuellen beruflichen Themen Anregungen finden, zum besseren Umgang mit Alltagsanforderungen, und nicht zuletzt sollen

3. Einblick für angehende Erzieherinnen

- angehende Erzieherinnen die Möglichkeit erhalten, sich schon während ihrer Ausbildung mit Leitungsfragestellungen auseinanderzusetzen und quasi zu einem frühen Zeitpunkt das Berufsfeld „Kindergarten" aus der Leitungsperspektive zu betrachten.

Jedes Kapitel einzeln lesbar

Dementsprechend ist das vorliegende Buch auch für die genannten Leserinnengruppen anwendungsfreundlich aufgebaut. Jedes Kapitel ist in sich abgeschlossen und kann, je nach Problemstellung oder Interesse, gelesen oder als Nachschlagewerk genutzt werden.

Reihenfolge bietet einen systematischen Lehrgang

Andererseits ist der Band auch so aufgebaut, dass sich interessierte Leserinnen systematisch die Leitungsthematik in der vorgegebenen Reihenfolge in mehreren Schritten erschließen können.

Die gewählte Reihenfolge ist sicherlich subjektiv gewählt und nicht der einzige Zugang zur Leitungsthematik. Jedoch hat sich dieser Aufbau in vielen Lehrgängen zur Leitungsqualifizierung von Mitarbeiterinnen im Kindergartenbereich als hilfreich und praxisorientiert erwiesen. Wir möchten die Reihenfolge kurz erläutern und zugleich einen Überblick geben, was Sie in diesem Buch erwartet:

- Wir beginnen, sicher unmittelbar nachvollziehbar, mit der Leiterinnen-Persönlichkeit (Kap. 2) und der Arbeitsorganisation (Kap. 3), die als Basis bei der Übernahme einer Leitungstätigkeit richtig gestaltet werden muss.
- Sofort stehen dann die Teamentwicklung und -leitung (Kap. 4) und die Mitarbeiterführung (Kap. 5) im Fokus.
- Danach schlagen wir den Bogen durch die verschiedenen Aufgabenbereiche der Leitung: Finanzierung, Verwaltung, Qualitätsentwicklung, Kommunikation, Mitarbeitergespräche, Öffentlichkeitsarbeit und Marketing sind aus unserer Sicht die weiteren Kernbereiche, die in den Qualifizierungslehrgängen für Leiterinnen übereinstimmend behandelt werden (Kap. 6 bis 12). Dem Marketing ist ein eigenes Kapitel, und dies an dieser Stelle gewidmet, weil wir das Denken vom „Kunden" her herausheben und als Grundlage einer Konzeption begreifbar machen möchten.
- Konzeptionsentwicklung (Kap. 13) und zwei fachliche Vertiefungen (Erziehungspartnerschaften – Kap. 14 und Beobachtung – Kap. 15) bilden den Abschluss des Buches.

2 Leitungspersönlichkeit

2.1 Soziale Rollen

Unter sozialen Rollen ist die Summe der Erwartungen zu verstehen, die Menschen an sich selbst oder aber an unterschiedliche Personen, Gruppen oder Institutionen formulieren. Die Erwartung kann die jeweilige Rolleninhaberin direkt oder indirekt selbst an sich formulieren.

Rollenerwartung von außen oder durch sich selbst

Die Rollenerwartung kann an sich selbst formuliert werden

Erwartungen richten sich an die Position, jedoch nicht an die Person der Leiterin.

Die soziale Rolle bezeichnet also eine Position – hier die Position der Kindergartenleiterin (ggf. der Stellvertreterin) – und die damit verknüpften Erwartungen, die an diese Rollenposition gerichtet sind. Die Vielzahl der Erwartungen an die Rolleninhaberin verdeutlicht das Schaubild auf der folgenden Seite.

Rollen bezeichnen Positionen

An diesem Schaubild wird deutlich, wie vielschichtig die Erwartungen und Anforderungen sein können, wenn Sie die Leitung einer Kindertageseinrichtung übernehmen. Die Vielschichtigkeit bezieht sich zum einen auf die große Anzahl der Menschen und Institutionen, die eine Erwartung an Sie haben, und sie bezieht sich auch darauf, wie unterschiedlich die jeweiligen Erwartungen sein werden. Damit wird auch Ihre Leistung als Leitungspersönlichkeit deutlich, die diese Vielzahl und teils auch entgegengesetzten Anforderungen „managen" muss.

Rollen sind vielschichtig

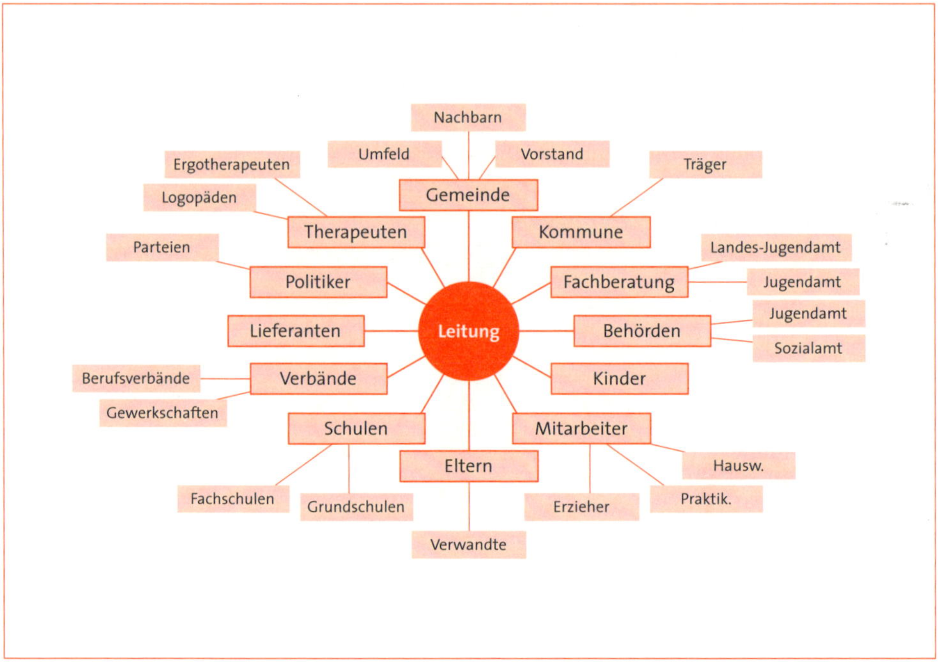

Rollenbündel

2.2 Rollenerwartungen

Die Übernahme einer Kindergartenleitung bedeutet für Sie, zu bisher ausgefüllten Rollen eine weitere Rolle zu übernehmen, die sich fundamental von den bisherigen Rollen unterscheidet.

Übernahme der Leitung bedeutet Rollenveränderung

Einen Teil Ihrer bisher übernommenen Rollen gilt es zu überdenken und ggf. neu zu definieren. Die Übernahme der Leitungsrolle geschieht in der Regel in einem längeren Prozess und hat als wichtigen Bestandteil die Klärung eben Ihrer eigenen, neuen Rolle zur Folge. Orientieren können Sie sich als Leiterin dabei im Regelfall an Vorbildern aus dem eigenen Erfahrungsbereich, an eigenen, erfolgreich verlaufenen Problemlösungen. Allerdings sind erfolgreiche Problemlösungen aus der Vergangenheit nicht in jedem Fall für Sie in einer veränderten Rollenposition als Muster geeignet.

Machiavelli hat einmal geäußert, dass der erhoffte Erfolg ausbleibt, weil sich die Zeiten ändern, allerdings manche Menschen an ihren einmal erfolgreich angewandten Methoden festhalten, die dann nicht mehr auf die veränderte Situation passen.

Angewendet auf Sie als Leiterin eines Kindergartens könnte man formulieren, dass die Methoden, die Sie als gute Erzieherin in Bezug auf die Kinder erfolgreich und positiv ausgezeichnet haben, nun als Leitungs-/Führungskraft nicht auch immer in gleicher Weise erfolgreich übernommen werden können.

Methoden nur begrenzt in neue Funktion übertragbar

Leitung bedeutet …

- *die Übernahme einer neuen Rollenposition*
- *eine kritische Auseinandersetzung mit fremden und eigenen Erwartungen an die Leitungsrolle*

Zu dieser Auseinandersetzung gehört auch die Betrachtung des eigenen „inneren Teams", also der in Ihnen als Leitungspersönlichkeit selbst agierenden Rollen und Interessen.

Wenn Sie Ihren Standpunkt als Leiterin einer sozialen Einrichtung finden wollen, setzt das – voraussichtlich mehr als in anderen Berufsfeldern – eine Auseinandersetzung mit sich selbst voraus.

Inneres Team

Betrachtet man ein „inneres Team" könnten durchaus unterschiedliche Rollen/Interessen um ihren Platz kämpfen. Die Auseinandersetzung mit dem „inneren Team" ist für Sie als Leitungskraft von besonderer Bedeutung – vor allem, wenn Sie als „Kollegin" aus einem bestehenden Team heraus eine Führungsrolle übernommen haben. Ein Leitungscoaching, gleich bei Übernahme der neuen Funktion, wäre zur Klärung (nicht nur) dieses Themas oft hilfreich.

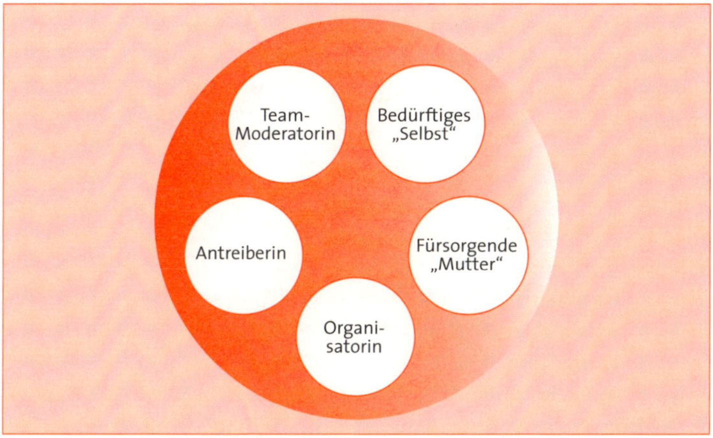

Das „innere Team"

2.3 Schlüsselqualifikationen

Erweiterung/ Veränderung der Kompetenzschwerpunkte

Die Schwerpunkte der auszufüllenden Kompetenzbereiche verändern sich mit Übernahme der Leitungsfunktion. In einer Leitungsfunktion verschieben sich die Anteile weg von der natürlich weiterhin unabdingbaren Fachkompetenz zugunsten einer stärkeren Gewichtung von Subjektkompetenz und Methodenkompetenz.

Subjektkompetenz

Eigene Fähigkeiten, zu großen Teilen Kommunikation

Mit Subjektkompetenz sind Ihre eigenen Fähigkeiten und Kompetenzen bezeichnet, wie z.B. Kommunikationsfähigkeit, Gestaltung von Kontakten nach innen und nach außen, Kritikfähigkeit, Empathie, Teamorientierung, Wärme bewirken, sich einbringen können, Standpunkte beziehen können, Konflikte aushalten und austragen können etc. Leitung bedeutet zu großen Teilen Kommunikation, Vernetzung der Einrichtung, im Kontakt sein – nach innen und nach außen. Fähigkeiten, die Sie als Leitungspersönlichkeit (weiter-)entwickeln müssen.

Fachkompetenz

In Elementarpädagogik auf aktuellem Stand qualifiziert sein

Hiermit ist gemeint, in Fragen der Elementarpädagogik, der Gestaltung der Kindergartenarbeit fachlich auf dem jeweiligen Stand des fachpolitischen Diskurses zu sein. Dies bezieht sich bei Ihnen als Kindergartenleiterin zum Teil auf den direkten Umgang mit Kindern (bestimmt auch durch die Größe des jeweiligen Kindergartens), zum Teil jedoch auch auf fachliche Fragen, die sich direkt aus Ihrer Leitungstätigkeit heraus ergeben.

Auf der einen Seite wären das z.B. die Weiterentwicklung der Kindergartenkonzeption, Einführung von Qualitätsmanagement, aber auch Kenntnisse aus dem Bereich Verwaltung und Finanzen, Betriebsorganisation, Finanzierung bis hin zur kompetenten Bewältigung von „Alltagsaufgaben".

Methodenkompetenz

Strategische Ziele entwickeln und realisieren

Die Methodenkompetenz einer Kindergartenleiterin bezieht sich auf ihre Möglichkeit, strategische Ziele zu entwickeln und mit den Mitarbeiterinnen gezielt an deren Verwirklichung zu arbeiten, eine Dienstbesprechung ergebnisorientiert zu leiten etc.

Hierzu bedarf es methodischer Kenntnisse aus verschiedenen Bereichen wie der Gesprächsführung, dem Feld der Kreativitätstechniken, der Anwendung der Moderationsmethode usf.

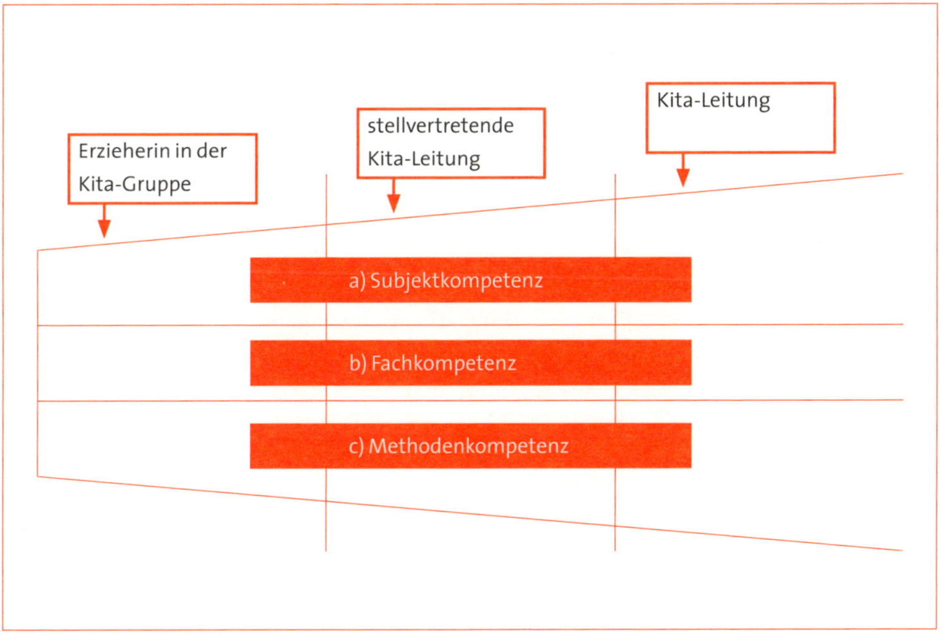

Veränderung der Kompetenzschwerpunkte

Die Grafik zeigt die Veränderung, die sich für Sie auch aus dem Aufgabenprofil einer Kita-Leitung ergibt.

Die erhöhten Erwartungen, wie sie hier deutlich werden, bestehen seitens der eigenen Organisation und außenstehender Institutionen einerseits und sind Anforderungen an die Bewältigung von Alltags- und Zukunftsaufgaben andererseits. Sie machen die Erweiterung der Felder „Methoden-" und „Subjektkompetenz" erforderlich, die dann auch an Ihrem Fähigkeitsprofil einen größeren Anteil ausmachen.

Rollenkonflikt

Zur Übernahme der Kindergartenleitung gehört für Sie ferner die Auseinandersetzung mit unterschiedlichen, sich zum Teil widersprechenden Erwartungen (der Eltern, des Kindergartenteams, des Trägers, verschiedener Institutionen etc.). Das Aushalten dieser Rollenkonflikte und die gleichzeitige Nutzung möglicher Spielräume zur positiven Gestaltung oder zur Beseitigung dieser Widersprüche erfordert von Ihnen, neben den oben beschriebenen Kompetenzen, auch ein bestimmtes Maß an Handlungsspielraum. Die Entdeckung dieses Handlungsspielraumes hat zwei Aspekte. Der eine Aspekt spiegelt sich wider unter dem o.g. Begriff der Fachkompetenz.

Handlungsspielräume entdecken

Viele Führungskräfte im Kita-Bereich werden nicht auf ihre Leitungsrolle vorbereitet bzw. können sich selbst nicht systematisch und grundlegend auf diese Rolle vorbereiten. Leitung lernt man eher durch das Hineinwachsen in die Leitungsfunktion oder -rolle, indem eigene Erfahrungen und erlebte Bedürfnisse in die eigene Leitungsrolle transportiert werden. Zwar haben in der jüngeren Vergangenheit die Möglichkeiten zur Weiterqualifizierung mit dem Schwerpunkt „Sozialmanagement" oder „Fachwirtin für Kindertageseinrichtungen" zugenommen, eine generelle Erkenntnis, dass „Leitung" eine Tätigkeit ist, auf die man sich vorbereiten muss, hat damit noch nicht generell Fuß gefasst.

Leitung bedarf der Vorbereitung

Aber nicht nur die Leitungskräfte selbst haben selten eine generelle Zielplanung in Hinblick auf den Einstieg in das Management einer Kindertageseinrichtung. Auch die Träger der Einrichtungen tun sich häufig schwer, klare Erwartungen, Anforderungen und Zielvorgaben an ihr Führungspersonal zu richten. Dies betrifft insbesondere kleine Träger, Elterninitiativen und auch kommunale Einrichtungen, die aus unterschiedlichsten Gründen eine Trägerschaft eingegangen sind und aufgrund ihrer Trägerstruktur z.T. diffuse Vorstellungen bis hin zur Ignoranz entwickelt haben.

Trägerrolle

Gudrun Jakubeit sieht dieses Problem bei kirchlichen Kindergärten: „Besonders Leiterinnen von kirchlichen Kindergärten erkennen an dieser Stelle das Führungsdefizit bei ihren Trägern. Denn sie wissen meist nicht, welche konkreten Erwartungen an sie als Leitung gestellt werden, andererseits erleben sie persönlich ebenfalls wenig Führung und Anleitung durch ihre eigenen Vorgesetzten." (G. Jakubeit: Kann denn leiten Sünde sein...? Bremen 2000. S. 25)

Insgesamt gesehen gibt es hier zu vielen anderen Trägern keine nennenswerte Unterscheidung. Das Thema „Leitungsrolle" ist daher auch immer ein Thema „Trägerrolle" bzw. „Trägerverantwortung".

Für Sie, die Kita-Leiterin selbst, bedeutet dies, dass Sie bei Übernahme von Leitungsverantwortung frühzeitig Ihren Rahmen mit dem/durch den Träger abstecken.

Rollenklarheit und Transparenz

Stellenbeschreibungen, Aufgabenprofil etc. sind nur einige der möglichen, aber notwendigen Schritte. Rollenklarheit, klare Regeln im Rahmen eines Qualitätsmanagement-Systems und die notwendige Transparenz sind die Schlüssel zu einer erfolgreichen Gestaltung Ihrer Leitungsrolle.

Es gibt unterschiedliche Konzepte von Leitung. Sie sind erkennbar in verschiedenen Vorgesetztenrollen. Sie reichen von der Rolle der „Partnerin“ über ein Verständnis als „Beraterin“, „Coach“ oder „Fachfrau“ bis hin zur „Koordinatorin“. Weniger angesehen ist erst einmal die Rolle „Chefin“ – gleichwohl weist dies auf ein gravierendes Thema in sozialen Organisationen hin: den Umgang und die Akzeptanz von Macht.

2.4 Rollenverständnis von Leitung

Die Leitung einer Kindertageseinrichtung ist eine vielseitige Tätigkeit, die Freiräume bietet, in denen Sie vielfach einen sehr umfangreichen Gestaltungsspielraum als Führungskraft vorfinden.

Wesentliche Aspekte Ihrer Leitungstätigkeit sind dabei

- die Übernahme von Verantwortung sowie
- Klarheit und Transparenz in Ihrer Vorgesetztenrolle.

Verändertes Bild von Autorität und Führung

Die gesellschaftlichen Veränderungen haben insgesamt zur Veränderung tradierter Werte geführt, die auch stark das Bild von Autorität und Führung verändert haben.

Die Anforderungen an die Kindertageseinrichtung als Bildungsinstitution, als Service-Einrichtung für berufstätige Eltern und als Sozialisationsraum für Kinder sind komplexer geworden.

Die Anforderungen und die auftretenden Probleme benötigen Lösungen, die von Ihnen nicht mehr mit festen, starren Regeln zufrieden stellend gelöst werden können. Folgerichtig wäre ein verändertes Leitungsverständnis, das den Mitarbeiterinnen Spielraum für individuelle Lösungen lässt und dabei gleichzeitig eine gemeinsame Ausrichtung der jeweiligen Institution im Blickfeld hat. Notwendig ist für Sie, eine Balance zwischen Anforderung und Unterstützung von Mitarbeiterinnen und der Orientierung auf die Adressaten der Kita herzustellen.

Hierarchie „auf den Kopf gestellt“

Das passende Bild hierzu wäre das auf dem Kopf stehende Organigramm (siehe folgende Seite).

Ausgerichtet wäre die Kindertageseinrichtung auf die Zielgruppen Eltern/Kinder/Umfeld (am oberen Teil des Schaubildes).

Die Kindergartenteams arbeiten jedoch eigenverantwortlich und können flexibel auf Bedarfe der jeweiligen Zielgruppe und auf Einzelwünsche reagieren.

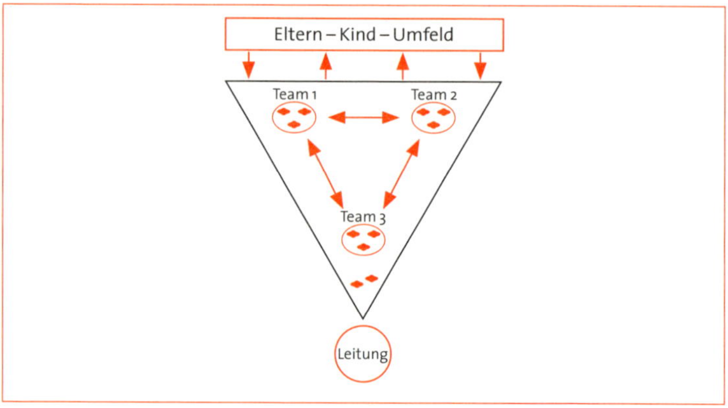

Ein verändertes Bild von Autorität und Führung

Sie als Leitung haben zwar weiterhin klar definierte Leitungskompetenzen. Das Verständnis von Leitung und auch die Ausrichtung der Leitungstätigkeit (nach innen) haben sich gewandelt. Betont werden stärker die Aspekte „Management einer sozialen Organisation“ und „Mitarbeiterführung durch Coaching und Konfliktmanagement“.

Neue Leitungsrolle

Das Hauptaugenmerk Ihrer Leitungstätigkeit liegt jetzt in der Unterstützung der eigenverantwortlichen Teams in verschiedener Hinsicht, z.B durch:

- Coaching der jew. Teams bei Erreichung der vereinbarten Ziele;
- Mediation/Konfliktberatung bei Störungen der Zusammenarbeit untereinander bzw. bei Konflikten mit Eltern, Außenstehenden etc.;
- Moderation von Fallbesprechungen;
- Abstecken des Rahmens, in dem die eigenverantwortlichen Teams agieren können;
- Konzeptionsentwicklung und -fortschreibung etc.

Die Leitungsrolle erfordert die Balance der zwei Aspekte „Lokomotion“ und „Kohäsion“.

Balance von Kohäsion und Lokomotion

Der Kohäsionsaspekt bezieht sich auf die Herbeiführung und Aufrechterhaltung von Beziehungen in einer Kindertageseinrichtung. Hierunter ist Ihre Verantwortung gemeint, die Förderung von Zusammengehörigkeit und die Entwicklung eines entsprechenden „Wir-Gefühls“, das gerade in sozialen Einrichtungen zu einer wesentlichen Vorbedingung guter Arbeit gehört, zu entwickeln und zu fördern. Der sozialbezogene Aspekt macht sich also fest an hinreichenden Möglichkeiten zur Gestaltung von Beziehungen und einem entsprechenden Klima.

Allerdings ist der zweite Teil von ebensolcher Bedeutung, zumal in pädagogischen Einrichtungen der Bedeutung sozialer Beziehungen ein Übergewicht beigemessen wird und der Leistungsgedanke u.U. auch als ungeliebt angesehen ist.

Der Aspekt „Lokomotion" bezieht sich aber gerade auf diesen Sachaspekt der Arbeit. Mit ihm ist gemeint die Erreichung der Gruppen- oder Einrichtungsziele, die deutlich werden in Zielen, Aufgaben und der Bewältigung konkreter Projekte und Anforderungen. Eng damit verknüpft ist erst einmal Ihre Verantwortung als Kita-Leitung für die Formulierung von Leistungszielen. Später dann zur Erreichung dieser Ziele, die Motivation von Mitarbeiterinnen und die Schaffung eines leistungsbejahenden Klimas.

Gruppen- oder Einrichtungsziele

Führung kann verstanden werden ...

als die Herstellung eines angemessenen Verhältnisses von Fordern und Fördern oder anders ausgedrückt dem Herstellen eines leistungsfördernden Rahmens und eines sozialen, kommunikativen Klimas.
Führung beinhaltet
- *leistungsbezogene Rollenaspekte und*
- *sozialbezogene Rollenaspekte.*

Voraussetzung für das Ausfüllen einer so ausgerichteten Leitungsfunktion ist die klare Definition der Kompetenzen und Aufgaben der Kita-Leitung. Formell sollten daher einige Punkte in Ihrem Aufgabenprofil als Kita-Leitung enthalten sein (siehe auch unter Qualitätsmanagement), u.a. beispielsweise in folgender Form:

Klare Kompetenzen erforderlich

... Klärung auf der Hierarchieebene:
- *übergeordnete Positionen: Wer ist Ihnen als Kita-Leitung gegenüber weisungsbefugt?*
- *nachgeordnete Positionen: Wem sind Sie als Kita-Leitung formell weisungsbefugt bzw. vorgesetzt?*
- *Ihre Hauptaufgaben – intern/extern: z.B. Aufstellung des Haushalts- bzw. Wirtschaftsplanes, Bewirtschaftung des Kindergartenhaushalts, Einstellung, Entlassung etc.*
- *Anforderung an Qualifikation und Weiterbildung*

2.5 Macht in sozialen Organisationen

Leiten bedeutet Macht zu besitzen. Macht ist allerdings in sozialen Organisationen und Einrichtungen ein häufig ignorierter oder geleugneter Aspekt.

Machtaspekte von Leitung

Machtaspekte von (Kindergarten-)Leitung sind u.a. der

- Besitz von Informationen
  Durch die Kontakte zum Träger stehen umfangreiche, Mitarbeitern nicht zugängige Informationen zur Verfügung. Auch durch die Mitarbeit in externen Gremien (Leitungskreise, Arbeitskreise etc.) werden Informationen verfügbar.
  Zudem erhöhen sich in der Regel dadurch nicht nur die Informationsmöglichkeiten, sondern auch der Einfluss durch den

- Besitz von Beziehungen

- Der Besitz von Statussymbolen
  Leitungskräfte sind im Besitz von Statussymbolen, die ihnen (zumindest nach außen) den Anschein von Einfluss und Macht verleihen. Sie verfügen über ein eigenes Büro, vielleicht über den Zugriff auf einen Dienstwagen, die Dienstreisemittel, einen eigenen Telefonanschluss in der Kita oder dergleichen mehr.

- Verfügungsgewalt über Geld
  Verfügung über Haushaltsmittel, über Geld ist in Kitas sicherlich unterschiedlich geregelt. Jedoch werden Leitungen von Einrichtungen in der Regel über die Haushaltsmittel, zumindest in Teilen (päd. Etat), entscheiden können, Dienstreisen oder Fortbildungen genehmigen können.

- Zuschreibung, Zuständigkeit und Legitimierung
  Im Rahmen von Führungsverantwortung werden der Kita-Leitung (siehe Aufgabenprofil) Zuständigkeiten übertragen, wie z.B. Weisungsbefugnis, Mitarbeiterbewertung etc.

Macht, Einfluss, Entscheidungskompetenz sind Voraussetzungen von Leitung. Wer keine Befugnisse hat, wer ohnmächtig ist, hat keine Möglichkeit, etwas zu bewegen oder zu bewirken.

Gefahren der Leitungsrolle

Die Gefahren in der Leitungsrolle bestehen gerade dann, wenn Leitungskräfte bemüht sind, die eigene Macht zu leugnen oder den Eindruck zu erwecken, alle Mitarbeiterinnen seien gleich.

Diese Haltung führt zu Diffusität, Unklarheit und bei vielen Mitarbeiterinnen und auch bei Eltern etc. zu Unsicherheit.

Gefahren im Einzelnen

Diese Gefahren können darin liegen,

- dass Sie den Kollegenstatus hervorheben;
- dass Sie vermeiden, Grenzen zu setzen – z.B. wenn Mitarbeiterinnen Arbeitsaufträge ignorieren oder konterkarieren;
- dass Sie nicht Ihre Absichten formulieren oder keine Forderungen stellen – z.B. in Dienstbesprechungen nicht klar trennen zwischen den Punkten, die diskutierbar sind, und denen, zu denen Sie als Leitungskraft bereits eine Einstellung (Entscheidung) haben; dies führt häufig zu Diskussionen mit manipulativem Charakter und Arbeitssitzungen, bei denen Entscheidungen immer wieder vertagt werden;
- dass Sie Ihre Rolle als Führungsmitarbeiterin des Trägers leugnen – z.B. wenn Sie gegen „die da oben" Stellung beziehen, Verantwortung auf den Träger verschieben: „XY hat das entschieden", oder Ihre Rolle unmittelbar leugnen: „Ich bin in der gleichen Position, wie alle hier."

Sechs wichtige Punkte für ein gutes Leitungsverhalten

- *klare Grenzsetzung*
- *klare Formulierung eigener Absichten*
- *klare Formulierung eigener Forderungen*
- *deutliche Bejahung der eigenen Macht und der eigenen Rolle*
- *positive Einstellung zur Rolle als Kita-Leitung*
- *Freude am Leiten einer Kindertageseinrichtung*

Mit einer so abgeschlossenen Auseinandersetzung mit Ihrer eigenen Leitungsrolle wird Orientierung für die Mitarbeiterinnen erreicht. Ihre Leitungsrolle wird transparent und die Positionierung einer eigenen Rolle für Mitarbeiterinnen möglich.

3 Arbeitsorganisation und Zeitmanagement

3.1 Grundlagen des Zeitmanagements

Zeitplanung und Selbstmanagement gehören zusammen

In diesem Kapitel geht es darum, Sie für das Thema Zeitplanung, Selbstmanagement und Arbeitsorganisation etwas mehr zu sensibilisieren.

Eine gute Arbeits- und Zeitorganisation gibt Ihnen Freiräume für echte Leitungsaufgaben.

Beantworten Sie einmal die folgende Frage: *Welchen Anteil an der Arbeitsorganisation und am Zeitmanagement haben*

1. *die richtige Einstellung und*
2. *die richtigen Methoden?*

Wenn Sie jetzt auf der Skala „die richtige Einstellung" bei ungefähr 75 % und bei den richtigen Methoden bei etwa 25 % liegen, dann haben Sie eine wichtige Erkenntnis bereits verinnerlicht.

Richtiges Zeitmanagement beginnt im Kopf

Voraussetzung für ein gut funktionierendes Zeitmanagement ist nicht, wie vielfach geglaubt, die Anwendung unterschiedlichster Methoden, sondern in erster Linie gilt es, selbst die richtige Einstellung für ein gutes und systematisches Zeitmanagement zu finden.

Primat der Einstellung vor den Methoden

Zeitplanbücher, Organisationshilfen, Checklisten und ähnliche Hilfsmittel sind ein nützliches aber nur zusätzliches Instrument zur Bewältigung eines guten Arbeitsablaufes.

Entscheidend ist, dass Sie für sich eine systematische Zeitplanung und Arbeitsorganisation umsetzen wollen.

Die vier Grundprinzipien für ein erfolgreiches Selbstmanagement sind in der nachfolgenden Abbildung dargestellt.

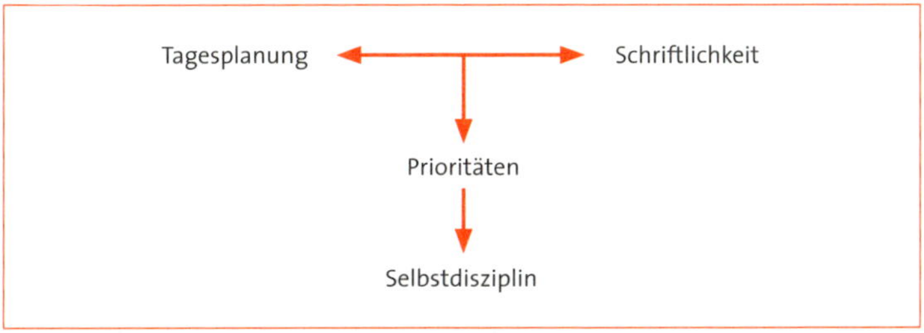

Vier Grundprinzipien des Zeitmanagements

Doppelfunktion der Zeitplanung

Bedenken Sie, Zeitmanagement hat für Leitungskräfte eine doppelte Funktion:

- Es geht zum einen um ein gutes Selbstmanagement und eine angemessene Verteilung der eigenen Ressourcen,
- zum anderen müssen Sie in einer Leitungsfunktion eine gute Zeitplanung und ein gutes Organisationsmanagement für eine Vielzahl von Abläufen Ihrer Tageseinrichtung sicherstellen.

Wachsende Anforderungen erfordern Zeitplanung

Das ist schon deshalb notwendig, weil die Anforderungen an den Bereich Elementarpädagogik in den letzten Jahren immens gewachsen sind, aber die zur Verfügung stehenden zeitlichen und personellen Voraussetzungen sich nicht verbessert haben.

Beispiele

- *Sie arbeiten als Leiterin häufig mit Mitarbeiterinnen, die Teilzeit beschäftigt sind. Teilzeittätigkeit bedeutet einen höheren Aufwand für Koordination, Absprache und Organisation.*
- *Für die Arbeit in der Kita steht für die Mitarbeiterinnen nur verhältnismäßig wenig Vorbereitungszeit und auch wenig Organisationszeit zur Verfügung.*
- *Sie arbeiten z.T. auch als Leitungskraft noch mit einer gewissen Anzahl von Zeitstunden direkt im Gruppen- und Erziehungsdienst, weil Ihre Gesamtarbeitszeit nur zu einem Teil mit Leitungsfunktionen ausgefüllt ist.*
- *Große Ferienzeiten und Nachmittagszeiten (bei nur Vormittagsbesetzung einer Gruppe), wie es z.B. in Schulen der Fall ist, stehen Ihnen bzw. den Erzieherinnen als Arbeits- bzw. Vorbereitungszeit zusätzlich nicht zur Verfügung.*

Als Leitung sind Sie also mehr oder weniger gezwungen, dieses Problem durch eine optimale Organisation des Kindergartenalltags zu nutzen und Ressourcen zu entdecken.

Beginnen Sie mit einer Arbeits- und Zeitinventur!

Zeitinventur mithilfe von fünf W-Fragen

Mit einem ersten Schritt können Sie sich entscheidend entlasten, wenn Sie zuerst einmal (kurz) alle Ihre Arbeitsaufgaben grundsätzlich mit den 5 Ws infrage stellen.

Aufgabenüberprüfung mit den 5 Ws

- *Wieso – überhaupt?*
- *Weshalb – bin ich zuständig?*
- *Wer – könnte es besser erledigen?*
- *Wann – wäre es sonst möglich?*
- *Wie – geht es besser?*

Wieso überhaupt?

- Ist die Tätigkeit überhaupt erforderlich?
- Ist die Teamsitzung notwendig?
- Muss ich den Brief (Werbung etc.) überhaupt aufmachen?
- Muss ich den Vertreter wirklich selbst empfangen?
- Muss das Telefonat / der Rückruf wirklich sein?

Die Beantwortung dieser Fragen könnte bereits im Vorfeld zur Reduzierung von Arbeitsaufgaben führen. Ziel ist es, überflüssige Aufgaben von vornherein zu eliminieren.

Weshalb ich?

- Gehört diese Aufgabe zu meinem Zuständigkeitsbereich (z.B. Planung und Durchführung eines Gruppenelternabends)?
- Ist diese Anfrage überhaupt an mich gerichtet?
- Kann ich die Aufgabenerledigung gleich weiterleiten an die zuständige und verantwortliche Mitarbeiterin?

Diese Frage zielt vor allem auf Aufgaben, die außerhalb der eigenen Stellenbeschreibung bzw. des eigenen Aufgabenbereiches liegen und insbesondere dann, wenn es für diese Aufgaben klar verteilte Verantwortlichkeiten oder Aufgabenbereiche gibt.

Wer statt meiner?

- Wer könnte die Aufgabe auch übernehmen? An wen kann ich diesen Aufgabenbereich delegieren?
- Will jemand an ihn/sie delegierte Aufgaben zurückgeben (Rückdelegation sollten Sie unbedingt vermeiden)?

Mit diesen Fragen können Sie Delegationsmöglichkeiten entdecken, die mittel- und langfristig für Sie nicht nur entlastend sind, sondern den Mitarbeiterinnen auch Entwicklungsmöglichkeiten bieten und selbstständigeres Arbeiten ermöglichen. Ein weiterer Nebeneffekt der eigenen Arbeitsentlastung ist hier noch der Motivationseffekt bei den Mitarbeiterinnen.

Wann wäre es sonst möglich?

- Ist es wirklich eine wichtige und dringende Aufgabe?
- Kann die Erledigung warten?
- Kann die Erledigung der Arbeit sinnvoll auf verschiedene Zeitpunkte verteilt werden?
- Ist u.U. überhaupt ein anderer Erledigungszeitpunkt sinnvoller?

Wenn Sie eine Tagesstruktur (z.B. mit Tagesplänen) entwickeln, reduzieren Sie Ihren Aufwand und können mittel- und langfristig zielorientierter und mit weniger Stress arbeiten.

Wie geht es besser?

- Müssen die Einladungen/Informationen wirklich immer als Brief verschickt werden oder reicht ein Aushang oder eine Notiz auf der Homepage des Kindergartens?
- Muss der neue Beobachtungsbogen im Team selbst erarbeitet werden oder können Sie aus vorhandenen Angeboten ein Modell übernehmen?
- Arbeiten Sie mit Checklisten, Textbausteinen usw.?

Bei Routineaufgaben Gewohntes hinterfragen, um zu rationalisieren

Gewohnte Arbeitsweisen führen häufig zu einem hohen Arbeitsaufwand. Wenn Sie Arbeiten rationalisieren, erzielen Sie große Zeitersparnis. Bitte beachten Sie: Nur Routineaufgaben lassen sich sinnvoll rationalisieren!
Aufgabe: Machen Sie eine Aufstellung Ihrer eigenen Routinearbeiten und der „Kindergartenroutinen“. Versuchen Sie zuerst hier zu Verbesserungen zu kommen.

3.2 Arbeitsmanagement

Zu einem guten Arbeitsmanagement gehören zwei Bereiche

1. Sie bearbeiten die in Ihrem Arbeitsbereich vorkommenden Störfaktoren und
2. Sie kennen die Hauptziele Ihres Arbeitsbereiches und setzen Prioritäten.

3.2.1 Störfaktoren erkennen

Störungen zuerst bearbeiten

Arbeitsstörungen müssen zuerst bearbeitet werden, da sie das größte Potenzial an Zeit und Energie verbrauchen.

Welche Arbeitsstörungen behindern Sie bei einer effektiven Arbeit? Auf der folgenden Seite finden Sie eine Checkliste mit einigen Beispiele für mögliche Störfaktoren.

3.2.2 Umgang mit Arbeitsstörungen

Bearbeiten meint einplanen und beseitigen

Ein sicherer und konsequenter Umgang mit Störfaktoren gewährleistet eine gute Zielerreichung.

Es gibt viele verschiedene Störungen, die Sie einplanen oder beseitigen müssen, wenn Sie als Leitung einer Kita erfolgreich sein wollen.

Sie können unterscheiden zwischen:

- selbst verursachten Störungen, z.B. die häufige eigene Unterbrechung der Arbeit (Kaffeepause; telefonieren „zwischendurch"; Arbeitsunterlagen mehrfach in die Hand nehmen und nach kurzer Bearbeitung die Arbeit verschieben usw.),
- fremd verursachte Störungen, z.B. viele Anrufe von außerhalb oder unangemeldete Besuche (Eltern, Kinder, Vertreter – aber auch Mitarbeiterinnen).

Einen Überblick über die verschiedenen Störfaktoren und Ansätze zur Lösung finden Sie in der Tabelle auf Seite 28.

Störungen systematisch analysieren

Wenn Sie Ihre Arbeitsstörungen systematisch analysieren möchten, bedeutet dies, dass Sie für einige Zeit systematisch „Buch darüber führen". Sie benötigen dann mindestens drei bis vier Wochen, um zu einem verwertbaren Ergebnis zu kommen.

Störfaktorenanalyse – Kita-Leitung

Kreuzen Sie bitte die Punkte an, die Sie als Störung Ihres geplanten Arbeitsablaufes bisher selbst oder bei Kolleginnen aus dem Leitungsbereich kennen gelernt haben. Sie können auch eigene, nicht vorgegebene Punkte eintragen.

- ❑ Zu viele Aufgaben sind zur gleichen Zeit zu erledigen
- ❑ Häufige Besuche von Kindern
- ❑ Das Telefon klingelt häufig/ständig
- ❑ Spontane Besuche von Eltern
- ❑ Unangemeldete Besuche (z.B. Vertreter)
- ❑ Häufige Rückfragen von Erzieherinnen
- ❑ Verschieben von Entscheidungen
- ❑ Alle Fakten kennen zu wollen
- ❑ Nicht NEIN sagen können
- ❑ Aufgaben nicht zu Ende führen
- ❑ Voller Schreibtisch
- ❑ Umfangreiche Ablage
- ❑ Teambesprechungen zu lang
- ❑ Fehlende Effektivität bei Teambesprechungen
- ❑ Unvorbereitete Teilnehmerinnen bei Besprechungen
- ❑ Keine Kenntnis über die Prioritäten meiner Leitungsaufgabe
- ❑ Fehlendes Ablagesystem
- ❑ Detaillierte Zeitplanung für einzelne Aktivitäten fehlt
- ❑ Fehlende Tagesplanung
- ❑ Fehlende Wochenplanung
- ❑ Fehlende Jahresübersicht
- ❑ Häufige Unterbrechung der eigenen Arbeit
- ❑ Viel gearbeitet – wenig erreicht
- ❑ Erschöpfung, Müdigkeit
- ❑ Aufgaben haben keine/n Zeitbegrenzung/Erledigungstermin
- ❑ ...
- ❑ ...
- ❑ ...
- ❑ ...

Suchen Sie nun die Punkte heraus, die für Sie die größte (zeitliche/nervliche) Belastung darstellen und erstellen Sie eine Rangfolge.

1. Priorität: ....

2. Priorität: ....

3. Priorität: ....

4. Priorität: ....

Vorläufige Diagnose von Arbeitsstörungen					
Fremdunterbrechung	**Arbeitszeit zu knapp**	**Häufige eigene Unterbrechung der Arbeit**	**Viel gearbeitet, wenig Arbeitseffektivität**	**Erschöpfung, Unlust, Unruhe, Angst, Demotivation**	**Sonstige Arbeitsstörungen**
↓	↓	↓	↓	↓	↓
Strichliste anfertigen Anzahl der Unterbrechungen notieren Checkliste „Uhr“ nutzen	Arbeitszeiten und Arbeitsinhalte notieren (arbeiten Sie an zu vielen, nicht wichtigen Aufgaben?)	Situationen, Häufigkeit notieren (unterbrechen Sie wg. unterschiedlicher Arbeiten, z.B. wg. Kaffee etc.?)	Arbeitsverhalten festhalten, Zeitanteile für Arbeitsverfahren registrieren Arbeitsorganisation überprüfen; wird rationalisiert / delegiert?	Anzeichen registrieren	Notieren Sie, um welche Störungen es sich handelt, finden Sie heraus, welche Besonderheit vorliegt
↓	↓	↓	↓	↓	↓
Lösungen suchen und ergreifen					
Arbeitszeiten/ Arbeitsschwerpunkte anpassen Arbeitsblöcke bilden für abgeschirmtes, ruhiges Arbeiten, für unterbrechungsintensive Zeiten	Wochen-/Tagesplan überprüfen oder einrichten Prioritäten setzen nicht wichtige, nicht notwendige Aktivitäten streichen oder Arbeiten delegieren	Feste Pausenregelung einführen; kurze Arbeitsphasen einrichten; Arbeitsziele festlegen und beim Wunsch nach Unterbrechung bis zum nächsten, vorher festgelegten Pausentermin weiterarbeiten	Arbeiten strukturieren; Arbeiten in Arbeitsschritte aufteilen; mehr Vorbereitungszeit einräumen; Delegation nutzen; Prioritäten setzen …	Leistungskurve beachten; nicht rauchen; kein Kaffee; Pausen einlegen; Sport treiben; Entspannungstraining; erreichbare Ziele setzen; Selbstmotivation einsetzen	Suchen Sie nach individuellen Möglichkeiten, der Störung zu begegnen

Tagesplanblatt – notieren Sie alle Tätigkeiten				
D = dringlich / W = wichtig				
	was	D	W	Kommentar
5:00	Kindergarten aufgeschlossen Schreibtisch aufgeräumt	 x	x	 aufräumen nach Arbeitsende
5:30	Überprüfung Außengelände		x	Aufgabe delegieren
6:00	Kita-Öffnung			
7:00				
8:00	5 x Nachfragen von Mitarbeite-rinnen			alle Nachfragen wären aufschieb-bar gewesen – Jour fixe einrichten!
9:00				
10:00				
11:00				
12:00				
13:00				
14:00				
15:00				
16:00				
17:00				
18:00				
19:00				
20:00				
21:00				
22:00				

Selbst verursachte Störungen

Selbst verursachten Störungen kommen Sie am besten auf die Spur, wenn Sie alle Ihre Tätigkeiten regelmäßig aufschreiben und die Rubrik „dringlich/wichtig" ausfüllen.

Mit dieser Analyse kommen Sie zu einem relativ guten Überblick über Ihre Tätigkeiten und Ihr Arbeitsverhalten. Nutzen Sie hierfür das abgebildete Tagesplanblatt (Sie können natürlich auch Ihren gewohnten Kalender nehmen, wenn dieser ausreichend Platz und eine entsprechende Tagesaufteilung besitzt).

Checkliste „Uhr“

Von außen kommende Störungen

Mit der Checkliste „Uhr“ spüren Sie die von außen kommenden Störungen sehr gut auf. Sie untersuchen immer nur einen Störfaktor pro Durchgang (z.B. das Telefon) und notieren mit einem Strich, in welchen Zeitraum die Störung fällt.

Versuchen Sie anschließend Ihre Arbeit so umzuorganisieren, dass Sie sich in störungsanfälligen Zeiten Arbeiten vornehmen, die Unterbrechungen zulassen. Sie können auf diese Weise die Unterbrechung besser bearbeiten.

In den störungsärmeren Zeiten sollten Sie dann versuchen, sich abzuschirmen (z.B. Telefon umstellen / Anrufbeantworter nutzen / auf Telefonzeiten in der Ansage auf dem Anrufbeantworter hinweisen o.Ä.).

Checkliste „Uhr“	Störfaktor „Telefon“

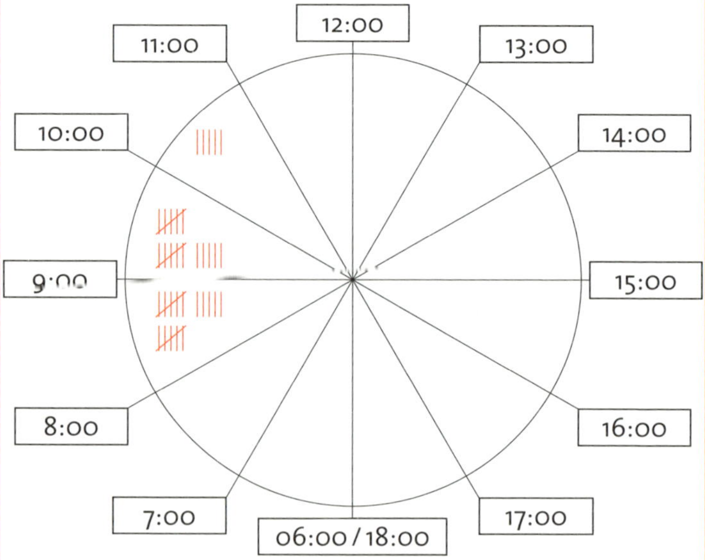

Je Unterbrechung durch das Telefon wird im entsprechenden Zeitfenster ein Strich eingetragen.

3.3 Exkurs „Mitarbeiter-/Teambesprechung“

Ein großer Zeitfresser sind häufig Team- und Arbeitsbesprechungen. Hier liegt zum Teil eine erhebliche Möglichkeit zur effektiveren Gestaltung. Sie können Ihre Teambesprechungen neu ordnen und mit z.T. althergebrachten „Selbstverständlichkeiten“ aufräumen. Eine Teambesprechung muss nicht von jeder Mitarbeiterin gern geleitet werden.

Besprechungen sind wichtig, müssen aber effizient sein

Verteilen Sie diese Aufgabe daher nicht und vermeiden Sie sog. „Lerneffekte“ durch eine rotierende Besprechungsleitung.

Das Leiten von Team-/Mitarbeiter- bzw. Dienstbesprechungen ist eine Leitungsaufgabe.

Daher sollten Sie diese Aufgabe auch nicht delegieren. Sollten Sie nicht zu einer Besprechung anwesend sein können, kann die Leitung der Sitzung durch Ihre Stellvertretung übernommen werden. Ist dies nicht möglich, verlegen Sie den Besprechungstermin.

Wichtigste Regel, die für alle Besprechungsformen gilt

- *Informiert sein ist eine „Holpflicht“*
- *Informieren ist eine „Bringpflicht“*

Das bedeutet, wer Informationen erhalten hat, stellt diese kurzfristig und erreichbar zur Verfügung. Wer Informationen benötigt, kann sie selbst abrufen und ist für seinen aktuellen Informationsstand auch verantwortlich.

Ein Tipp für die Praxis: Sie können als Kindergartenleitung ein Info-Fach oder einen Info-Ordner einrichten, für alle Mitarbeiter gut erreichbar und einsehbar, wo Informationen zentral abgelegt bzw. einsehbar sind.

Praxistipp: Infofach

Rahmen, Inhalt und Organisation der Teambesprechungen können Sie klären und vereinbaren.

Was Sie dabei bedenken sollten und welche grundsätzlichen Überlegungen oder Festlegungen dazugehören, ist im Folgenden zusammengestellt:

Grundsätzliche Vorüberlegungen zur Mitarbeiter-/Teambesprechung

Was wird in Teambesprechungen seinen Platz haben?
Für die Besprechungen existiert eine Tagesordnung, in der die Inhalte festgelegt sind. Ergänzungen bedürfen der Absprache.

Welche Funktion gibt es noch?
Sie können Verantwortlichkeiten festlegen zur Protokollführung, zur Vorbereitung des Besprechungsraumes, ggf. zur Aufsicht (wenn sich noch Kinder im Kindergarten aufhalten), etc.

Die Häufigkeit der Mitarbeiter-/Teambesprechungen
Nicht immer sind Gesamtmitarbeiter-/Teambesprechungen wöchentlich erforderlich. Gerade auch dann nicht, wenn es noch Alternativen gibt. (z.B.: „Jour fixe", Arbeitsgruppen usw. Ein zweiwöchiger Rhythmus sollte in Überlegungen berücksichtigt werden.

Keine Mitarbeiter-/Teambesprechung über 90 Minuten
Es gibt viele Gründe Mitarbeiter-/Teambesprechungen nicht über diese Zeit auszudehnen. Die Konzentration der Teilnehmenden leidet unter Umständen, es besteht die Gefahr, dass die Themen zu sehr ausgeweitet werden – Sie werden sicherlich weitere Gefahren kennen. Daher ist die Begrenzung sinnvoll. Sie sollte auch nicht ausgedehnt werden. Die zeitliche Begrenzung der Tagesordnungspunkte insgesamt, d.h. der gesamten Teambesprechung, ist für Sie ein wichtiges Planungsinstrument für die Arbeitszeit und die Ressourcenplanung in der Kindertageseinrichtung. Sie können davon ausgehen, dass innerhalb von 90 Minuten alle wesentlichen Punkte abgearbeitet werden können. Umfangreichere Themen (Feste, Feiern oder größere Veranstaltungen) sollten Sie durch kleine Gruppen vorbereiten lassen. Eine Teambesprechung könnte so in diesem genannten Umfang alle zwei Wochen stattfinden (bei Bedarf häufiger).

Wo, wie und wann findet die Mitarbeiter-/Teambesprechung statt?
Die Effektivität von Besprechungen hängt nicht zuletzt vom Rahmen ab. Besprechungen benötigen Platz und angemessene Sitzmöglichkeiten. Es sollten auch Dokumentations- und Visualisierungsmöglichkeiten zur Verfügung stehen (Tageslichtprojektor, Flipchart und wenn es geht, eine Pinnwand).
Bewahren Sie den Arbeitscharakter der Besprechung (Kaffee, Tee, Frühstück, Kuchen etc. bitte gesondert anbieten – in der Pause, vor der Besprechung, nach der Besprechung).

Vor oder nach der Besprechung können Sie die informelle Gesprächskultur in Ihrem Team fördern. Treffen Sie sich mit Mitarbeiterinnen zum informellen Austausch.

Besprechung und informelles Treffen trennen

Sorgen Sie für eine klare Struktur und den Arbeitscharakter der Teambesprechung. Wenn Sie geklärt haben, dass Teambesprechungen kein Arbeitsfrühstück o.Ä. sind, dann haben Sie bereits viel für die offizielle Gesprächskultur in Ihrem Kindergarten getan.

Checkliste „Vorbereitung Mitarbeiter-/Teambesprechungen“

Tag/Datum	Beginn	Ende	Ort

Einladung erfolgt:	Rückmeldung zur Tagesordnung bis:

Teilnehmende

1)	7)
2)	8)
3)	9)
4)	10)
5)	11)
6)	12)

Gäste / Referenten / Referentinnen	**zu TOP**
1)	
2)	
3)	

Tagesordnungspunkte	TOP-Nummer	Dauer des TOP	Anlagen	Information	Diskussion	Entscheidung

Hilfsmittel (Flipchart, OHP, Pinnwand)?	
Material (Stifte, Kopien, Hand-outs etc.)?	
Pause (vorher / nachher / wann genau)?	
Erfrischungen (Getränke, Imbiss)?	
Bestuhlung / Raumgestaltung?	
Besondere Ereignisse (Geburtstage, Jubiläen)?	
Sonstiges?	

3.3.1 Wie wird die Tagesordnung aussehen?

Ein wichtiger Punkt bei Teambesprechungen ist die Tagesordnung. Planen Sie für die Tagesordnung einer Mitarbeiter-/Teambesprechung ein paar Punkte ein, die Ihnen die Durchführung der späteren Sitzung erleichtern:

Für die einzelnen Tagesordnungspunkte gibt es ebenfalls, wie bereits für die gesamte Besprechung, eine zeitliche Begrenzung.

Die zeitliche Begrenzung der Tagesordnungspunkte dient vor allen Dingen dazu, ausufernde Diskussionen zu unterbinden und für Sie als Leiterin der Teambesprechung mehr Steuerungsfähigkeit zu erlangen. Sie können auch hier davon ausgehen, dass alle wesentlichen Argumente nach einer zehnminütigen Diskussion ausgetauscht sind, sodass hier noch Raum für eine Zusammenfassung und abschließende Bewertung oder Entscheidung besteht.

Ein Tagesordnungspunkt hat somit selten einen Umfang von mehr als 15 Minuten.

Weitere Maßnahmen für effiziente Besprechungen

Weitere wichtige Maßnahmen

- Der Tagesordnungspunkt „Verschiedenes" entfällt. Er ist größter Zeitfresser in Dienstbesprechungen. Sie ersetzen ihn durch den Punkt „Hinweise und Informationen".
  Damit entfallen auch Diskussionen zu nicht vorbereiteten Themen, unnötige Verlängerungen der Besprechung, wenn vor dem geplanten Zeitpunkt die vorgesehenen Themen abgearbeitet worden sind usw.
- Die Mitarbeiterinnen werden mit einer Tagesordnung schriftlich eingeladen.
  Sie erhalten damit bessere Steuerungsmöglichkeiten, wie sie unter dem folgenden Punkt beschrieben sind. Die Besprechungsteilnehmenden können so auch ihre Besprechungsvorbereitung besser vornehmen.
- Hinter jedem Tagesordnungspunkt steht der Charakter des Tagesordnungspunktes (I, D, E).
  Mit dem Charakter von Tagesordnungspunkten ist Folgendes gemeint: Sie kennen bestimmt viele Diskussionen in Tagesteambesprechungen, die ausufern und lang andauern, weil nicht ganz deutlich geworden ist, ob der Inhalt dieses Tagesordnungs-

punktes darin bestand, einen gleichen Informationsstand herzustellen, Meinungen abzufragen oder in der Teambesprechung eine Entscheidung herbeizuführen.

Aus diesem Grunde bedeuten die Abkürzungen
I = Information
D = Diskussion
E = Entscheidung

TOPs nach Info, Diskussion und Entscheidung gliedern

Punkt I bedeutet, dass in diesem Tagesordnungspunkt lediglich eine Information gegeben wird. Eine Diskussion oder eine Entscheidung ist nicht vorgesehen.

Tagesordnungspunkte mit dem Zeichen D sind Tagesordnungspunkte, wo ein Thema diskutiert und die Meinungen ausgetauscht werden sollen. Eine Entscheidung ist nicht vorgesehen oder Sie als Kindertagesstättenleiterin behalten sich die Entscheidung vor, möchten aber die Meinung im Team hierzu erfahren.

Der Punkt E bedeutet, dass nach einer angemessenen Diskussion und dem Zusammentragen verschiedener Standpunkte durch das Team mehrheitlich eine Entscheidung getroffen wird.

Zusammenfassung wichtiger Besprechungspunkte

- *Einladung zur Besprechung schriftlich*
- *klare Tagesordnungsstruktur*
- *Tagesordnung an die Teilnehmenden zwei bis drei Tage vorher*

Sie können eine solche klare Tagesordnungsstruktur aufrechterhalten, wenn Sie für Ihre Mitarbeiterinnen die Möglichkeit einräumen, dass ein bis zwei Tage vor Beginn der Teambesprechung bei Ihnen Wünsche zur Tagesordnung hinterlegt werden können. Sie haben so auch die Möglichkeit der Steuerung der Tagesordnungspunkte und können entscheiden, ob ein Tagesordnungspunkt nicht vielleicht auch zu einem späteren Zeitpunkt behandelt werden soll. Überraschungen und lang anhaltende Diskussionen ohne Vorbereitung bei Dienstbesprechungen können Sie so vermeiden, ohne dass Sie den Mitarbeiterinnen die gerade in der sozialen Einrichtung so wichtige Möglichkeit nehmen, sich in Gespräche einzubringen.

Klare TOs dürfen keine Anliegen „wegbügeln"

Kindergarten „Friedrichstraße" 15.10.200x

An die
pädagogischen Mitarbeiter/innen
therapeutischen Fachkräfte

Einladung

Liebe Kolleginnen, liebe Kollegen,
hiermit lade ich Sie/Dich zur nächsten Teambesprechung

am: Donnerstag, den 22.10.200x Beginn: 14:00 Uhr / Ende: 15:30 Uhr

herzlich ein. Die Besprechung findet statt im Dorfgemeinschaftshaus; R 2.

Tagesordnung:

TOP 1 Berichte und Mitteilungen (I) - 15 Min.
a. Stadtelternbeirat
b. Trägervorstand
c. Fachtagung Neustadt a. Rbge.
d. Kontaktaufnahme Lions Club
e. Ergebnisse der Elternbefragung

TOP 2 Pädag. Schwerpunkte im 1. Halbjahr (D) - 20 Min.
a. Sprachförderung
b. Projekt „Zahlenland"
c. Vorstellung weiterer Vorschläge
Die Themen werden kurz vorgestellt. Jeweils 2 Koll. sollten zur nächsten Teambesprechung Umsetzungs- bzw. Realisierungsmöglichkeiten prüfen.

TOP 3 Fortbildungsplanung 200x (D) - 20 Min.
a. Fortbildungsbedarf der Kita
b. Auswirkungen des neuen Tarifvertrages

TOP 4 Fortschreibung unserer Konzeption (I) - 15 Min.
a. Stand der Arbeitsgruppenergebnisse

TOP 5 Ablauf des Adventbasars (E) - 20 Min.
a. Festlegung des Ablaufs
b. Aufgabenverteilung

Informationen zu den einzelnen Tagesordnungspunkten findest Du / finden Sie im Info-Bereich des Mitarbeiterzimmers. Sollten weitere Anregungen/Vorschläge zur Tagesordnung bestehen, so bitte ich Dich/Sie, diese bis Dienstag mit mir abzustimmen. – Vielen Dank!

Ines Neu
Leiterin

3.3.2 „Jour fixe“ als Ergänzung zur Teambesprechung

Ein „Jour fixe“ ist ein fest vereinbarter Termin für eine Gruppe (z.B. alle Erzieherinnen / alle Gruppenleiterinnen), auf den alle Beteiligten keine anderen Termine legen, sondern ihn für die interne Abstimmung im Kindergarten reserviert halten. Ein Jour fixe kann z.B. ein täglicher Kurztreff sein (10 bis 15 Minuten, zur Tagesabklärung).

Jour-fixe-Termine sind immer frei zu halten

Günstig sind Treffen mit einem Flipchart (wenn vorhanden) an Stehtischen.

Ein Jour fixe ist effektiv und Sie können ohne größeren Arbeits- und Zeitaufwand eine gute und schnelle persönliche Kommunikation im Kindergarten herstellen.

Wichtige Besprechungsregeln

Eine wichtige Voraussetzung für gelungene Mitarbeiter- bzw. Teambesprechungen schaffen Sie, wenn Sie Regeln verbindlich vereinbaren und sie für alle Teilnehmenden verpflichtend erklären. Legen Sie dabei vorher fest, welche Punkte für Sie unverzichtbar sind, und lassen Sie weitere Punkte von den Teilnehmenden sammeln, über die Sie dann diskutieren, und treffen Sie anschließend über die gesamten Punkte eine Vereinbarung mit den Teilnehmenden, die verpflichtend gilt.

Mitarbeiterinnen auf Besprechungsregeln festlegen

Diese Vorgehensweise sichert die Beteiligung der Besprechungsteilnehmerinnen, die anschließend für Sie die Einforderung der Inhalte argumentativ erleichtert.

Beispiel: Flipchart-Blatt

Regeln für unsere Besprechungen

- *Geleitet wird die Teambesprechung von der Kindergartenleitung, bei Abwesenheit von der Stellvertretung.*
- *Unsere Diskussionen sind vertraulich – Außenstehende erfahren nur, was als „reif“ für die Öffentlichkeit deklariert worden ist.*
- *Niemand geht während einer Teamsitzung ans Telefon (Handys sind ausgeschaltet).*
- *Es gibt keine „heiligen Kühe“ – gerade unorthodoxe Meinungen sollen geäußert werden.*
- *Wir wollen uns in der Sache streiten, aber niemandem einen schlechten Charakter anhängen.*

Weitere Vorschläge:

...

...

3.4 Tagesstruktur

Aufgaben der Kitas

Kindertageseinrichtungen haben eine Fülle von sehr unterschiedlichen Aufgaben übertragen bekommen. So sollen sie u.a. Dienstleistungsaufgaben erfüllen, z.B.

- immer längere Öffnungszeiten anbieten,
- angemessene Produkte liefern, wie z.B. gute und gesunde Ernährung,
- professionell pädagogisch tätig werden, u.a. begründet durch ihren Bildungs-, Erziehungs- und Betreuungsauftrag,
- in einigen Regionen als Familienzentrum ausgebaut werden und u.a. niederschwellige Beratungsangebote bereithalten.

In Deutschland sind Kindergärten hierfür allerdings im Vergleich zu anderen Ländern finanziell, materiell und personell überwiegend nicht optimal ausgestattet.

Anspruchsvolle Aufgaben können Sie in Ihrem Kindergarten nur mit einem relativ hohen Zeitaufwand angemessen erfüllen.

Ein hoher Zeitaufwand bedeutet in jedem Fall mehr Personal und/oder eine bessere Organisation der Kita-Arbeit.

Ausstattung bleibt hinter den Aufgaben zurück

Da Sie in Kindergärten, Horten und auch anderen sozialpädagogischen Einrichtungen das eigentlich notwendige Personal (möglichst Vollzeitstellen für Mitarbeiterinnen) und eine bessere Ausstattung nur sehr schwer und wenn, dann nicht kurzfristig erreichen können, werden Sie als Kita-Leiterin vorerst weiter mit diesem strukturellen Defizit arbeiten müssen und haben erst einmal auch nur eingeschränkte Möglichkeiten, um darauf zu reagieren.

Erforderlich wäre es, wie z.B. in anderen pädagogischen Arbeitsfeldern (Schule), das Verhältnis von direkter pädagogischer Arbeit und den weiteren, zusätzlichen Arbeiten in ein angemessenes Verhältnis zu bringen.

Möglich wären

- die Schaffung von mehr Vollzeitstellen für pädagogische Mitarbeiterinnen,
- mehr Zeiten für Vorbereitung/Nachbereitung,
- mehr Zeiten für Elterngespräche etc.

In der Konsequenz würde das bedeuten, dass die Mitarbeiterinnen in Kindertageseinrichtungen einen ähnlichen Arbeitszeitrahmen wie z.B. Lehrerinnen zur Verfügung hätten.

Auch wird Ihnen als Kindergartenleiterin derzeit eine Schreibkraft oder Sekretärin nur in den seltensten Fällen zur Verfügung stehen, und es werden Vorbereitungszeiten und Arbeitszeiten, in denen die Kinder nicht direkt anwesend sind, nur in einem sehr beschränkten Verhältnis zur Verfügung stehen (z.B. besteht in Niedersachsen eine gesetzliche Vorgabe mit Vorbereitungszeiten je Gruppe von 7,5 Stunden).

Eine kurzfristige Lösung besteht also für Sie in der Regel lediglich in der Optimierung der Tagesorganisation in der Kindertageseinrichtung.

Optimierung der Organisation als Kompensation von Ausstattung

Notwendige Veränderungen in der Tagesorganisation sind nicht einfach zu erreichen. Viele unterschiedliche Interessen und Gewohnheiten sind davon berührt und etliche Punkte sollten beachtet werden. Wichtige Aspekte können sein:

- die Anpassung der Personalanwesenheit an die Anzahl der tatsächlich anwesenden Kinder,
- die Schaffung von Freiräumen für pädagogisch notwendige Querschnittsaufgaben (Beobachtung, Auswertung),
- Zeiten für Einzelförderung,
- mehr Möglichkeiten für Fallbesprechung und zum Austausch im Team usw.

Tagesorganisation

Inhaltliche Bezugspunkte der Arbeit

Die Tagesorganisation ist ein wichtiger Teil Ihrer Leitungstätigkeit. Denn sie hat großen Einfluss auf die Zeit- und Arbeitsressourcen Ihrer Mitarbeiterinnen und auf die inhaltliche Arbeit. Bei der Tagesorganisation sind diese drei Aspekte die zentralen Bezugspunkte:

- Freispiel,
- Rituale,
- Angebote/Projekte.

Zusätzliche Aufgaben in der Leitung und Administration

Darüber hinaus gibt es aber auch in einer Kindertageseinrichtung vielfältige organisatorische, administrative Aufgaben zu bewältigen und inhaltliche Aufgaben, die sich nicht unmittelbar im Geschehen mit den Kindern zeigen. Diese Aufgaben der Kita-Leitung und ihrer Mitarbeiterinnen sind zu wenig im Fokus der öffentlichen Diskussion. Entsprechend gering ist ihre „offizielle“ Berücksichtigung bei der Bewertung der Arbeitszeiten in der Kita.

So gibt es beispielsweise im Bundesland Niedersachsen für Vorbereitungstätigkeiten pro Gruppe (zwei Mitarbeiterinnen) lediglich 7,5 Stunden berechnete Zeit.

Arbeitszeiten ohne direkte pädagogische Arbeit

In dieser Zeit sind Mitarbeiterbesprechungen, Elterngespräche, Vorbereitung der pädagogischen Arbeit, Beobachtung, Dokumentation etc. bereits enthalten. Grob betrachtet würde sich die Zeit aufteilen wie in der folgenden Tabelle zusammengestellt:

Zeiten ohne direkte pädagogische Arbeit mit Kindern

Verfügungszeit

- *Beobachtungen*
- *Zusammenarbeit mit Eltern*
- *Teambesprechungen*
- *Koop. mit Schulen und Fachdiensten*
- *Fortbildung/Supervision*
- *Weiterentwicklung der Konzeption*
- *Pädagogische Reflexion*
- *etc.*

Vorbereitungszeit

- *Organisation und Durchführung von Projekten, Ausflügen*
- *Hauswirtschaftliche/pflegerische Tätigkeiten*
- *Einkäufe*
- *Vorbereitung der tägl. pädagogischen Arbeit*
- *Vorbereitung von Elterngesprächen*
- *Vorbereitung von Festen*

Die vielfältigen Aufgaben der pädagogischen Mitarbeiterinnen einer Kindertageseinrichtung erfordern erheblich mehr Zeit, die nicht für die direkte pädagogische Arbeit mit Kindern benötigt wird. Der Zeitaufwand für diese Tätigkeiten liegt mindestens bei einem Viertel bis einem Drittel der tariflichen Arbeitszeit.

Gruppenfreistellung der Leitung

Für Sie als Leitung dürfte eine Tätigkeit in einer Gruppe ab einer Größenordnung von drei bis vier Gruppen nicht mehr vorgesehen sein, wobei die Gruppenfreistellung sich eigentlich auch nicht an den Kindergruppen orientieren kann, sondern die Aufgaben der Leitung ins Blickfeld nehmen sollte. Leiterinnen, die z.B. Beratungsaufgaben wahrnehmen, ambulante Leistungen in ihrer Kindertageseinrichtung anbieten etc., sollten auch schon früher nicht mehr für eine pädagogische Arbeit in einer Gruppe vorgesehen sein.

Pensum schaffen durch gute Tagesorganisation

Solange befriedigende gesetzliche oder tarifliche Regelungen nicht bestehen, können Sie daher u.U. nur mit einer guten Tagesorganisation für mehr Spielraum für eine qualitativ anspruchsvolle Arbeit und für eine Vergrößerung der Zeitressourcen Sorge tragen.

Einige Grundsätze gilt es dabei zu beachten, die eine wichtige Rolle spielen:

Grundsätze zur Tagesorganisation

- *Die pädagogische Arbeit im Kindergarten findet nicht nur im direkten Bezug zu Kindern statt;*
- *Freispielzeit ist für Kinder „freie Zeit" – die Beziehungen der Kinder untereinander sind das zentrale Anliegen. Die Erzieherinnen sind „wohlwollend anwesend";*
- *Erzieherinnen benötigen Zeiten zur Beobachtung der Kinder;*
- *Erzieherinnen benötigen Zeiten zur Vorbereitung ihrer pädagogischen Arbeit;*
- *Erzieherinnen sind in Elterngespräche eingebunden;*
- *für Erzieherinnen sind benötigte „freie" Zeiten akzeptiert als Bestandteil qualitativ guter pädagogischer Arbeit etc.*

Die Zeiten für Rituale (z.B. Morgenkreis), Angebote und Projekte wechseln mit Zeiten für das Freispiel.

Kindgerechter Tagesablauf

Wichtig ist, dass die Kinder durch den Tagesablauf Struktur und Orientierung erfahren. Diese Struktur und Orientierung wird zwar noch ergänzt durch die Räumlichkeiten, die Ausstattung usw., ist aber ein wichtiger Bestandteil der pädagogischen Arbeit.

Hilfreich ist eine gute Tagesstruktur natürlich auch für Eltern und die Mitarbeiterinnen der Kindertageseinrichtung selbst.

Die dreigeteilte Tagesstruktur finden Sie in vielen aktuellen pädagogischen Ansätzen von der „Schörl-Pädagogik" bis zum „offenen Ansatz" wieder.

Während in der Freispielphase das Kind mit seinen Interessen und Bedürfnissen im Vordergrund steht (die Erzieherinnen folgen quasi den Kindern), folgt das Kind in der Angebots-/Projektphase den Intentionen der Pädagoginnen (natürlich unter Einbeziehung der Kinder).

In der dritten Phase folgen Erzieherinnen und Kinder jetzt bestimmten Ritualen. Diese können ihre Wurzeln in gesellschaftlichen (z.B. Feiern von Geburtstagen; bestimmte Feiertage) oder religiösen bzw. anderen, jeweils trägerspezifischen Hintergründen, haben.

Beispiel für Tagesablauf

Auf dem folgenden Beispielblatt „Tagesorganisation Kita-Alltag" können Sie eine mögliche Aufteilung der Arbeitszeit bzw. der Arbeitsorganisation erkennen.

Zeit	Schwerpunkt	Inhalt für Kinder	Inhalt für Erzieherin
07:00	Begrüßung; Eintreffen der Kinder; frühstücken	Freispielzeit; Begrüßung und Kontaktaufnahme der Kinder untereinander; einige frühstücken; Räume der Kita sind zum Spielen nutzbar; neue Kinder erhalten gesonderte Ansprache oder Betreuung	Beginn Frühdienst; höchstens 50 % d. Erz. sind anwesend; Gewährleistung der Aufsichtspflicht bis zum Morgenkreis; „Empfangserzieherin"; Informationen für Eltern
07:30	Jour fixe	s.o.	alle MitarbeiterInnen treffen sich zur Tagesabsprache (ausgenommen „Empfangserzieherin")
07:45	Vorbereitungszeit für Erzieher	s.o.	Tagesvorbereitung; ggf. „Tür- u.-Angelgespräch" mit Eltern; Begrüßung der Kinder durch die neu eingetroffenen Erz.
08:15	Morgenkreis	Rituale (z.B. gemeinsam den Tag beginnen; Geburtstag; Absprachen und Entscheidungen treffen; Kinder ordnen sich den Angeboten bzw. dem jew. (Teil-)Projekt zu	Erzieherinnen geben eine Tagesorientierung, einen Überblick über die Angebote bzw. die (Teil-)Projekte; die Erz. moderieren die Entscheidungsfindung der Kinder; sie leiten die Rituale an und geben Informationen; Organisatorisches wird besprochen
08:45	Angebot, Projekt, Aktivität	Die Kinder nehmen an Angeboten oder Projekten teil; Kinder, die sich nicht zuordnen wollten, gestalten diese Phase mit der „Empfangserzieherin"	Die Erzieherinnen leiten die Angebots-/Projektphase an; unterstützen Kinder; initiieren Lernprozesse etc.
09:30	Reflexionszeit	Kinder u. Erzieherinnen sprechen über ihren Lernprozess	Die Erzieherin unterstützt die Reflexion durch Fragen etc.
09:45	Gemeinsames Frühstück	Kinder u. Erzieherinnen nehmen am gemeinsamen Frühstück teil	Erzieherinnen organisieren und unterstützen Kinder bei der Gestaltung des Frühstücks

Zeit	Schwerpunkt	Inhalt für Kinder	Inhalt für Erzieherin
10:15	Freispielzeit	Die Kinder spielen und gestalten ihre Beziehungen untereinander	Erzieherinnen sind „wohlwollend“ anwesend, ziehen sich jedoch aus der direkten Beteiligung an Aktivitäten zurück; Beobachtungszeit; Möglichkeit für Elterngespräche; evtl. Vorbereitungszeit; ein Teil der Erzieherinnen gewährleistet die Einhaltung der Aufsichtspflicht
11:45	Aufräumen	Die Kinder räumen (je nach Fähigkeit/Möglichkeit) mit auf und unterstützen sich gegenseitig	Erzieherinnen räumen ebenfalls mit auf und unterstützen die Kinder
12:00	Abschlusskreis	Kinder u. Erzieherinnen treffen sich in Abschlusskreisen nach Neigung (z.B. bei Entspannung, Tanz, Bewegung, Gespräch)	Erzieherinnen leiten Abschlusskreise; Verabschiedung der Kinder
12:15	Abholphase	Die Kinder können sich selbst beschäftigen oder werden von den Eltern abgeholt	Gewährleistung der Aufsichtspflicht; „Empfangserzieherin“ verabschiedet die Kinder, die allein nach Hause gehen; Erzieherinnen sind gesprächsbereit für „Tür-u.-Angel-Gespräche“
12:30	Mittagessen	Die Ganztagskinder treffen sich zum Mittagessen	Erzieherinnen organisieren und unterstützen Kinder bei der Gestaltung des Mittagessens
13:15	Jour fixe	s.o.	alle Mitarbeiterinnen treffen sich zur Tagesabsprache (ausgenommen „Empfangserzieherin“)
13:30	Bei Ganztagsbetreuung	analoger Ablauf wie am Vormittag	analoger Ablauf wie am Vormittag

3.5 Zeitplanung – Ziele setzen

Zeitplanung für Freiräume

Zeitmanagement ist eine Methode, mit der Sie es erreichen können, dass Sie nicht mehr nur auf Anforderungen von außen reagieren müssen, dass Sie nicht zum Spielball der täglich an Sie herangetragenen Wünsche, Anforderungen und Bedürfnisse werden. Kurzum, Sie erreichen ein Stück „Freiheit“, indem Sie sich entfernen von fremdbestimmter hin zu mehr selbstbestimmter Arbeit.

Weniger reaktiv arbeiten, mehr die Zukunft gestalten

Das Risiko einer überwiegend fremdbestimmten Tätigkeit liegt in der Gegenwartsorientierung, in der Konzentration auf den Augenblick. Aber gerade Leitungstätigkeit hat weniger etwas mit dem Augenblick zu tun, sondern in besonderer Weise damit, über den gegenwärtigen „Tellerrand“ hinwegzusehen. Wenn Sie „gearbeitet“ werden, verlieren Sie genau diese Möglichkeit, über den „Tellerrand“ zu sehen.

Für eine Leitungstätigkeit ist es notwendig, Ressourcen zu schaffen, die den Blick in die Zukunft möglich zu machen.

Eine Weisheit, deren Autor unbekannt ist, sagt: „Wer selbst arbeitet, verliert die Übersicht.“

Zielorientierung statt Tätigkeitsorientierung

Einem effektiven Zeitmanagement liegt also keine Tätigkeitsorientierung zugrunde. Vielmehr ist Zeitmanagement auf ein zielorientiertes Handeln ausgerichtet. Zielorientierung und Tätigkeitsorientierung unterscheiden sich grundlegend.

Tätigkeitsorientierung *„Die Dinge richtig tun!“*	⇔	Zielorientierung *„Die richtigen Dinge tun!“*

Beispiel

Nachfolgend eine kurze Episode aus einer Kindertageseinrichtung, die sich tatsächlich so ereignet hat:
Die Leiterin eines Vier-Gruppen-Kindergartens (Kleinstadt – ländlicher Raum) verwendete eine nicht unwesentliche Zeit ihrer Leitungstätigkeit (gruppenfreigestellte Zeit) dafür, die täglich anfallenden Tätigkeiten zu erledigen.

Das reichte bis hin zu Vertretungsdiensten, Einkäufen und unterstützenden pädagogischen Aufgaben innerhalb des Kindergartens. Wie Sie sich sicher denken können, war sie mit dieser Tätigkeit voll ausgelastet und konnte den Teammitgliedern auch über manchen Engpass hinweghelfen.

Sie hatte allerdings weniger Zeit dafür, sich um die Entwicklung der Kindergartenlandschaft in ihrem Einzugsgebiet zu kümmern, hatte weniger nach außen gerichtete Aktivitäten, weniger Kontakte etc.

In den folgenden Jahren musste der Kindergarten nach und nach Gruppen schließen. Erst auf drei Gruppen, dann auf zwei Gruppen, auf eineinhalb Gruppen, bis er schließlich als eingruppiger Kindergarten geführt wurde. Während dieser Zeit reduzierte sich die gruppenfreie Zeit der Leiterin ebenfalls anteilig und die Möglichkeit zu planerischer Arbeit wurde immer geringer.

Wie Sie sehen – eine engagierte, aber leider eher tätigkeitsorientierte Ausrichtung der Kindergartenleiterin. Mit dem Ergebnis, dass die pädagogischen Angebote im Kindergarten zuletzt eingeschränkt werden mussten und ein großer Teil der Mitarbeiterinnen ihren Arbeitsplatz verloren haben bzw. wechseln mussten.

Zielorientiert konnte die Leiterin in diesem Beispiel nicht arbeiten – bei ihr hatte die Bewältigung des Augenblicks Vorrang. Sie hatte keine Ziele formuliert – und sie konnte daher nie auf dem falschen Weg sein. Sie war aber auch nicht, wie die Entwicklung gezeigt hat, auf dem richtigen Weg.

Wer kein Ziel hat, für den gibt es keinen richtigen Weg!

Zielorientiert zu arbeiten bedeutet in jedem Fall Ziele zu haben oder zu formulieren.

3.5.1 Was sind Ziele?

Ziele liegen auf der Zeitachse in der Zukunft. Sie dienen der Konzentration auf das Wesentliche. Sie lassen Erfolge sichtbar werden. Mit der Formulierung von realistischen, erreichbaren Zielen setzen Sie eine Positivspirale in Gang. Das Erreichen der Ziele motiviert zu neuen Zielen.

Vier Aspekte von Zielen

Ziele haben vier Aspekte (siehe Abbildung auf der folgenden Seite). Ziele unterscheiden sich in einem wichtigen Punkt von Absichten. Sie müssen für das Erreichen etwas tun.

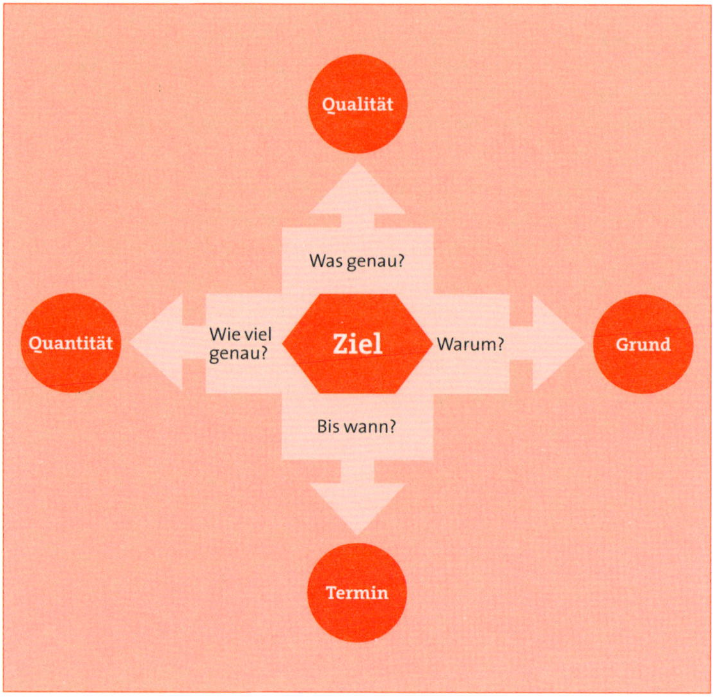

Die vier Aspekte von Zielen

Beispiel

Sie möchten, dass die Teambesprechung kürzer ist und dass konkreter gearbeitet wird.
Ändern Sie die Struktur, die Einladung, den Ablauf der Teambesprechung? Wenn nicht, bleibt es bei der Absicht, bei einem unverbindlichen Vorsatz.

Kriterien für Zielformulierungen

Zielformulierungen müssen ebenfalls einigen Kriterien entsprechen:

- Ziele sollten schriftlich festgehalten werden. Es dient der Bewusstmachung, die Einhaltung der Ziele wird verbindlicher, die Ideen gehen nicht verloren und regen zur weiteren Beschäftigung an.
- Ziele sollten planbar sein. Sie sollten also immer mit einem Datum versehen sein.

- Ziele sollten machbar sein. Sie sollten nicht mit Wünschen, Hoffnungen oder Utopien verwechselt werden.
- Ziele sollten messbar sein. Sie sollten dadurch überprüfbar sein und es sollte dadurch eine Zielerreichung erkannt werden.

Dazu ein Beispiel:

machbar (Zeit reicht, Umfang realistisch)	Bis zum 01. September 200x wird ein Konzept (von max. 6 Seiten) für einen „moderierten“ Elternabend von Agnes Müller und Zara Meier ausgearbeitet.	planbar (Zeitgabe, klare Anforderung)
messbar (Umfang, wer schreibt)		messbar (Inhalt festgelegt)

3.5.2 Zielebenen der Kita

Ziele können formuliert werden: auf der Ebene der operativen Ziele, der strategischen Ziele und der Grundsatzziele. Keine Ebene darf von der Kita-Leiterin vernachlässigt werden. Sie sollten darauf achten, dass in Ihrer Wochen-/Monatsplanung aus allen Ebenen konkret abgeleitete Aufgaben zur Bearbeitung vorgesehen sind.

wer / Ziele	Kita (Institution)	Kita-Leiterin (Person)
Grundsatzziele	Leitbild „wer sind wir“; wie arbeiten wir (offenes Konzept; Situationsansatz; konfessionell; integrativ etc.)	Helfen wollen; sich in der Elementarpädagogik engagieren wollen
Strategische Ziele, mittelfristig angelegt (ca. 3 bis 5 Jahre)	Angebotserweiterung, z.B. Krippenplätze, Integrationsplätze; Gruppenerweiterung; Veränderung inhaltlicher Schwerpunkte; Neuausrichtung als „Early Excellence Center“	Eigene Freistellung von Gruppenarbeit erreichen; Fachberatungstätigkeit anstreben; Kandidatur Kirchenvorstand; Qualifizierung zur „Fachwirtin für Kindertageseinrichtungen“
Operative Ziele, kurzfristig (ca. 1 Jahr)	Projekt „Zahlenland“ durchführen; Betriebsvereinbarung zur flexiblen Arbeitszeit/Jahresarbeitszeit abschließen; Elternabend zur Sprachförderung	Teilnahme an der Fortbildung „Beobachtung und Diagnostik im Kindergarten“; Computerpass erwerben; Leitungskreis initiieren

4 Teamentwicklung

4.1 Was ist ein Team?

Die Begriffe „Team" und „Teamfähigkeit" sind in den letzten Jahren zu Schlüsselbegriffen geworden, obgleich es über den Begriff „Team" ein sehr unterschiedliches Verständnis gibt.

Geradezu magische Bedeutung hat der Begriff „Team" in sozialen Arbeitsfeldern, wo es fast schon traditionell eher Schwierigkeiten bereitet, sich mit Begriffen wie Hierarchie und Macht unbelastet auseinanderzusetzen.

Zwei Teambegriffe

Sie können zwei Teambegriffe unterscheiden:

1. Team als Arbeitsbegriff für eine kleingruppenorientierte Organisationsform (z.B. ein sechsgruppiger Kindergarten besteht aus sechs Erzieherteams, die in den jeweiligen Gruppen arbeiten, evtl. auch noch aus einem Therapeutenteam oder Ähnlichem);
2. Team als Arbeitsbegriff für einen Arbeitsstil mit besonderen Merkmalen auf den Ebenen „Leistung", „Dynamik", „Ziele", „Struktur" und „Klima", wie sie nachfolgend dargestellt sind.

Leistungsmerkmale

Erfolgreiche Teams haben bestimmte Leistungsmerkmale, die gleichzeitig eben ihre großen Leistungsvorteile ausmachen. In der Übersicht auf der folgenden Seite finden Sie die wichtigsten .

Versteht man unter Team eine kleingruppenorientierte Organisationsform, besteht eine solche Gruppe (ein solches Team) aus mindestens zwei Mitarbeiterinnen.

Teamgröße

Die Anzahl der Teammitglieder sollte sechs bis acht Personen nicht überschreiten, eine Angabe, die in größeren Institutionen bei der Strukturierung der Organisation beachtet werden sollte. Größere Gruppen teilen sich sehr schnell in kleinere Untergruppen, was Kommunikation und Arbeitsteilung bzw. -abstimmung sowie die Rollenverteilung gravierend erschwert und verändert, ebenso trifft dies auf die Gestaltung sozialer Beziehungen jenseits einer Größe über acht Personen zu.

Schon von daher können Sie (bei größeren Institutionen) nicht mehr in jedem Fall von einem Teambegriff (und zwar auch nicht als kleingruppenorientierte Organisationsform) ausgehen.

Auf der anderen Seite wird in der Kita eine Gruppe von lediglich zwei Mitarbeiterinnen häufig als Team bezeichnet, weil eine nicht selten bestehende Konstellation die klassische Kindergruppe mit zwei pädagogischen Mitarbeiterinnen ist. Auch hier, aus einem anderen Blickwinkel, ist die Klassifizierung als Team bereits grenzwertig, da die Dynamik, die Regeln, die Rollenverteilung und die Kommunikationsmöglichkeiten stark beschränkt sind.

Eine wahrscheinlich optimale Teamgröße liegt bei vier bis acht Teammitgliedern.

Merkmale eines erfolgreichen Teams			
Leistung	2 + 2 = 5 (Synergie)	Persönliche Fähigkeiten werden kreativ genutzt	Es gibt eine differenzierte und auf die Aufgaben bezogene Fort-/Weiterbildung
Dynamik	Wertschätzung	Gegenseitiger Ansporn	Die gemeinsame Arbeit belebt Kraft und Freude
Ziele	Das Team hat ein Hauptziel und kennt seinen Auftrag	Bewusstsein über persönliche Ziele	Persönliche Ziele stehen im Dienst des Hauptziels
Struktur	Die Struktur des Teams passt auf die zu lösende Aufgabe; individuelle Fähigkeiten werden sinnvoll genutzt	Das Team ist flexibel, einfühlsam, methodisch, zielbewusst; Führungsanspruch und Rollenverständnis sind geregelt; es gibt regelmäßige systematische Kommunikation	Es gibt gegenseitige Rücksichtnahme; Arbeitsstil und Organisation sind im Team geregelt; die Rollen- und Aufgabenverteilung wird geklärt
Klima	Das Team entwickelt seinen besonderen „Geist“; Erfolg und Misserfolg überträgt sich auf die Stimmung; Mitglieder identifizieren sich mit dem Team	Die Mitglieder des Teams fassen Vertrauen zueinander; das Team spricht offen über persönliche Schwierigkeiten	Offenheit, gegenseitige Freude, Ermunterung und Wir-Gefühl sind im Team vorhanden

Definition Team

Team als Mannschaft / als „Gespann“

Als Team im herkömmlichen Sinn bezeichnet man auch eine Gruppe, die an einer gemeinsamen Aufgabe arbeitet – wie beispielsweise eine Mannschaft, eine Besatzung oder vielleicht auch ein Orchester. Ein schönes Bild gibt das Gespann ab (mehrere Pferde, die eine Kutsche, einen Wagen oder Karren ziehen und sich dabei nicht behindern, sondern unterstützen, die an einem Strang ziehen).

Teams entwickeln – eine Leitungsaufgabe

Sie können mit Teamentwicklung nun solche „Gespanne“ etc. fördern, indem Sie von den aktuellen Bedürfnissen der Gruppe ausgehend einen Arbeitsprozess einleiten, der für die gesamte Gruppe tragbar ist. Dabei muss für alle Beteiligten deutlich sein, dass ein Teamentwicklungsprozess immer auch ein Veränderungsprozess ist. Dieser Veränderungsprozess betrifft die Zusammenarbeit, das Team bzw. die Gruppe als Gesamtheit und auch jedes Team-/Gruppenmitglied individuell.

Ihre Aufgabe als Leitung besteht nun u.a. darin, einen „Ordnungsrahmen“ zu schaffen.

Rahmen gestalten

Weiterhin ist es Ihre Aufgabe, diesen Rahmen so zu gestalten, dass ein Entwicklungsprozess möglich werden kann. Der Prozess der Teambildung verläuft in Schritten – genauer gesagt: Aus der bloßen Gruppe findet sich das Team im Durchlauf durch vier Phasen:

- Phase 1 – Orientierung
- Phase 2 – Konfrontation
- Phase 3 – Organisierung
- Phase 4 – Integration

In der Zusammenführung der Überlegungen ergibt sich das Modell der nachstehend abgebildeten „Teamentwicklungsuhr“ (frei angelehnt an Francis und Young).

Modell der Teamentwicklung in vier Phasen

Den Kern bilden die vier Teamentwicklungsphasen, um den sich die Interaktionsmerkmale des Teams legen. Eine Ihrer wichtigen Aufgaben ist es, anhand dieser Interaktionmuster im Team, einschätzen zu können, in welcher Phase der Teamentwicklung Sie sich mit Ihrem Team / Ihrer Mitarbeiterinnengruppe befinden. Den äußeren Ring bildet die Steuerung durch die Leitung. Bedenken Sie: Jedes Mal, wenn sich die Gruppenzusammensetzung ändert, konstituiert sich das Team neu, d.h., Teamentwicklung kann – je nach Mitarbeiterfluktuation – ein dauerhafter Prozess sein.

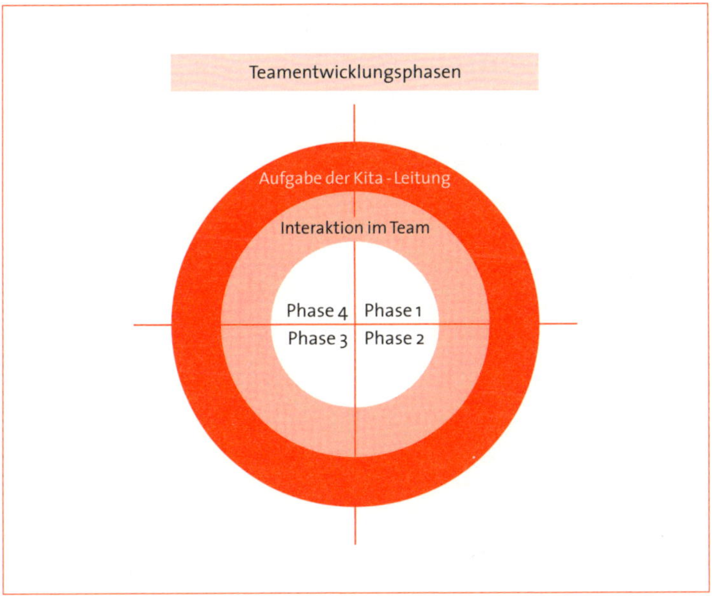

Teamentwicklungsuhr (nach Francis und Young)

Konkrete Anregungen zu einem angemessenen und voraussichtlich Erfolg versprechenden Vorgehen bei der Teamentwicklung finden Sie in der Tabelle auf der folgenden Seite.

Kein kontinuierlicher Verlauf und Risiko der Stagnation

Wichtig zu wissen ist: Die Entwicklung verläuft nicht kontinuierlich. Sie werden Rückschritte erleben und entsprechend der hier jeweiligen Phase bearbeiten bzw. begleiten müssen.

Besonders häufig stagniert der Gruppenprozess zwischen den Phasen 2 und 3 durch eine einsetzende Schwerfälligkeit und beginnende Sterilität. Die Gruppe bzw. das Team hat Rituale herausgebildet, Traditionen begründet und Muster der Konfliktvermeidung entwickelt.

Ihre Leitungsaufgabe besteht nun darin, die Funktionalität und den Nutzen dieser beginnenden Sterilität zu hinterfragen und ggf. das Team von außen wieder in Bewegung zu bringen.

Externe Hilfe oft sinnvoll

Auch als Kita-Leiterin sind Sie selbst Teil des Systems. Ohne Hilfe/Unterstützung von außerhalb des Systems ist es kaum – oder zumindest schwer – möglich, neue Energien freizulegen oder neue Impulse zu geben. Hilfe von außerhalb bieten freie Supervisorinnen, freie Coaches o.Ä.

Die Phasen im Überblick

Phase	Inhalte	Interaktion	Leitungsaufgabe
Phase 1 – Orientierung	• Visionen erkennen • Aufgaben/Ziele verstehen • Struktur/Methoden entwickeln • sich orientieren und Informationen sammeln • sich nicht festlegen wollen, sich nicht einbringen i.d. Team	• eigene Rolle finden • akzeptierte Verhaltensweisen herausfinden • starke Orientierung an Gruppen-Ltg./Kita-Ltg. • Zurückhaltung im Zeigen von Gefühlen	• Distanz zulassen • zu Vertrauen ermuntern • Orientierung/Erkundung/Suchbewegung zulassen
Phase 2 – Konfrontation	• Definition von Aufgabenrollen • Unterschwellige Konflikte; Konfrontation der Personen • Bildung von Untergruppen • Widerstand gegen Aufgaben bzw. Methoden • Zähes Weiterkommen • Diskrepanz zwischen Aufgabe und persönlicher Orientierung	• Polarisation • Verteidigen von Standpunkten und „Territorien" • ungleichmäßige Interaktion • Auseinandersetzung um Status/Macht • Betonung von Standpunkten und Individualität	• Psychische Sicherheit der Teammitglieder gewährleisten • Unzufriedenheit zulassen • Suche nach Gemeinsamkeiten unterstützen • Hilfe zur Klärung bei Positionskämpfen bieten
Phase 3 – Organisierung	• Absprachen/Regeln für die Zusammenarbeit und über die Inhalte der Arbeit, Ziele etc. festlegen • offener Austausch von Ideen, Meinungen, Informationen etc. • Kooperation und gemeinsame Suche nach Alternativen • Einsetzen der Schwerfälligkeit der Gruppe und beginnende Sterilität	• gegenseitige Wertschätzung, Toleranz und Akzeptanz • Entspannung des Gruppenklimas • Entwickeln des Zugehörigkeitsgefühls • offene, authentische Kommunikation • Tendenz zur Harmonie • Strategien zur Konfliktvermeidung verstärken sich	• Übernahme von Aufgaben bzw. Übertragen von Aufgaben je nach Stand des Teams • Hinterfragen von verfestigten Ritualen • Konfliktvermeidungsmuster auflösen (z.B. durch Initiierung von Konfliktmoderation, Supervision oder Coaching)

Phase 4 – Integration	• Streben nach kontinuierlicher Verbesserung • Aktivitäten werden abhängig von der Gruppenaufgabe • rationale Arbeitsweisen • Feed-back und Reflexion über Arbeitsweisen, Zielerreichung und über die Zusammenarbeit im Team	• Verhaltenscodex ist entwickelt und akzeptiert • Reflexion, Feed-back findet statt • regelmäßige Standortüberprüfung der Teamentwicklung	• Selbsttätigkeit und gemeinsame Aktivitäten fördern • Darstellung nach außen initiieren • Förderung durch Personalentwicklung • Zwischenstopps mit Zwischenauswertungen ermöglichen (z.B. Diskussionen über Jahresbericht) • Organisationsroutinen überprüfen • Ausblick ermöglichen • neue Aktivitäten, Ziele entwickeln

Wie oben schon angesprochen, nennt diese Übersicht konkrete Maßnahmen, mit der Sie als Leiterin den Prozess der Teamentwicklung unterstützen können. Im Rahmen dieses Buches muss es bei dem dabei umrissenen grundsätzlichen Leitfaden bleiben – mit Leben ausfüllen lässt sich das nur in der Praxis bzw. erlernen am besten im Workshop/Seminar. Wer teamorientiert führen möchte, ist gut beraten, sich entsprechend zur Teamentwicklung (weiter) zu qualifizieren.

Gelingt der Prozess der Teamentwicklung, können Sie mit erheblichen Vorteilen durch Teamarbeit rechnen (die Katzenbach und Smith mit der Entwicklung teamorientierter Organisationsformen beschrieben haben; siehe dazu auch Abschnitt 4.2).

Team = anderer Arbeitsstil

Bitte bedenken Sie aber, dass die Bildung teamorientierter Organisationsformen (hier gemeint als Arbeitsbegriff für einen anderen Arbeitsstil) für sich allein noch keine vorteilhaften Ergebnisse oder reibungslosen Abläufe in der Kita schafft. Sie ist weder Selbstzweck noch kann sie Probleme lösen, die ihre Ursachen anderwärtig haben.

Eine kleingruppenorientierte Arbeitsform, die eigentlich wohl überwiegend in Kitas vorzufinden ist, hat jedoch durchaus Vorteile und auch positive Ergebnisse zu verzeichnen (siehe dazu auch das folgende Schaubild „Arbeitsgruppen“).

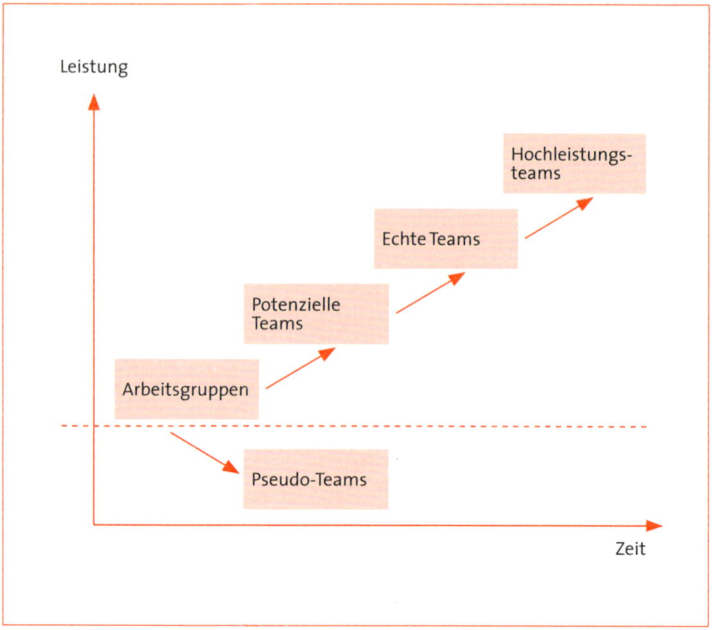

Gruppen und Teams – Entwicklungslinie und Leistungspotenzial

4.2 Gruppen und Teams

Fünf Arten von Gruppen (nach Katzenbach/ Smith)

Teams als Schlüssel zur kompetenten Organisation („Hochleistungsorganisation") werden bei Jon R. Katzenbach und Douglas K. Smith in fünf Arten von Gruppen eingeteilt (siehe vorhergegangenes Schaubild).

1. Arbeitsgruppen

Arbeitsgruppen tauschen Informationen und Methoden aus und sprechen die Aufgaben und die zu entscheidenden Angelegenheiten der gemeinsamen Arbeit ab.

Gemeinsame Aufgabe, keine Zusatzziele

Arbeitsgruppen haben allerdings, wie bereits erwähnt, keine zusätzlichen Leistungsziele in ihrem Auftrag und haben von daher auch keine Chance zur zusätzlichen Leistung.

2. Pseudo-Teams

Pseudo-Teams bringen keine Teamleistung zustande. Sie ignorieren eine an sie gestellte zusätzliche Leistungsanforderung und Leistungschance.

Sie verschütten darüber hinaus auch noch die individuell vorhandenen Potenziale ihrer Mitglieder. Dadurch ist ihre Leistung geringer als die Leistungssumme aller möglichen Einzelleistungen zusammen. Die Produktivität von Pseudo-Teams ist die geringste aller Teamformen, sie liegt auch unter dem Leistungspotenzial von Arbeitsgruppen.

Leistung unter Summe

Eine Anforderung an Sie als Kita-Leitung besteht nun darin zu erkennen, ob der Teamentwicklungsprozess wie vorher beschrieben optimal verläuft. Versuchen Sie auf jeden Fall, sofern dies nicht bereits schon geschehen ist, ein gutes Arbeitsgruppenniveau herzustellen. Erst dann, mit Einsetzen des Teamentwicklungsprozesses, begeben Sie sich nach und nach auf die nächsten Stufen mit Ihrem Team.

Niveau der Arbeitsgruppe anstreben, dann entwickeln

3. Potenzielle Teams

Potenzielle Teams sehen sich echten Anforderungen gegenüber und versuchen, diese ernsthaft zu bewältigen. Es fehlt in ihrem Bewusstsein jedoch eine gemeinsame Vision oder eine gemeinsame Zielvorstellung, die als konkrete Leistungsanforderung dienen kann. Daher können sich Einigkeit zum Arbeitsansatz wie auch die Erkenntnis gemeinsamer Veränderung nicht angemessen entwickeln.

Bemühen, aber noch ohne gemeinsame Vision

4. Echte Teams

Echte Teams sind Gruppen von weniger als zehn Personen,

- die sich in ihren fachlichen, methodischen und sozialen Fähigkeiten ergänzen;
- die sich engagieren für die gemeinsame Umsetzung einer gemeinsam erarbeiteten Kita-Konzeption, also für einen gemeinsamen Existenzzweck mit gemeinsamen Leistungszielen;
- die sich gemeinsam für eine Form von Arbeitsmethodik entschieden haben, bei der weder Ziel- noch Menschorientierung zu kurz kommen;
- die sich auf den erforderlichen Arbeitseinsatz einigen und
- für die eine gegenseitige individuelle Verantwortung selbstverständlich ist und die Engagement und Vertrauen herausgebildet haben.

Gemeinsames Leistungsziel und Engagement

Die Schaffung eines echten Teams ist eine wesentliche Voraussetzung für die Einführung bestimmter Arbeitsformen in Kitas. Hier speziell für die Einführung einer „offenen Arbeit".

5. Hochleistungsteams

Zusätzlich an persönlicher Entwicklung interessiert

Unter Hochleistungsteams verstehen Katzenbach und Smith echte Teams, deren Mitglieder sich über den o.g. Rahmen hinaus auch besonders stark für die persönliche Entwicklung und den Erfolg ihrer Teammitglieder einsetzen.

Ihr Engagement ist überdurchschnittlich wie auch ihr Arbeitseinsatz – ihr Erfolg ist es ebenfalls.

Der Austausch von Informationen und die Klärung von Methoden in (Arbeits-)Gruppen ist eine notwendige Voraussetzung für die pädagogische Arbeit in der Kindertageseinrichtung. Das Gleiche gilt für die Absprache von Aufgaben über die für die gesamte Kita zu entscheidenden Angelegenheiten der gemeinsamen Arbeit. Allerdings haben Arbeitsgruppen (häufig identisch mit den Kindergartengruppen) in der Praxis keine zusätzlichen Leistungsziele in ihrem Auftrag und sie haben daher auch kaum Chancen zur Verwirklichung zusätzlicher Leistung.

Beispiel

Die Mitarbeiterinnen einer Vier-Gruppen-Kita sprechen ihre Aktivitäten, Freispielphasen, Projekte und Feste in der Dienstbesprechung oder auf gemeinsamen Studientagen ab. Sie koordinieren die Aktivitäten, organisieren ihre pädagogische Arbeit allerdings weiterhin in den jeweiligen Kita-Gruppen.
Der Vorteil der Absprache und Koordination kann nicht wesentlich erhöht werden, da die Fähigkeiten/Fertigkeiten/Kenntnisse der Mitarbeiterinnen nicht systematisch zusammengeführt und durch Schwerpunktbildung erweitert werden. Synergieeffekte bleiben aus.
Die Kita besteht streng genommen aus vier Kleinsteinrichtungen mit Absprachemöglichkeiten und unter einer Leitung.

Können die komplexen, vielschichtigen Anforderungen in einer Kindertageseinrichtung auf den Ebenen Erziehung, Betreuung, Bildung einerseits und die Anforderungen durch Altersmischung und „Kundenorientierung" respektive „Erziehungspartnerschaft" in einer kleingruppenorientierten Arbeitsform andererseits anspruchsvoll und zukunftsorientiert gelöst werden?

Diese Frage ist durch Sie zu beantworten, wenn Sie sich für einen teamorientierten Arbeitsstil entscheiden wollen.

Eine Abkehr von einer eher gruppenbezogenen Arbeitsform hat jedoch gravierende Auswirkungen auf das pädagogische Konzept bzw. die ganze Konzeption einer Kindertageseinrichtung. Hinzu kommt, dass „echte Teams" oder „Hochleistungsteams" eine Entwicklungszeit benötigen und Förderung zur Weiterentwicklung (ausreichende Fort-/Aus- und Weiterbildung, Supervision) und entsprechende Rahmenbedingungen (Arbeitsmittel, Teamzeit etc.) zur Verfügung gestellt bekommen müssen.

4.3 Was zeichnet ein gutes Team aus?

Die Vorteile von Teamarbeit liegen auf der Hand, wie Sie an den nachfolgenden Schaubildern erkennen können. Echte Teams zeichnen sich durch Merkmale aus, die für eine anspruchsvolle pädagogische Arbeit eine wichtige Voraussetzung sind:

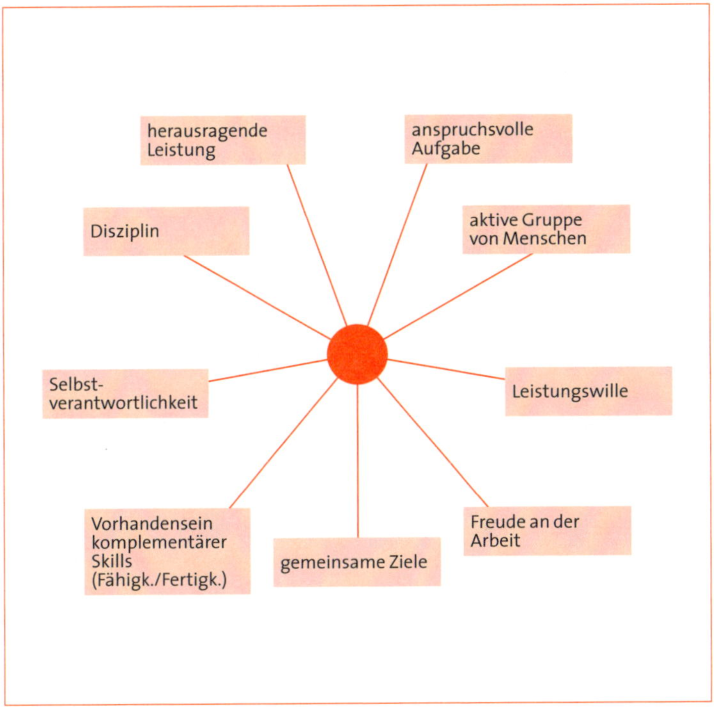

Voraussetzung für ein gutes Team

Ihre „Managementfunktion" besteht insbesondere darin, den Fokus auf die folgenden Kriterien zu richten.

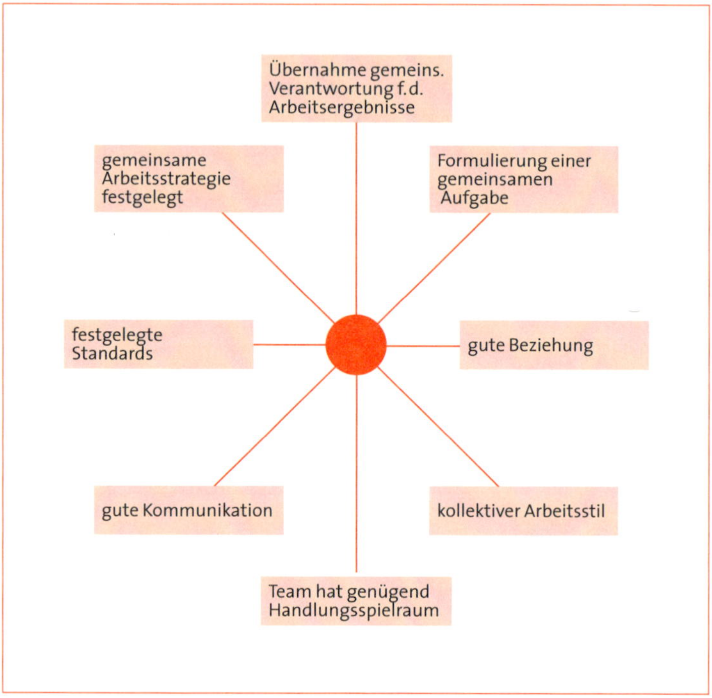

Kriterien für ein gutes Team

Vorteile von Teamarbeit

Eine Analyse der Teamsituation in Ihrer Kindertageseinrichtung wäre zu Beginn eines Teamentwicklungsprozesses sicherlich sinnvoll.

Investitionen übrigens, die sich lohnen. Außerdem sind sie am richtigen Ende, oder besser gesagt, am richtigen Anfang eingesetzt (Motivationsgesichtspunkt) und nicht am Ende einer Auseinandersetzung (Konfliktberatung).

Beginn mit einer „Teamdiagnose"

Selbstverständlich kann eine solche „Teamdiagnose" nicht kurzfristig und nicht ohne Zeit-/Kostenaufwand betrieben werden. Sie ergibt aber für die Zukunft wichtige Arbeitshinweise.

4.4 Überprüfen Sie die eigene Teamsituation

Führung von Teams bedeutet immer partizipative Führung. Sie hat Dienstleistungsfunktion. Sie haben als wichtige Aufgabe, das Team bei Konflikten oder Problembewältigungen zu unterstützen, für die Weiterentwicklung und Erhaltung des Teams die Rahmenbedingungen zu schaffen, z.B. auch dafür zu sorgen, dass ein teaminterner moralischer Gruppendruck (der Gruppe gegenüber für alle Leistungen verantwortlich zu sein) nicht entsteht und genügend Raum für soziale Aktivitäten bleibt.

Mit dem Kurz-Check „Analysestern" können Sie die Situation in ihrer Kindertageseinrichtung näher betrachten und erhalten erste Hinweise.

Checkliste „Analysestern" – Teamsituation		
1. Ausmaß des gegenseitigen Vertrauens Großes Vertrauen, gegenseitige Akzeptanz und Toleranz	1 2 3 4 5 6 7 8 9 10	Großes Misstrauen, starke Konkurrenz und Rivalität
2. Offenheit Die Teammitglieder verhalten sich frei, offen und ehrlich gegenüber einander	1 2 3 4 5 6 7 8 9 10	Die Teammitglieder sind zurückhaltend, sehr vorsichtig und taktieren
3. Kooperation/Teamgeist Die Kooperation ist gut und vernetzt, es herrscht ein positives Teamklima	1 2 3 4 5 6 7 8 9 10	Es gibt Vorbehalte, Untergruppen und Außenseiter

4. Gegenseitige Unterstützung Die Teammitglieder unterstützen sich, sind loyal gegenüber einander und nehmen Anteil an der Arbeit und am Erfolg	1 2 3 4 5 6 7 8 9 10	Die Teammitglieder unterstützen sich kaum, Untergruppen oder Einzelne versuchen für sich das Beste aus der jeweiligen Situation zu machen
5. Ordnung und Rituale Es gibt freie,flexible Verhaltensmuster und positive Rituale, Verhandlungs-spielraum und ausreichend vorhande-nen Bewegungsspielraum	1 2 3 4 5 6 7 8 9 10	Es existiert ein starker Konformitäts-druck, das Verhalten ist schematisiert, Regeln werden starr eingehalten
6. Problembearbeitung Probleme werden offen angesprochen, Konflikte ausgetragen und ausgeräumt, Unterschwelliges bleibt nicht bestehen	1 2 3 4 5 6 7 8 9 10	Konflikte werden bagatellisiert, verdrängt und schwierige Fragen werden vermieden bzw. es wird ihnen ausgewichen
7. Ermunterung Neue Ideen, eigenes Ausprobieren und Experimentieren sind üblich und selbstverständlich, Teammitglieder werden gegenseitig ermuntert, sind initiativ und gehen Risiken ein	1 2 3 4 5 6 7 8 9 10	Keine Risikobereitschaft, Festhalten an Althergebrachtem, Bekanntes und Bewährtes wird starr verteidigt, Neues und Risikobereitschaft sind nicht gefragt

8. Transparenz und Aufgaben Informationsstruktur und Aufgabenverteilung sind transparent und effektiv; die Aufgabenverteilung und Anforderung an Einzelne sind klar erkennbar, persönliche Arbeitszufriedenheit wird dadurch gefördert	1 2 3 4 5 6 7 8 9 10	Die Informations- und Arbeitsstruktur ist verwirrend, wird problematisch erlebt und fördert Konflikte; wer, wie, wann, wo und durch wen informiert wird, ist nicht klar; Aufgaben und Anforderungen an einzelne Teammitglieder sind nicht deutlich
9. Visionen und Perspektiven Die Teammitglieder haben ihre persönlichen Vorstellungen und Perspektiven einander nahegebracht; Zweck, Motive, Gründe und Ziele des beruflichen Handelns sind bewusst; es gibt weitgehende Übereinstimmung in den Sichtweisen und eine übereinstimmende Orientierung zum Thema gemeinsamer Umgang, Qualität und Umgang mit Eltern und Kindern	1 2 3 4 5 6 7 8 9 10	Es gibt keine klare und zielorientierte Arbeitsdurchführung; wenig Kenntnis über die Sichtweisen der anderen; keine gemeinsamen Vorstellungen, z.B. über Umgang und Qualität der pädagogischen Arbeit bzw. die Zusammenarbeit mit Eltern und pädagogische Arbeit mit Kindern
10. Motivation Die Mitglieder des Teams kümmern sich ausreichend um die Vertiefung ihrer gegenseitigen Beziehung; die Zusammengehörigkeit wirkt motivierend und stimulierend auf die Arbeit des Einzelnen; die Teammitglieder fühlen sich anerkannt und geschätzt	1 2 3 4 5 6 7 8 9 10	Die Teammitglieder vernachlässigen die gegenseitige Beziehung; sie ziehen sich auf ihre Arbeitsbereiche (Kleingruppen) zurück; die Teammitglieder investieren nur das Nötigste zur Aufrechterhaltung eines Mindestmaßes an gegenseitigen Beziehungen

Übertragen Sie bitte Ihre Einschätzungen auf den Stern (siehe das Schaubild auf der folgenden Seite). Die Skalierung der voranstehenden Tabellen kann in dem Stern eintragen werden und ist wie folgt zu lesen:

1 = nicht vorhanden
bis 10 = optimal vorhanden.

Sie können anschließend ein Teamprofil erstellen und Handlungsbedarf erkennen.

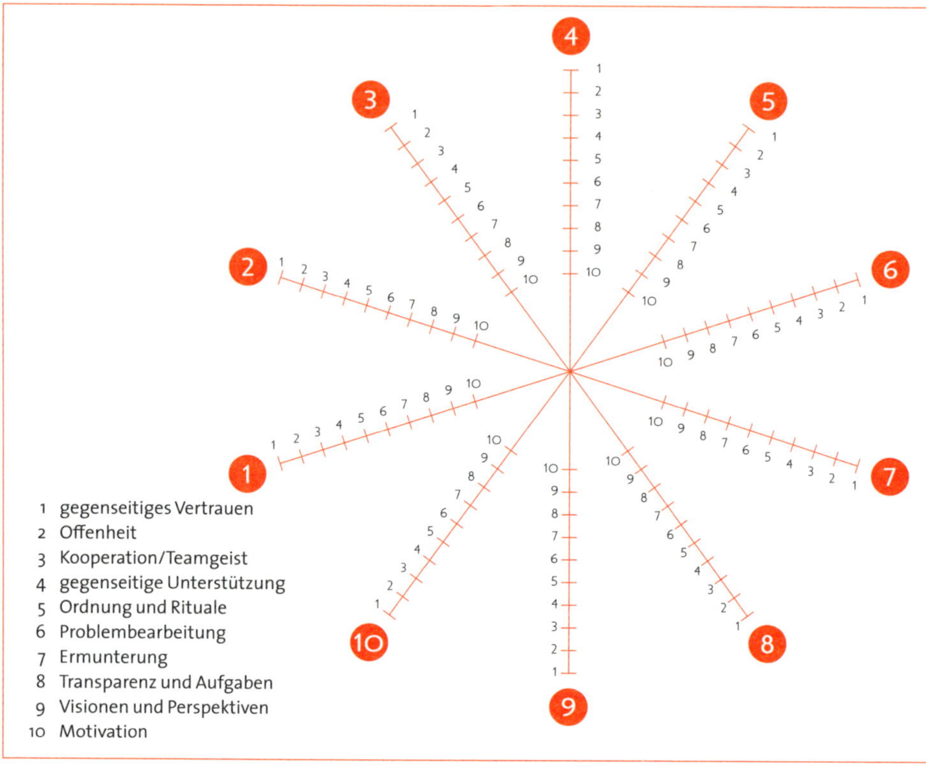

Teamstern zum Einzeichnen eines Profils

4.5 Gruppendynamische Aspekte von Teamentwicklung

4.5.1 Gruppendynamische Prozesse auf vier Ebenen

In Gruppen (Teams) laufen ständig unterschiedliche Prozesse ab, die dynamisch, permanent und parallel verlaufen (können) und stark miteinander vernetzt sind. Trotzdem blicken wir einmal relativ getrennt auf diese Ebenen:

- Die inhaltliche Ebene: Prozesse laufen hier sachlich-rational ab. Geklärt wird hier das, was wichtig ist, was zu tun ist oder was zu entscheiden ist.
- Die Ebene der Verfahren: Hier wird die Frage methodisch-rational formuliert. Geklärt wird hier, womit die Ziele erreicht werden sollen/können.

- Die Ebene des Verhaltens: Sie ist die so genannte prozessual-emotionale Ebene. Wie kommt ein Verhalten zustande, wie weit spielen emotionale Komponenten eine Rolle und welche?
- Die Ebene des Unbewussten: Sie eint Prozesse, die unterbewusst-emotional ablaufen. Was ist uns bekannt bzw. unbekannt und wie können emotionale Beziehungen und Kräfte besser erkannt werden?

Ihr Vorgehen

Schaffen Sie sich in Ihrer Kindertageseinrichtung auf den vier Ebenen Klarheit, indem Sie für sich auf diesen Ebenen antworten bzw. Handlungsmöglichkeiten notieren.

Ebene	Ausgangsfrage	Meine Antworten, Handlungsmöglichkeiten
Inhaltsebene	• *Was ist wichtig?* • *Was ist zu tun?* • *Was ist zu entscheiden?*	
Verfahrensebene	• *Womit erreichen wir die Ziele?* • *Wie erreichen wir die Ziele?*	
Verhaltensebene	• *Wie kommt das Verhalten XY zustande?* • *Wie weit spielen emotionale Komponenten eine Rolle? Welche?*	
Unbewusste Ebene	• *Was ist uns nicht hinreichend bekannt?* • *Wie können emotionale Hintergründe und Kräfte besser erkannt werden?*	

4.5.2 Gruppendynamische Rollen

Gruppen haben typische Rollen, die stabilisieren

In allen Gruppen finden sich die gruppendynamischen Rollenverteilungen in ähnlicher Form wieder. Manchmal auf einzelnen Positionen etwas ausgeprägter, manchmal etwas weniger ausgeprägt, dennoch vorhanden. Diese Rollenverteilung sorgt für eine gewisse Stabilisierung des Teams. Die ermöglicht dem Team (der Gruppe) die

Erfüllung seiner Aufgabe. Dies funktioniert jedoch nur so lange, wie die Verteilung stabil ist. Fehlen Rollenpositionen oder erfüllen einzelne Rollenträger nicht ausreichend ihre Funktion, führt das zur Destabilisierung, im ungünstigsten Fall zum Auseinanderbrechen des Teams /der Gruppe.

Sie sollten sich als Führungskraft im Sinne einer guten Vorbereitung bemühen, die Teammitglieder und ihre Rollen zu identifizieren, um entsprechend handlungsfähig zu bleiben.

Rollen kennen und Teammitglieder passend einplanen

Mit Kenntnis dieser Rollen können Sie die Teammitglieder ihren Rollen gemäß einplanen und sich selbst besser auf Teamsituationen oder Team-/Gruppenmitglieder einstellen.

Nach Schindlers Definition aus gruppendynamischer Sicht kann man grob fünf Rollenpositionen definieren.

Fünf Teamrollen (nach Raoul Schindler)

1. *Alpha-Position*
   Leistungsträgerin/Sympathieträgerin; können zwei Personen sein.
2. *Gamma-Position*
   Gruppenmitglied, das sich mit der Alpha-Position identifiziert (unbedingte Partizipation).
3. *Beta-Position*
   Unabhängige Position – Energiespeisung erfolgt in der Regel von außen – möglicher Wechsel in die Omega-Position.
4. *Omega-Position*
   Die Sündenbockrolle – durch Gruppe/Team als Gegner ausfindig gemacht – wenn ein außen stehender Gegner nicht zur Verfügung steht oder für die Gruppe als zu übermächtig erscheint.
5. *Gegner-Position*
   Die Gegner-Position kann real oder auch nur in der Vorstellung besetzt sein. Die psychodynamische Energie ist auf den Gegner gerichtet. Bei Übermächtigkeit besteht die Gefahr, dass die Gruppe die negative psychodynamische Energie intern ableitet und ein Gruppenmitglied zum Gegner macht (Omega-Position).

Im Folgenden finden Sie die gruppendynamischen Rollenpositionen differenzierter aufgeführt in Bezug zur Leitungsposition.

Rollenpositionen im Team mit Verhaltenscharakterisierung		
Name Rollenposition	**Rolle**	**Verhalten**
Alpha +	Leistungsträgerin und/oder Sympathieträgerin in einer Person oder aufgeteilt auf zwei Personen	Initiatorin, führende Vertraute
Alpha –	Gegenspielerin	Kontroverses Verhalten, besetzt vernachlässigten Rollenaspekt von Alpha+ in ihrem Sinne
Beta1	Fachfrau; Kritikerin	Reserviertes „Ja" zu Alpha+, aber auch Bedenkenträgerin
Beta2	Opponentin	Relativiertes „Nein" (Nein – außer wenn ...); agiert oftmals verdeckt („graue Eminenz")
Beta3	„Mediatorin"; Schiedsrichterin	Versucht zu vermitteln; nicht entschieden festgelegte Position (formuliert: einiges spricht dafür – anderes dagegen; oder man kann die Sache von zwei Seiten betrachten etc.)
Gamma1	Mitläuferin	Identifikation mit Alpha+
Gamma2	Helferin	Identifikation mit Alpha+; Unterstützung dieser Rollenposition
Gamma3	Aufpasserin	Identifikation mit der Führung und Unterstützung der Führung bzw. Leitung bei Angriffen
Omega	Sündenbock; Gegnerin	Dient oft als Ersatz für übermächtigen Außengegner; „Opfer" der negativen psychodynamischen Energien der Gruppe / des Teams
Gegner	Kein Gruppenmitglied; kann auch ein Vorstellungsinhalt sein	Frustriert Gruppe/Team; hat konträre Ideologie; kann auch ein schwieriges Problem sein etc.

4.5.3 Rollen in erfolgreichen Teams

Wenn Sie jetzt den Blick wieder etwas vom „Bauch des Teams", also dem gruppendynamischen (teils unbewussten) Aspekt weglenken und auf die Rollen in erfolgreich entwickelten Teams hinlenken, bietet es sich an, das eigene Kita-Team einmal unter diesen Gesichtspunkten zu betrachten und selbst dabei einzuschätzen.

Jemand, der/die …	Typische Eigenschaften	Positive Qualitäten
Strategien entwickelt	weit blickend, mutig, tatkräftig, ideenreich, konzeptionell	denkt über den Tellerrand hinaus, erkennt Kraftfelder in Systemen, Interesse an Erneuerung
Ideenimpulse gibt	individuell, ernsthaft, unorthodox, vom Herkömmlichen abweichend	innovative Begabung, Vorstellungskraft, Intellekt, Wissen, Visionär/in
Teammitglieder aktiviert	extrovertiert, enthusiastisch, neugierig, wissbegierig, kommunikativ	besitzt die Eigenschaft, Kontakt zu Personen aufzunehmen und alles Neue zu erforschen, kann Herausforderungen annehmen
gestaltet und formt	nervös, erregbar, geht aus sich heraus, dynamisch, zielorientiert, setzt sich durch	hat den Willen und die Bereitschaft, die Trägheit, Ineffektivität, Selbstgefälligkeit oder Selbsttäuschung zu bekämpfen
moderiert	ruhig, selbstsicher, beherrscht, defensiv steuernd	besitzt die Eigenschaft, potenzielle Mitarbeiterinnen mit ihren Werten und Verdiensten ohne Vorurteile aufzunehmen, einzubinden und mit ihnen umzugehen; starke Wahrnehmung für objektive Gegebenheiten
als „Teamworker" die Beziehungen im Team pflegt	sozial orientiert, freundlich, empfindsam	besitzt die Fähigkeit, auf Menschen und Situationen einzugehen und den Teamgeist zu fördern
für Qualitätssicherung sorgt	sorgfältig, gewissenhaft, fleißig, eifrig	besitzt die Eigenschaft, Dinge durchzuziehen; Perfektionismus, Liebe zum Detail
systematisiert	nüchtern, besonnen, eher passiv, vorsichtig, logisch	Beurteilung, Diskretion, Nüchternheit, Praxis, stabil, Klarheit
Zuverlässigkeit ausstrahlt und garantiert	konservativ, vorsichtig, loyal, pflichtbewusst, einschätzbar	organisierend, gesunder Menschenverstand, hart arbeitend, selbstdiszipliniert, verantwortlich

Welche Rollen sind in Ihrem Team vertreten und etwas genauer:

1. Welche Rollen liegen Ihnen am ehesten?
2. Wer kann in Ihrem Team diese Rollen einnehmen?

Schätzen Sie ein, welche Rollen Ihnen selbst am meisten liegen – Selbstbild (1) und welche Rolle die einzelnen Mitglieder Ihres Teams am besten spielen können – Fremdbild (2).

Mögliche Schwächen	**Welche Rollen liegen mir? (1)**	**Wer im Team kann die Rolle übernehmen? (2)**
kann sich in Unrealistisches verrennen, Widerstände gegen bewährte Routinen, kantiger Einzelgänger		
schwebt in den Wolken, an praktischen Details nicht interessiert, liebt große „Würfe“		
läuft Gefahr, das Interesse an einer Sache zu verlieren, sobald die anfängliche Faszination vorüber ist		
Neigung zu Provokationen, Irritation, Ärger und Ungeduld		
nicht mehr als das übliche Maß an Intellekt oder kreativer Fähigkeit		
unentschlossen und ängstlich in Krisensituationen, Konfliktvermeidung		
neigt dazu, sich über kleine Dinge aufzuregen; lässt die Dinge ungern „laufen“, abwertend		
fehlende Inspiration und mangelnde Fähigkeit, andere zu motivieren; starr, pedantisch		
Mangel an Flexibilität, unempfänglich und unsensibel gegenüber ungeprüften Ideen		

5 Mitarbeiterführung

Gerade in sozialen Arbeitsfeldern wichtig: gute Führung

Eine gute und zeitgemäße Mitarbeiterführung ist ganz besonders in pädagogischen Arbeitsfeldern notwendig. Wenn neben vielen Sachproblemen auch ungelöste Führungsprobleme hinzukommen, kann im Extremfall sogar der Bestand er Einrichtung gefährdet sein. Selbst wenn das nicht eintreffen sollte, ist eine gute qualifizierte pädagogische Arbeit nicht mehr leistbar. Viele Beispiele zeigen, wie auch Kinder und Eltern in Konflikte einbezogen werden können und ein negatives Klima erzeugt wird.

Führung kann man verstehen als Komplexitätsbewältigung, als ein bewusstes Handeln in vielfältig verknüpften Bezügen. Ohne hinreichende Arbeitsteilung werden Sie eine Kindertageseinrichtung nicht mehr leiten können. Insbesondere dann nicht, wenn die Institution sich verändert, wie z.B. wenn eine Umwandlung von Kindertageseinrichtungen in Familienzentren geplant ist. Führung als Komplexitätsbewältigung bedeutet dann, dass eine Institution nicht mehr mit Anordnungen aus Leitungsperspektive bewältigt werden kann. Es betrifft aber nicht nur die Frage der Anordnung, sondern auch die Beteiligung von Mitarbeiterinnen bei der Bewältigung der vielfältigen Aufgaben.

Führung bedeutet in diesem Sinne ...

- ***es bestehen wechselseitige Abhängigkeiten zwischen Mitarbeiterinnen und Leitung***
- ***es gibt ein Bündel von Zusammenhängen, die gemeinsam gelöst werden müssen***

Die Aufgaben in der Kindertageseinrichtung sind nicht zu bewältigen, wenn Sie ein hierarchisches Bild vor Augen haben. Führung bedeutet eben nicht, „etwas in den Griff zu bekommen" oder den Kindergarten bzw. die Mitarbeiterinnen „schlecht und recht" zu steuern.

Führung braucht Klarheit und klare Verantwortlichkeiten

Selbstverständlich ist auch in einem neuen Bild von Führung ein gewisses Maß von Hierarchie tendenziell notwendig. Die Frage wird sein, wie Sie als Leiterin einer Kindertageseinrichtung diese Hierarchie ausgestalten. Ein wichtiger Leitungsaspekt ist Klarheit. Für alle Beteiligten (Mitarbeiterinnen wie Leitung) sollten klar die Verantwortungen und Aufgaben beschrieben sein. Deutlich werden sollte hier auch, wo die Leitungsverantwortung und der Bereich liegen, wo Leitung selbst entscheidet. Umschreiben Sie diese Bereiche nicht mit „besonderer Verantwortung“ oder „Ich habe gewisse Durchsetzungsmöglichkeiten“, sondern machen Sie deutlich, wo Ihre Leitungskompetenz liegt.

5.1 Definitionen „Führung“

Im klassischen Sinne kann man Führung verstehen als Beeinflussung von Mitarbeiterinnen im Hinblick auf die Durchsetzung der Organisationsziele. Die zweite Möglichkeit liegt darin, Führung zu verstehen als eine Managementfunktion. Führung als Managementfunktion bedeutet, die Organisationsziele in Einklang zu bringen mit den Zielen, Erwartungen und Bedürfnissen der Mitarbeiterinnen. Führung hat damit zwei wichtige und gleichwertig zu beachtende Aspekte:

Führung hat zwei wichtige Aspeke

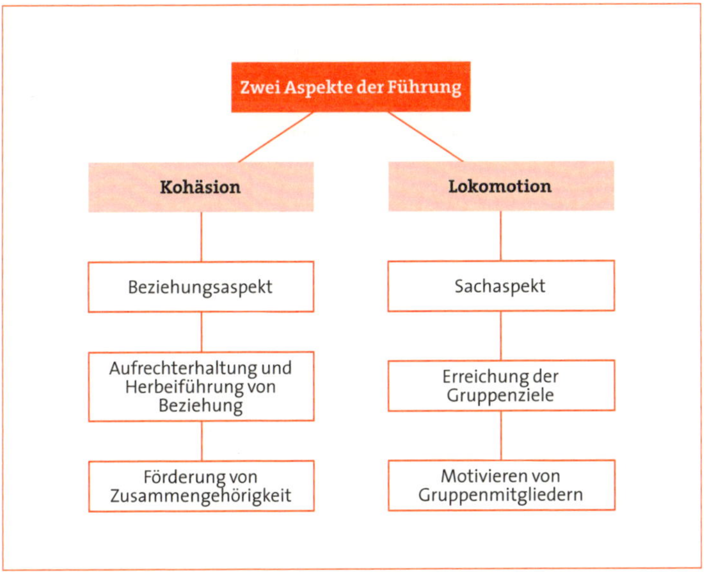

Die zwei Aspekte der Führung

Mit Kohäsion rückt der Beziehungsaspekt gleichwertig (neben dem Sachaspekt) ins Blickfeld. Hier geht es vor allem um das Organisations- und Teamklima. Mitarbeiterinnen haben ausreichend Möglichkeit zur Kommunikation und entwickeln ein ausgeprägtes Zusammengehörigkeitsgefühl. Sie fühlen sich wohl als Mitglied der

Kohäsion

Einrichtung, arbeiten gern in der Kita und vor allem in dieser bestimmten Kita und sind gegenseitig anerkannt.

Lokomotion

Der Aspekt Lokomotion meint den Sachaspekt der Führung. Ein Team ist auf Dauer nur dann erfolgreich, wenn neben der Erfüllung der Beziehungsbedürfnisse auch angemessene Leistungsziele bestehen. Lokomotion meint also den Aspekt der Erreichung der Gruppenziele, die für die Motivation von Gruppenmitgliedern (Mitarbeiterinnen) notwendig sind.

Ihre Leitungsaufgabe besteht darin, diese beiden Aspekte von Kohäsion und Lokomotion in ein angemessenes Verhältnis zu bringen.

5.2 Führungsaspekte

Die Einstellung gegenüber Mitarbeiterinnen

Wenn Sie den Führungsprozess näher betrachten, dann stoßen Sie auf verschiedene Aspekte von Führung.

Führung hat etwas zu tun mit Einstellungen gegenüber Mitarbeiterinnen, mit Delegation und Motivation.

Auf die innere und äußere Autorität, ein weiterer Aspekt der Führung, wurde schon unter dem Abschnitt „Leitungspersönlichkeit" eingegangen und im letzten Abschnitt wurden die Einflüsse auf den Führungsprozess dargestellt, da Führung ja nicht in einem völlig freien Raum stattfindet. Da wir auch bereits auf die Bedeutung der Ziele im Zusammenhang mit Führung eingegangen sind, soll jetzt auf die Bedeutung von Motivation und Delegation eingegangen und ein Blick auf gruppendynamische Aspekte geworfen werden.

Lassen Sie uns jedoch zuerst über Führungseinstellungen und Führungsmodelle nachdenken.

Wenn Sie Führung als Managementfunktion verstehen (die beschriebene Funktion des Ausgleiches zwischen Organisationszielen und Mitarbeiterzielen/-erwartungen/-bedürfnissen) und mit dieser Führungseinstellung Erfolg haben wollen, muss sich das auch im Verhalten gegenüber den Mitarbeiterinnen niederschlagen. Das Verhalten wird jedoch stark durch die eigenen Einstellungen mitbestimmt, die wiederum auf eigenen Werten und Wertvorstellungen beruhen.

Der Amerikaner McGregor (bekanntes Buch: ***The Human Side of Enterprise***) unterscheidet zwei grundsätzlich unterschiedliche Einstellungen von Führungskräften gegenüber Mitarbeiterinnen:

- vertrauensorientiert oder
- misstrauensorientiert.

Grundsätzlich unterschiedliche Einstellung von Führungskräften

Charakteristika von Führungskräften

vertrauensorientiert	misstrauensorientiert
• Sie ermöglichen ein hohes Maß an Eigenverantwortung und Selbstkontrolle der Mitarbeiterinnen und beschränken sich auf die Überprüfung vereinbarter Ziele. • Sie gehen davon aus, dass sich die Mitarbeiterinnen selbst anspornen und dass sie selbst auch Verantwortung übernehmen wollen.	• Sie kontrollieren als Leiterin grundsätzlich die Tätigkeiten. • Sie gehen davon aus, dass Sie sich auf nichts verlassen können und ohne Ihre Kontrolle die Gefahr besteht, dass die erforderlichen bzw. verabredeten Aufgaben nicht erledigt werden. • Die beste Möglichkeit, Ergebnisse zu erzielen, besteht darin, die Mitarbeiterinnen entsprechend anzuweisen und zu kontrollieren.
Beispiel: Zwei Erzieherinnen einer Gruppe führen einen Elternabend durch bzw. bereiten ihn vor.	
Sie vereinbaren mit den Erzieherinnen, welche Ziele bzw. Ergebnisse im Kindergarten erreicht werden sollen. ⇩ Nach Ende des Elternabends reflektieren Sie Durchführung und Vorbereitung, z.B. mit den Fragen • Was ist gut gelaufen? • Was kann verbessert werden? • Wie können wir das (vielleicht) aufgetretene Problem lösen?	Sie erklären den Mitarbeiterinnen, wie die Stühle zu stehen haben, welche Tischdecken sie aufdecken sollen, welche Punkte im Einzelnen besprochen werden sollen etc. ⇩ Nach dem Elternabend wird die Arbeit bewertet, z.B. • Was ist schlecht gelaufen? • Wer trägt hierfür die Verantwortung?

Aufgabe – suchen Sie Beispiele!

Aufgabe:
Versuchen Sie für sich Beispiele zu finden für einen vertrauensorientierten Führungsstil!

5.3 Selbstreflexion

Das folgende Portfolio (Matrix) ermöglicht Ihnen eine Selbsteinschätzung zu Ihrem Leitungsverhalten. Hier sind Aussagen aufgeführt, die auf Einstellungen und Verhalten hinweisen, die für Sie als Leiterin bedeutsam sind. Überprüfen Sie Ihre Stärken und versuchen Sie herauszufinden, wie Sie das Feld stärken können, dem Sie Ihrer Meinung nach eine höhere Bedeutung zuerkennen wollen.

A **Verhältnis zu Mitarbeiterinnen** Punkte:	**B** **Arbeitsweisen** Punkte:
C **Zuammenarbeit mit Eltern und Insitutionen** Punkte:	**D** **Eigene Persönlichkeit**: Punkte:

Welchem Feld tut eine Stärkung gut?

....

Was will ich anders machen / wie will ich es machen?

....

Zur Ermittlung Ihrer Punktzahl beantworten Sie bitte die nachfolgenden jeweils 15 Fragen pro Bereich (A, B, C, D) und tragen Sie die erreichte Punktzahl in den entsprechenden Quadranten ein.

Fragenkatalog zur Selbsteinschätzung

A – Verhältnis zu Mitarbeiterinnen

- ❑ Ich bin von der Kindergartenarbeit begeistert und übertrage meine Begeisterung auch auf die Mitarbeiterinnen.
- ❑ Ich lasse die Mitarbeiterinnen mitbestimmen.
- ❑ Ich beziehe Mitarbeiterinnen in meine Entscheidungen ein.
- ❑ Ich gebe den Mitarbeiterinnen genug eigene Gestaltungsmöglichkeiten.
- ❑ Ich gebe den Mitarbeiterinnen die Möglichkeit zur Reflexion und Beurteilung ihrer Arbeit.
- ❑ Ich behandele die Mitarbeiterinnen stets respektvoll.
- ❑ Ich zeige den Mitarbeiterinnen gegenüber Verständnis.
- ❑ Ich bin gerecht und bevorzuge niemanden.
- ❑ Ich bemühe und sorge mich um das Fortkommen / die Weiterbildung der Mitarbeiterinnen.
- ❑ Ich nehme die Probleme/Sorgen der Mitarbeiterinnen ernst.
- ❑ Ich unterstütze bei Bedarf die Mitarbeiterinnen bei der Aufgabenbewältigung.
- ❑ Ich gebe den Mitarbeiterinnen genügend Raum zur eigenverantwortlichen Arbeit.
- ❑ Ich behandele Pädagoginnen/Nicht-Pädagoginnen bzw. Männer/Frauen gleich.
- ❑ Ich habe keine „Lieblingserzieherin".
- ❑ Ich lege meine Beurteilungskriterien (für Zeugnisse etc.) offen.

B – Arbeitsweisen

- ❑ Ich plane Termine langfristig.
- ❑ Ich halte langfristig geplante Termine ein.
- ❑ Ich sorge für ein positives Arbeitsklima.
- ❑ Ich führe Teamsitzungen fachkompetent und motivierend durch.
- ❑ Ich lasse Raum für unterschiedliche Diskussionen.
- ❑ Ich führe Projektarbeit durch.
- ❑ Ich schaffe Möglichkeiten zur Konfliktbearbeitung.

- ❑ Ich fördere Teamarbeit.
- ❑ Ich bin auch nach Arbeitsschluss noch offen für die Mitarbeiterinnen.
- ❑ Ich bin gern in der Kindertageseinrichtung.
- ❑ Ich unternehme gelegentlich auch nach Arbeitsschluss etwas mit dem Team.
- ❑ Ich organisiere gern Exkursionen mit dem Kindergartenteam.
- ❑ Ich setze mich für das Mitarbeiterteam ein.
- ❑ Ich greife Vorschläge bzw. Wünsche des Teams auf und beziehe sie ein.
- ❑ Ich tue regelmäßig etwas für die Kindergarten-/Betriebsgemeinschaft.

C – Zusammenarbeit mit Eltern/Institutionen

- ❑ Ich nehme die Kritik der Eltern ernst.
- ❑ Ich pflege einen offenen Umgang mit allen Eltern.
- ❑ Ich arbeite mit der Elternvertretung / dem Beirat gut zusammen.
- ❑ Ich informiere die Eltern regelmäßig und umfassend.
- ❑ Ich führe systematisch und regelmäßig Elterngespräche (oder lasse sie führen).
- ❑ Ich habe ein Beratungskonzept für Elterngespräche/ Mitarbeitergespräche.
- ❑ Ich habe ein offenes Ohr für die Probleme der Eltern.
- ❑ Ich bearbeite Konflikte zwischen Erzieherinnen und Eltern konstruktiv.
- ❑ Ich lasse Kritik der Eltern am Kindergarten zu und nehme sie ernst.
- ❑ Ich sorge für die Durchführung von Elternabenden.
- ❑ Ich bin für die Eltern leicht und gut erreichbar.
- ❑ Ich gehe aktiv auf Eltern zu.
- ❑ Ich hole mir regelmäßig Eltern-Feed-back.
- ❑ Ich ermögliche / ermuntere zur Mitarbeit im Kindergarten.
- ❑ Ich fördere die Gestaltungsmöglichkeit von Eltern auf verschiedenen Ebenen (Elternvertretung, Beirat, Förderverein, Stadtelternvertretung etc.).

D – Eigene Persönlichkeit	
❑	Ich bin freundlich.
❑	Mein Wort hat Gewicht beim Träger.
❑	Ich kann mich ggf. durchsetzen.
❑	Ich höre gut zu.
❑	Ich bin ausgeglichen.
❑	Ich korrigiere eigene Fehler.
❑	Ich setze Ziele und überprüfe sie.
❑	Ich sorge für die Einhaltung von Regeln.
❑	Ich kann Teamsitzungen (z.B. mit der Moderationsmethode) moderieren.
❑	Ich behalte auch in schwierigen Situationen den Überblick.
❑	Ich kann gut organisieren.
❑	Ich konzentriere mich auf meine Hauptaufgaben.
❑	Ich kann bei Konflikten vermitteln.
❑	Ich habe keine „Favoritinnen“ – bin gerecht.
❑	Ich helfe bei Problemen.

Wenn Sie noch etwas detaillierter arbeiten möchten, dann wählen Sie sich drei Stärken aus, die Sie weiter ausbauen möchten. Planen Sie hierfür konkrete Schritte (siehe auch Abschnitt über „Ziele“). Als weiteren Schritt wählen Sie die drei offenen Punkte aus, die Sie aus Ihrer Sicht bei der Bewältigung Ihrer Führungsaufgabe am ehesten behindern könnten. Entwickeln Sie hier einen Ziel- und Maßnahmenkatalog.

5.4 Das Verhaltensgitter (nach Blake/Mouton)

Das Verhaltensgitter von Blake/Mouton bietet die Möglichkeit, Führungsstile zu analysieren (übrigens können Sie hiermit auch die Arbeitsstile von Mitarbeiterinnen in den Blick nehmen, wie Sie im späteren Kapitel sehen werden). Es zeichnet sich dadurch aus, dass es zwei Dimensionen beachtet – nämlich die Personenorientierung und die Sach- und Zielorientierung. Dafür kann jeweils eine Ausprägung zwischen 1 und 9 gewählt werden, wodurch eine Einordnung in eines von 81 Feldern erfolgt. Versuchen Sie einmal, Ihre Position auf diesem Gitter zu finden, hier die Abbildung:

Personenorientierung →

1.9							8.9	9.9
							...	9.8
				5.5				
		...						
1.2	...							
1.1	2.1							9.1

Sach- und Zielorientierung →

Personenorientierung →

1.9

Hohes Interesse an Personen, geringes an Ergebnissen. Freundliches Klima, geringe Leistungsanforderungen.

9.9

Gleichermaßen Interesse an Ergebnissen und an Personen. Strukturiertes, engagiertes Klima, hohe Arbeitsleistung.

5.5 (= mittleres Feld)

In dieser Kita herrscht ein durchschnittliches Interesse an Personen und an Ergebnissen. Das Arbeitsklima ist zufrieden stellend und es werden ausreichende Leistungen erbracht.

1.1

Leitungsstil mit geringem Interesse an Ergebnissen und Desinteresse an Personen. Geringe Leistung, mäßiges Klima. „Verwaltungsstil".

9.1

Leitung hat großes Interesse an vorzeigbaren Ergebnissen, wenig Interesse an Personen. Dürftiges Klima, hohe Produktivität. Autoritärer Führungsstil.

Das Verhaltensgitter von Blake/Mouton legt nahe, dass es einen Führungsstil gibt, der anderen Führungsstilen überlegen ist. Je mehr Sie sich der Position 9.9 nähern, desto mehr entsprechen Sie dem „idealen" Führungsstil. Führen ist jedoch ein dynamischer Prozess. So können Sie mit dem Verhaltensgitter zwar recht gut Führungssituationen analysieren, andere Einflüsse sowie der Kontext, in dem ein bestehendes Führungsverhalten angewendet wird, ist weniger stark berücksichtigt.

Das Verhaltensgitter hilft analysieren, berücksichtigt aber keinen Kontext

5.5 Situationsorientiertes Führen und Entscheiden

Wie Sie führen, hängt aber auch stark von veränderbaren oder situationsabhängigen Momenten ab, z.B.

- von der Frage, ob die Ziele von den Mitarbeiterinnen geteilt werden (oder ob es sich um die Umsetzung einer Aufgabe handelt, die der Kindergartenträger einseitig festgelegt hat),
- davon, wie viel Zeit für die Entscheidung bzw. deren Umsetzung zur Verfügung steht etc.

Je nach Lage der Dinge werden Sie als Leitung entsprechend unterschiedlich agieren. Auch Ihre Entscheidungen fallen je nach Situation unterschiedlich aus bzw. werden auf unterschiedliche Weisen herbeigeführt.

5.5.1 Situationsorientiertes Entscheiden

Blättern Sie noch einmal zur Beispieleinladung für eine Mitarbeiter-/Teambesprechung in Kapitel 3 zurück. Dort können Sie zwei Entscheidungsstrategien ersehen. Der mit D für Diskussion gekennzeichnete Tagesordnungspunkt weist auf eine konsultative Entscheidungsform hin. Hier wird ein Thema in der Besprechung unter allen Beteiligten diskutiert. Die Entscheidung wird jedoch durch Sie als Leiterin getroffen. Sie können so Themen in ihrer Komplexität beleuchten, neue Aspekte und Anregungen aufnehmen, ohne die Entscheidungsmöglichkeit abzugeben. Wichtig ist die Klarheit Ihrer Vorgehensweise, nämlich dass die Entscheidung bei Ihnen verbleibt. Besteht darüber Unklarheit, könnte der Eindruck entstehen, dass Sie einen pseudodemokratischen Entscheidungsprozess initiieren.

Konsultative Entscheidungsform

Stellen Sie klar, welche Entscheidungen wie und durch wen getroffen werden.

Konsultativ ist ein Entscheidungsverhalten auch, wenn Sie mit allen Mitarbeiterinnen in Zweiergesprächen ein Thema erörtern und dann selbst entscheiden. Sie werden sich in der Leitungsposition oft selbst Entscheidungen vorbehalten oder sie aus unterschiedlichen Gründen treffen müssen. Wichtig ist, dass klar und deutlich ist, wer (in diesem Fall Sie) diese Entscheidung treffen wird.

Gruppenorientierte Entscheidungsform

Wollen Sie Ihre Mitarbeiterinnen entscheiden lassen, so handelt es sich um einen gruppenorientierten Entscheidungsstil. Auf unserem Tagesordnungsblatt finden Sie eine gruppenorientierte Entscheidung unter dem Kürzel (E). Nach einer Diskussion der Standpunkte entscheiden alle Anwesenden.

Autoritäre Entscheidungen

Selbstverständlich wird es auch autoritäre Entscheidungen geben. Hier entscheiden Sie allein ohne Rücksprache mit Mitarbeiterinnen oder ohne Rücksprache mit Einzelpersonen nach Informationen, die Sie von einzelnen Mitarbeiterinnen erhalten haben (z.B. im Fall von verhaltensbedingten Problemen mit einzelnen Mitarbeiterinnen). Hier ist nicht immer das ganze Mitarbeiterteam gefragt, sondern häufig sind Sie es als Leiterin allein.

Entscheidungsstrategien sind siutationsbedingt.

5.5.2 Situationsorientiertes Führen

Sie können aber nicht nur Entscheidungen situationsorientiert treffen, sondern als Leitung Ihren gesamten Führungsstil situationsorientiert ausrichten. Unterscheiden Sie aber zwischen einem situationsorientierten und einem situativen Führungsstil:

Situativ versus situationsorientiert

- Situativ ist ein Führungsstil dann, wenn Sie unreflektierte und spontane Entscheidungen treffen, z.B. indem Sie sofort auf eine unmittelbar aufgetretene Situation spontan reagieren.
- Situationsorientiert hingegen ist ein überlegter Führungsstil mit Zukunftsorientierung.

Der situationsorientierte Führungsstil setzt voraus, dass Sie Ihr Führungsverhalten an den einzelnen Mitarbeiterinnen und der jeweiligen Aufgabe ausrichten. Einen theoretischen Hintergrund finden Sie in der Führungstheorie von Hersey und Blanchard, die die Mitarbeiterinnen einer Organisation in Reifegrade einteilen. Jedem dieser Reifegrade können Sie auch einen entsprechenden Führungsstil zuordnen, der eben dem jeweiligen Reifegrad einer Mitarbeiterin entspricht.

Der Begriff des Reifegrades ist nicht ganz unproblematisch. Wichtig ist hier, dass nicht eine Mitarbeiterin in ihrem gesamten Verhalten in einen dieser Reifegrade eingeteilt (und quasi „abgestempelt" wird. Vielmehr können sich Mitarbeiterinnen je nach Aufgabe und Situation in verschiedenen Reifegraden befinden.

Behutsamer Umgang mit Reifegraden

Beispiel

Eine Mitarbeiterin kann z.B. einen hohen Reifegrad erreicht haben bei der Organisation und Durchführung von Elternabenden. Gleichzeitig kann es aber sein, dass die gleiche Mitarbeiterin einen geringen oder mäßigen Reifegrad bei der Leitung einer Dienstbesprechung hat.

Nachfolgend finden Sie einen Überblick über die Reifegrade und den dazu passenden Führungsstil. Situationsorientiert Führen heißt dann, die jeweilige Fähigkeit (den jeweiligen Reifegrad) einer Mitarbeiterin zu erkennen und den Führungsstil entsprechend auszurichten.

Sie können vier Reifegrade (Mitarbeitersituationen) unterscheiden (1 = gering / 2 = gering – mäßig / 3 = mäßig – hoch / 4 = hoch). Jeder Arbeitssituation ist ein Führungsstil zugeordnet, der mit einer hohen Wahrscheinlichkeit den besten Erfolg bringt.

Arbeitssituation	Erläuterung	Führungsstil	Erläuterung	zu beachten
AS 1	Ihrer Mitarbeiterin fehlt die Kompetenz bzw. die Qualifikation zur Erfüllung einer Aufgabe. Auch an der entsprechenden Motivation hapert es.	FS 1	Wenn Sie sich dafür entscheiden, klare und genaue Anweisungen zur Erledigung einer Aufgabe zu geben und die Erfüllung auch zu kontrollieren, führen Sie mit der größten Aussicht auf Erfolg. Sie können sich also im Wesentlichen um die Aufgabenerfüllung, weniger um die Bedürfnislage der Mitarbeiterin kümmern.	Die Aufgaben müssen detailliert erklärt werden. Suchen Sie nach den Ursachen. In welchen Bereichen befindet sich die MA in einer anderen Arbeitssituation.

AS 2	In diesem Fall fehlt einerseits Ihrer Mitarbeiterin die notwendige Qualifikation oder Kompetenz zur Erfüllung der Aufgabe, andererseits möchte die Mitarbeiterin aber gern diese Arbeit leisten.	FS 2	Wegen der fehlenden Kenntnisse der Mitarbeiterin müssen Sie die Aufgabe detailliert erklären und klare Vorgaben zur Erledigung machen. Da hier eine Eigenmotivation der Mitarbeiterin vorliegt, sollten Sie auf jeden Fall die Arbeitsschritte und die Zielsetzung bzw. die Bedeutung der Aufgabe in den Vordergrund rücken.	In diesem Fall sollten Sie häufiger das Gespräch mit der entsprechenden Mitarbeiterin suchen.
AS 3	Hier treffen Sie auf eine Mitarbeiterin mit der notwendigen fachlichen Kompetenz bzw. Qualifikation, jedoch fehlt es ihr (noch) an der erforderlichen Motivation.	FS 3	Sie führen weniger erfolgreich, wenn Sie verstärkt Anweisungen oder längere Erklärungen abgeben, da die Mitarbeiterin ja über die notwendige Kompetenz verfügt. Hier hätte ein motivierender Führungsstil die besten Erfolgsaussichten.	Lassen Sie diese Mitarbeiterin häufiger an Erfolgen und Entscheidungen partizipieren und verbessern Sie die Kommunikation.
AS 4	Die Mitarbeiterin besitzt sowohl die erforderliche Kompetenz als auch Motivation. Sie managt ihren Arbeitsbereich.	FS 4	Führen Sie durch Delegation. Lassen Sie die Mitarbeiterin selbstständig arbeiten und geben Sie ihr Entscheidungsbefugnis in anspruchsvollen (verantwortlichen) Bereichen.	Bleiben Sie mit dieser Mitarbeiterin im Kontakt. Aber vermeiden Sie es, zu häufig in ihrem Arbeitsbereich präsent zu sein. Geben Sie dieser MA nicht zu einfache und alltägliche Aufgaben. Als Leiterin „loslassen“ können!

Konzentrieren Sie sich in den Führungsstilen 3 und 4 auf die motivationale Ebene!

Jede Mitarbeiterin finden Sie in verschiedenen Arbeitssituationen. So kann eine Mitarbeiterin in Arbeitssituation 1 sein, wenn es darum geht, eine Besprechung oder einen Elternabend zu leiten, und in Arbeitssituation 4 sein, wenn es darum geht, eine pädagogische Planung für ein Kindergartenkind zu erstellen.

Es gibt also keine „Schublade" – wohl aber für Sie die Leitungsaufgabe, die Mitarbeiterinnen in den unterschiedlichen Arbeitssituationen differenziert einzuschätzen und entsprechend einzusetzen.

5.6 Delegation

5.6.1 Grundsätzliches

Unter dem Abschnitt „Prioritätensetzung" hatten wir das Thema „Delegation" bereits kurz angesprochen. Die Delegation dient der Arbeitsentlastung der Leitungskraft einerseits und der Förderung, Entwicklung und Motivation von Mitarbeiterinnen andererseits.

> *„Wer loslässt, hat zwei Hände frei." (Chinesische Weisheit)*

Sie können die Leitung einer Kindertageseinrichtung mit einer Dirigentin vergleichen, die ja auch selbst kein Instrument während des Konzerts spielt, aber viele wichtige Aufgaben übernimmt (Koordination, richtiger Einsatz, Interpretation des Stückes etc.). Eine Dirigentin, die selbst während des Konzerts ein Instrument spielt, würde Ihnen sicherlich absurd erscheinen.

Bevor Sie jedoch Aufgaben delegieren, beachten Sie zwei Dinge:

1. Delegation bedeutet zuerst Arbeitsanstieg

Bei Delegation haben Sie anfänglich immer einen erhöhten Arbeitsaufwand, d.h. einen Anstieg an Erläuterung, Erklärung etc. Ebenso wie Sie sich anstrengen müssen, mit Ihrem Fahrrad einen Berg hinaufzufahren, damit Sie auf der anderen Seite mit weniger Aufwand bergab fahren können, ist es auch mit der Delegation. Sie werden zuerst Ihrer Mitarbeiterin Einzelheiten und detaillierte Unterstützung geben müssen, damit sie sich in die delegierte Aufgabe einfügen und einarbeiten kann. Dies ist ein Mehraufwand. Erst wenn die Mitarbeiterin die notwendigen Kenntnisse über die Aufgabe, die zu deren Erledigung notwendig sind, erlangt hat, haben Sie selbst Ihre Arbeitsentlastung.

Anfangs Mehrarbeit

Beachten Sie hierbei auch, dass sich eben aus diesem Grund eine Delegation von Aufgaben nur für diese Aufgabentypen eignet, die häufiger oder längerfristig zu bearbeiten sind.

2. Beantworten Sie sich die Frage, ob Sie überhaupt eine Aufgabe delegieren wollen.

Entscheiden, was delegiert werden kann und soll

Notieren Sie sich, welche Aufgaben Sie aus Ihrem Arbeitsfeld unbedingt selbst übernehmen wollen, und notieren Sie auch, welche Aufgaben Sie für delegierbar halten.

Delegationsaufgaben schriftlich festhalten

Diese Aufgaben will ich unbedingt selbst bearbeiten	*Diese Aufgaben will ich delegieren*

Dauerhaft oder fallweise delegieren

Die Übertragung einer Aufgabe oder Tätigkeit (Delegation) kann

- entweder auf Dauer erfolgen (generelle Delegation); Sie geben dann die Aufgabe an eine Mitarbeiterin zur selbstständigen Wahrnehmung ab, oder
- Sie können auch fallweise delegieren, d.h., die Aufgabe bleibt generell in Ihrem Funktions- und Arbeitsbereich als Leitung. Im Einzelfall geben Sie diese Aufgabe an eine Mitarbeiterin (z.B. die Stellvertretung) ab. Voraussetzung hier ist jedoch, dass die entsprechende Mitarbeiterin die notwendigen Voraussetzungen erfüllt und nicht erst durch Sie eingearbeitet werden muss.

Die Übertragung/Delegation einer Aufgabe hat folgende Aspekte:

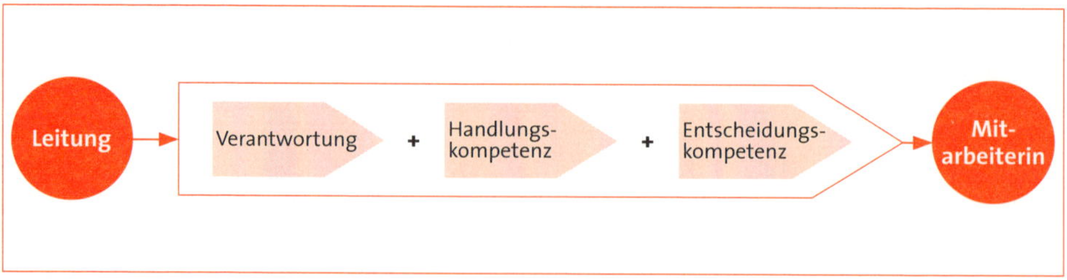

Aspekte der Delegation

5.6.2 Auswirkung von Delegation

Eine Delegation von Aufgaben hat auf jeden Fall positive Auswirkungen für Sie und auch für Ihre Mitarbeiterinnen.

1. Positive Auswirkungen von Delegation allgemein

- eine weitgehende Übereinstimmung von Entscheidungsbefugnis und Zuständigkeitsbereich der Mitarbeiterin;
- die Vereinfachung und Beschleunigung der Arbeitsabläufe in der Kita; die Verbesserung im Kontakt zu den Eltern, da die Eltern mit jemandem kommunizieren, der auch die Entscheidungen treffen kann, eben Mitarbeiterinnen, die auch einen direkten Kontakt zu den Eltern haben, so auch Entscheidungen kompetent und mit der entsprechenden Zuständigkeit treffen können.

  Insofern ist die Verlagerung der Entscheidungsmöglichkeiten auf die Mitarbeiterinnen in den einzelnen Gruppen bzw. Bereichen sinnvoll.

2. Vorteile von Delegation für Sie als Führungskraft

- Sie entlasten sich von bestimmten Aufgaben,
- Sie entlasten sich auch von ständigen Anweisungen und Kontrollen,
- Sie gewinnen Zeit für Ihre echten Leitungsaufgaben wie Planung, Zielfindung, Koordination, Problemlösung, Motivierung von Mitarbeiterinnen etc.,
- Sie entlasten sich von Einzel- und Routineaufgaben und
- die Kita-Mitarbeiterinnen sind mit einem solchen Verfahren eher motivierbar.

3. Vorteile von Delegation für die Mitarbeiterinnen

- eine größere Bereitschaft zum eigenverantwortlichen und selbstständigen Handeln
- Entwicklung von mehr Eigeninitiative,
- eine geringere Bereitschaft zum Arbeitsplatzwechsel,
- eine höhere Arbeitszufriedenheit und dadurch auch eine Verbesserung des Betriebsklimas,
- eine höhere Leistungsbereitschaft.

  Eine höhere Leitungsbereitschaft entwickeln Mitarbeiterinnen, wenn sie selbstständig und eigenverantwortlich handeln und entscheiden dürfen.

Delegation erhöht die Identifikation mit den vereinbarten Zielen und gibt der Arbeit einen ganz bestimmten Sinn.

Rückkopplung ist wichtig und notwendig

- Voraussetzung hier ist allerdings, dass die Mitarbeiterinnen eine regelmäßige Rückkopplung über ihre Arbeit erhalten (Feststellung des Erfolgserlebnisses gemeinsam mit Ihnen als Leitung).

Mitarbeiterinnen entwickeln eine höhere Leistungsbereitschaft, wenn sie selbstständig und eigenverantwortlich handeln und entscheiden können.

5.6.3 Widerstand gegen das Delegieren

Nicht zu unterschätzen sind eigene Widerstände gegen das Delegieren. Weisen Sie diese nicht von der Hand, sondern überprüfen Sie mit der folgenden Checkliste konkret, ob Sie eigene Widerstände gegen das Delegieren von Aufgaben haben.

Checkliste „Meine Einstellung zur Delegation"

- *Ich werde von meinem Arbeitspensum (Besprechungen, Termine, Telefon, Besucherinnen etc. und auch von Störungen) so in Anspruch genommen, dass keine Zeit für die Erklärung und Kontrolle delegierter Aufgaben vorhanden ist.*
- *Ich verzichte auf eine Delegation, da ich die Arbeit selbst schneller und besser erledigen kann als meine Mitarbeiterinnen.*
- *Ich möchte kein Risiko eingehen.*
- *Ich glaube nicht, dass die Mitarbeiterinnen die nötige Leistungsbereitschaft mitbringen.*
- *Ich glaube, dass die Mitarbeiterinnen die Aufgaben nicht alleine bewältigen können.*
- *Ich befürchte, dass ich die Arbeit nicht mehr ausreichend kontrollieren kann.*
- *Mir macht die Arbeit selbst sehr viel Spaß.*
- *Ich befürchte, dass mein Träger (in der Regel in der Rolle als mein Vorgesetzter) nicht damit einverstanden ist, dass ich die an mich übertragene Arbeit weiterdelegiert habe.*
- *Ich befürchte, dass einige Mitarbeiterinnen die Aufgabe so lösen, dass sie für mich zur Konkurrenz werden.*
- *Ich befürchte einen Autoritäts- und Imageverlust, wenn die von mir früher selbst wahrgenommenen Aufgaben jetzt von Mitarbeiterinnen wahrgenommen werden.*
- *... (ergänzen Sie, wenn Sie selbst noch weitere Aspekte haben, die hier nicht aufgeführt sind).*

Delegation ist also, zusammengenommen,

- eine sinnvolle und notwendige Maßnahme zur Arbeitsentlastung für Sie als Führungskraft und
- gleichzeitig eine gute Möglichkeit zur Motivation von Mitarbeiterinnen und zur Personalentwicklung.

Aspekte der Delegation als Führungsaufgabe

Sie sollten sich jedoch, bevor Sie Delegation als Führungsinstrument regelmäßig einsetzen, selbst fragen, welche grundsätzliche Einstellung Sie zur Delegation einnehmen.

Versuchen Sie, Konsequenzen aus den Punkten abzuleiten, die Sie in voranstehender Checkliste angekreuzt haben, z.B. indem Sie konkrete Schritte zur Veränderung einplanen.

Mein nächster Schritt:

... ...

... ...

... ...

Zusammenfassung

Delegation ist als Führungsinstrument unverzichtbar und notwendig. Bevor Sie jedoch Delegation regelmäßig einsetzen, sollten folgende Fragen geklärt sein: Nutzen Sie diese Zusammenfassung als Wiederholung und als Checkliste, um diese Fragen für sich zu beantworten und die Antworten schriftlich zu notieren:

- *Welche Aufgaben will ich überhaupt delegieren?*
  ...
- *An wen kann ich die entsprechende Aufgabe delegieren?*
  ...
- *Wie viel an zusätzlicher Zeit habe ich für den Anfang eingeplant?*
  ...
- *Arbeite ich zur Unterstützung bei Delegation mit Checklisten? Wenn ja, mit welcher?*
  ...
- *Kann ich mit dieser Delegation auch die entsprechende Mitarbeiterin motivieren? Worin liegt dieser Motivationsaspekt?*
  ...

5.7 Kontrolle als Führungsmittel

Wenn Sie erfolgreich eine Kindertageseinrichtung leiten wollen, wird das Thema „Kontrolle“ für Sie nicht ausgespart bleiben können. Wenn Sie Anweisungen geben, Arbeiten delegieren oder Aufgaben verteilen, dann müssen Sie auch ein Interesse daran haben, dass diese Aufgaben zeitlich und inhaltlich so ausgeführt werden, wie Sie es verabredet haben.

Aber nicht nur der Kontrollaspekt im Sinne Überprüfung verabredeter Standards steht im Vordergrund. Mitarbeiterinnen benötigen Motivation, Anerkennung und Rückmeldung, soll die Aufgabe gelingen und über den Erledigungstermin hinaus motivierenden Charakter haben. In schwierigen Situationen sollten Sie rechtzeitig erkennen, wann eine Mitarbeiterin Unterstützung benötigt, um das vereinbarte Ziel zu erreichen. Nichts ist schlimmer als der Misserfolg einer Mitarbeiterin.

Delegation ist eine Führungsaufgabe – Kontrolle auch.

Selbstverständlich ist Kontrolle nicht im strengen Sinne die Überwachung von Mitarbeiterinnen. Sollte dieser Punkt erreicht sein, liegen die Führungsfehler bereits erheblich vorher. Vielmehr bedeutet Kontrolle

Kontrolle ist Ergebnisvergleich

- den Vergleich herstellen, zwischen dem tatsächlichen Arbeitsverhalten, der Leistung, dem Ergebnis einerseits und
- dem Arbeitsziel, der Vorgabe und der Anweisung andererseits, um bei Abweichungen kontrollierend eingreifen zu können.

Kontrolle ist tendenziell sinnvoll und notwendig. Es gibt allerdings unterschiedliche Ziele, die Sie durch Kontrolle erreichen können. Zu diesen Zielen gehören:

... und kann im Einzelnen mehrere Ziele haben

- Arbeitsleistungen der Mitarbeiterinnen sollen (sachlich) überprüft werden.
- Erfolgskontrolle, d.h., die Zielerreichung soll festgestellt werden.
- Die Mitarbeiterinnen sollen durch eine positive Rückmeldung von Ihnen motiviert werden.
- Sie möchten rechtzeitig erkennen, ob Sie korrigierend eingreifen müssen, wenn etwas nicht plangemäß verläuft.

Kontrollieren können Sie nur dann, wenn Sie auch Arbeitsziele und Vorgaben formuliert haben.

Um diese Ziele zu erreichen, können Sie die Arbeitsergebnisse kontrollieren oder aber auch die Arbeitsmethoden bzw. die kosten- und termingerechte Arbeit überprüfen.

Grundsätzlich gibt es zwei Möglichkeiten der Kontrolle:

> *Sie kontrollieren als Vorgesetzte Ihre Mitarbeiterinnen oder die Mitarbeiterinnen kontrollieren sich selbst (Selbstkontrolle).*

Sie sollten es vermeiden, andere Mitarbeiterinnen zu Kontrollaufgaben heranzuziehen, wenn diese sich nicht in einer übergeordneten Position (z.B. als stellvertretende Leiterin) befinden.

Kein geeignetes Kontrollverhalten ist es, wenn Sie andere Mitarbeiterinnen (z.B. Arbeitskolleginnen) mit Kontrollaufgaben beauftragen.

Kontrollfehler vermeiden

Kontrolle ist ein sensibles Thema. Kontrolle wird häufig gesehen als Herumspionieren, Überwachung und als Fehlersuche, die als Ursache für ein schlechtes Betriebsklima angesehen wird. Gerade in sozialen Einrichtungen wird in Kontrolle häufig Machtmissbrauch und ein Angriff auf den jeweils eigenen Arbeits- und Delegationsbereich gesehen. Eine Verletzung der persönlichen Freiheit wird häufig ebenfalls wahrgenommen.

Negativimage von Kontrolle als Folge von Kontrollfehlern

Nicht selten stecken Kontrollfehler der Vorgesetzten hinter dieser Einschätzung.

Während eine Totalkontrolle in sozialen Arbeitsfeldern in der Regel nicht vorkommt, sind die ungleiche Behandlung von Mitarbeiterinnen oder eine kleinliche Fehlersuche häufige Fehler beim Kontrollieren.

Kernfehler

Ein nicht zu unterschätzender Aspekt ist die fehlende oder verzögerte Rückmeldung an die Mitarbeiterinnen. Insbesondere, was die Anerkennung betrifft, die noch viel häufiger vergessen wird als die Korrektur bzw. eine konstruktive Kritik.

Die nachfolgende Checkliste soll es Ihnen erleichtern, Ihr Kontrollverhalten zu verbessern bzw. zu optimieren:

Checkliste „Kontrolle"

- *Ich kontrolliere nach Widersprüchen und Beschwerden.*
- *Ich mache rechtzeitig Terminkontrollen.*
- *Ich führe Anwesenheitskontrollen stichprobenartig durch.*
- *Ich lasse mir regelmäßig Sachstandsinformationen geben.*
- *Ich erfrage die Fortschritte bei den Arbeitsabläufen bzw. -aufträgen.*
- *Ich bringe mein Interesse an der delegierten Aufgabe zum Ausdruck.*
- *Ich frage nach Problemen/Schwierigkeiten.*
- *Ich kontrolliere stichprobenartig.*
- *Ich vereinbare regelmäßige Rückmeldungen in Dienstbesprechungen (wenn dies ein Thema für alle Mitarbeiterinnen ist).*
- *Ich beobachte Mitarbeiterinnen bei der Einarbeitung (Aufgabenerfüllung).*
- *Ich kontrolliere je nach „Reifegrad"/Situation der Mitarbeiterin.*
- *Ich habe bei der Absprache über die Aufgaben (Delegation) auch über die Rückmeldung/Kontrolle gesprochen.*
- *Ich kündige Kontrollen an.*
- *Ich vereinbare Kontrollstandards mit den Mitarbeiterinnen.*
- *Ich schließe präzise Kontrollvereinbarungen bei Delegation.*
- *Ich vermeide übertriebene Kontrolle.*
- *Nach jeder Kontrolle erhält die Mitarbeiterin eine Rückmeldung von mir.*
- *Ich gestalte Rückmeldungen positiv.*
- *Ich will durch Rückmeldung das Selbstwertgefühl der Mitarbeiterinnen stärken.*
- *Ich will Erfolgserlebnisse vermitteln durch Rückmeldung.*
- *Ich gebe Rückmeldung rechtzeitig und konstruktiv sowie zeitnah.*
- *Ich motiviere die Mitarbeiterin zur Selbstkontrolle*

Eigene Widerstände

Auch in der Leitungsfunktion treten Widerstände gegen das Kontrollieren auf. Kontrollieren bedeutet in erster Linie erst einmal einen erhöhten Arbeitsanfall durch die Kontrollaufgaben, die Sie wahrnehmen müssen. Oft ist nicht eindeutig geklärt, mit welcher Methode Sie die Kontrolle ausüben wollen. Und nicht zuletzt der Begriff der Kontrolle selbst ist in sozialen Arbeitsfeldern nicht immer so richtig anschlussfähig, wie es oben schon angeklungen ist. Nicht selten wird ein gutes Betriebsklima verwechselt mit falsch verstandener Harmonie.

Selbstverständlich machen Kontrollen u.U. auch Angst vor der Wahrheit („Was ich nicht weiß, macht mich nicht heiß"). Mängel, die bei Überprüfungen zutage treten, bedeuten immer ein nicht ganz unerhebliches Konfliktpotenzial.

5.8 Motivation

Leiterinnen von Kindertageseinrichtungen können ebenso wie andere Führungskräfte ihre Arbeitsinhalte abwechslungsreich, interessant und anregend gestalten.

Vor allen Dingen haben sie die Möglichkeit, die Arbeitsinhalte individuell zu gestalten, und können damit ein hohes Maß ihrer Selbstverwirklichung auch in der Arbeit finden.

Mitarbeiterinnen erfahren demgegenüber schon erheblich mehr Einschränkungen.

Ihre Aufgabe als Kita-Leiterin besteht deshalb zu einem nicht geringen Teil darin, Arbeitsbedingungen zur Verfügung zu stellen, die Ihren Mitarbeiterinnen Möglichkeiten (unter Wahrung der Gesamtinteressen der Kita) geben, dass sie motiviert an ihre Aufgaben herangehen.

Diese Thematik füllt bekanntlich ganze Bücher und, was wirksam und möglich ist und was nicht, gilt als durchaus umstritten. Wir möchten uns im Rahmen dieses Buches auf zwei grundlegende Aspekte beschränken und dazu die Grundlagen kurz umreißen. Der eine Aspekte betrifft das Motiv „Selbstverwirklichung", das wir für ein entscheidendes halten. Sie als Leiterin können gegenüber Ihren Mitarbeiterinen dazu beitragen, dass ein hoher Grad an Selbstverwirklichung erreicht werden kann.

Motivation durch Selbstverwirklichung

Selbstverwirklichung als Motiv

... meint die Möglichkeit, die eigenen Aufgaben, Angelegenheiten überwiegend individuell gestalten zu können und Inhalte und vor allem Methoden/Arbeitsweisen selbst bestimmen zu können.

Der andere Aspekt bezieht sich breiter auf die Arbeitsbedingungen und dazu werfen wir einen Blick auf die wohl bekanntesten Motivationskonzepte, die von Maslow (Bedürfnispyramide), Herzberg (Zwei-Faktoren-Theorie) und Alderfer (ERG-Theorie) stammen.

Schaffung motivierender Arbeitsbedingungen

Maslows „Bedürfnispyramide"

Maslow geht davon aus, dass Bedürfnisse hierarchisch geordnet sind und erst dann jeweils wirksam werden, wenn die Bedürfnisse der untergeordneten Ebene ausreichend befriedigt worden sind, und weiter, dass ein befriedigtes Bedürfnis nicht mehr verhaltenswirksam ist.

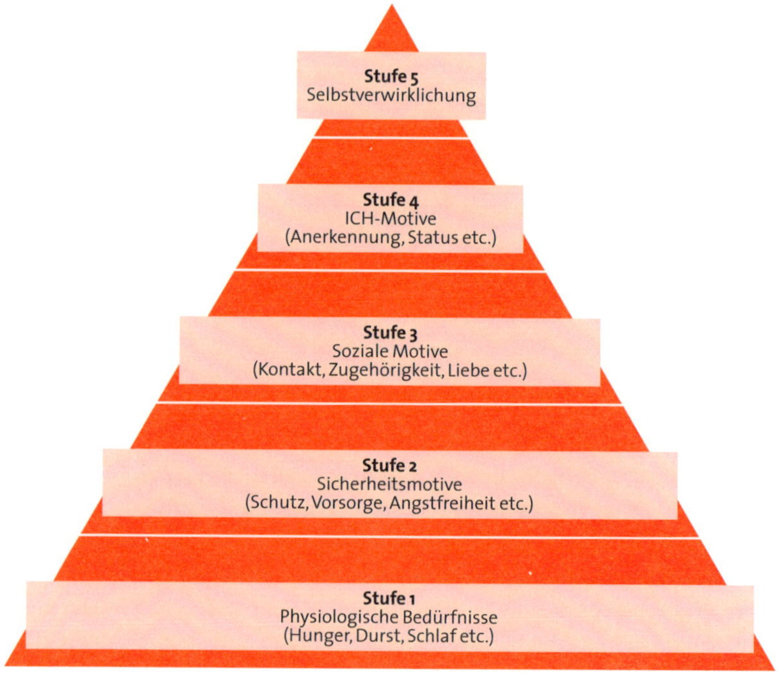

Bedürfnispyramide nach Maslow

Die Umsetzung von Maslow in die betriebliche Kita-Praxis bedeutet z.B.

Stufe 1	*garantiertes Gehalt; Urlaubsregelungen; Pausenregelungen*
Stufe 2	*Kündigungsschutz; Kranken- und Unfallversicherung; Tariferhöhung; unbefristetes Arbeitsverhältnis*
Stufe 3	*Gruppenzugehörigkeit; informelle Beziehungen; Kontakte; Kommunikation am Arbeitsplatz; Zusammengehörigkeitsgefühl; Anerkennung von Kolleginnen*
Stufe 4	*Anerkennung von Vorgesetzten; gerechte Beurteilung; selbstständige Arbeitserledigung; klare Ziele; gute Information*
Stufe 5	*Verantwortlichkeit; Aufstiegsmöglichkeit; berufliche Fortbildung; abwechslungsreiche Tätigkeit; Arbeitseinsatz nach Fähigkeiten*

Eine ähnliche Aufteilung – allerdings in drei Stufen – nimmt Alderfer vor. Er unterscheidet in:

ERG-Motive

Drei Bedürfnisstufen nach Alderfer

Existence Needs (Existenzbedürfnisse) – physiolog./materielle Sicherheitsbedürfnisse (Hunger, Durst; auch Geld und grundlegende Arbeitsbedingungen)

Relatedness Needs (Beziehungsbedürfnisse) – soziale, zwischenmenschliche Bedürfnisse (Anerkennung etc.)

Growth Needs (Wachstumsbedürfnisse) – Selbstverwirklichung, Möglichkeit zur Leistung etc.

Alderfer geht davon aus, dass verschiedene Motive gleichzeitig wirksam werden können.

Der Amerikaner Herzberg hat die Bedürfnispyramide von Maslow in seiner Zwei-Faktoren-Theorie erweitert/ergänzt. Herzberg stellte sich die Frage, was Menschen bei der Arbeit motivieren könnte. Er unterscheidet zwischen Motivations- und Stabilisationsfaktoren.

Zwei-Faktoren-Theorie von Herzberg: Motivatoren und Stabilisatoren

Zwei Faktoren nach Herzberg

Motivationsfaktoren	*Stabilisationsfaktoren*
Persönliche Entwicklung	*Klare, gerechte Regeln*
Berufliche Entwicklungschancen	*Klare, faire Arbeitsbedingungen*
Interessante Arbeit	*Gute Beziehungen zu Kollegen*
Anerkennung durch Vorgesetzte	*Angemessene Entlohnung*
Chance auf Leistung	*Status*
Herausfordernde Tätigkeit	*Sicherheit*

Die Schaffung von Arbeitsbedingungen, die zuerst einmal notwendige Voraussetzungen von Sicherheit und sozialen Kontakten bieten, wäre eine Grundvoraussetzung von Leitungstätigkeit (also keine Zeitarbeitsverträge oder überregulierte Arbeitsbedingungen). Im Gegenteil, die möglichst eigenverantwortliche Tätigkeit für die pädagogischen Mitarbeiterinnen mit klar umrissenen Aufgaben und Verantwortungsbereichen wäre die Voraussetzung für eine gute pädagogische Arbeit – und hier liegt ein Aufgabenbereich der Leitung in Verbindung mit dem Träger.

6 Finanzierung von Kindertageseinrichtungen

Die Übernahme einer Leitungsfunktion bringt auch Verantwortung für die Finanzen mit sich. Mindestens muss die Leiterin die Zusammenhänge der Finanzierung verstehen, Etat- bzw. Budgetpläne mit erstellen und mehr oder weniger auf der Ausgabenseite Geschäfte verantworten und abwickeln.

Die Leitung übernimmt auch finanzielle Verantwortung

Die Mitspracherechte, Kompetenzen und Aufgaben hängen dabei im Einzelnen erstens von der Art des Trägers (Kommune, Verband, Kirche, privater Trägerverein etc.) ab. Zweitens sind sie je nach der Organisation des konkreten Trägers unterschiedlich gestaltet.

Allen Kita-Leiterinnen gemeinsam ist die Sorge um eine angemessene Finanzierung ihrer Einrichtung und sie werden versuchen, sich je nach ihren Möglichkeiten an der sozialpolitischen Diskussion im Umfeld ihres Trägers zu beteiligen. Die Träger sind dabei in ihren Entscheidungen nicht völlig frei, sondern an die gesetzliche Grundlage gebunden. Das vorliegende Kapitel möchte diesen Hintergrund verständlich machen und Grundwissen zum Haushaltsplan vermitteln oder auffrischen. Das betrifft die Einnahmenseite.

Engagement für angemessene Finanzierung

Zur Ausgabenseite ist allen Kita-Leiterinnen gemeinsam, dass sie wirtschaftlich denken und handeln müssen, um mit begrenzten finanziellen Ressourcen die bestmögliche pädagogische Arbeit zu leisten. Professionelle Leitung einer Einrichtung erfordert zwangsläufig Kenntnisse zur Kostenrechnung und zum Controlling.

Gutes Wirtschaften mit den Ressourcen

In der Kostenrechnung werden die Ausgaben am Jahresanfang geplant und im Laufe des Jahres wird die Ausgabe der Gelder, gegliedert nach den einzelnen Positionen, erfasst. Das Controlling überwacht den Prozess und informiert über Abweichungen, sodass die Leiterin Handlungsbedarf erkennt und steuern kann. Je nach Träger unterscheiden sich die betreffenden Instrumente. Im Folgenden wird dargelegt, wie das Vorgehen ganz grundlegend beim Verwaltungshaushalt (mit einem Deckungsprinzip, öffentlicher Träger) und beim kaufmännischen System (mit Gewinn- und Verlustrechnung sowie Bilanzierung, privater Träger) erfolgt. Ob die Leiterin auch mit Buchhaltung und Zahlungsverkehr befasst ist, hängt vom Einzelfall ab. Bei den öffentlichen Trägern wird dies in der Regel von zentralen Verwaltungsinstanzen erledigt, bei privaten Einrichtungen aber von der Leitung. Darauf näher einzugehen würde jedoch den Rahmen des vorliegenden Buches deutlich sprengen.

Controlling als Steuerung

6.1 Grundlagen der öffentlichen Kita-Finanzierung

Grundzuständigkeit der öffentlichen Hand

Zuständig für die Finanzierung von Kindertageseinrichtungen sind der Bund, die Länder und die Kommunen. Sie sind an erster Stelle anzuführen, wenn es um die Finanzierung geht. Genau genommen sind es in erster Linie die „örtlich zuständigen Jugendhilfeträger" (Landkreise, kreisfreie Städte). Daneben sind auch kreisangehörige Städte sowie Gemeinden zuständig, je nach Landesgesetzgebung oder anderen Verpflichtungen. Die kommunalen Gebietskörperschaften (kurz: Kommunen) tragen die Hauptlast der anfallenden Kosten und zwar in möglicherweise zweifacher Hinsicht:

Doppelrolle der Kommunen

- Kommunen sind Kostenträger.
  Sie übernehmen die Betriebskosten (im Allgemeinen vertraglich vereinbarte Regelungen) zu einem Großteil (Betriebskostenzuschüsse an „freie Träger" der Jugendhilfe – also Kirchen, Wohlfahrtsverbände und weitere).
- Kommunen sind Betreiber eigener Kitas.
  Darin übernimmt die jeweilige Kommune den Betrieb der Kindertageseinrichtung direkt.

Pflichten von Land, Bund und Kommune

Die Bundesländer finanzieren (übrigens überaus uneinheitlich) aus ihren Haushalten
- anteilige Personalkosten (z.B. für Fachkräfte in integrativ arbeitenden Kitas, für Sprachförderung von Emigranten etc.) in den Kitas,
- Zuschüsse zu den Betriebskosten,
- Zuschüsse zu Investitionsvorhaben (z.B. Neueröffnung, Erweiterung von Kita-Gruppen).

Die betreffenden Regelungen in den einzelnen Bundesländern sehen ganz unterschiedlich aus und Sie sollten sie für Ihr Bundesland individuell und auf aktuellem Stand in Erfahrung bringen.

Bundeszuschüsse sind nur für Modellvorhaben mit übergeordneter Bedeutung und nur für ausgewiesene Investitionsprogramme möglich. Von daher ist die Bundesfinanzierung von Elementarpädagogik eher als marginal einzuschätzen.

Die kommunale Förderung „freier Kita-Träger" hängt von der Betreuungsform und der Betreuungsdauer ab. Nicht unwichtig ist auch, ob der Träger einer Kindertageseinrichtung („Kindergartenträger") in die kommunale Jugendhilfeplanung aufgenommen worden ist oder eben nicht, da u.U. die Förderung gerade davon abhängig gemacht wird.

Zusammensetzung der Einnahmen (Grundstruktur)

Grundsätzlich finanzieren sich Kindertageseinrichtungen durch
a. Elternbeiträge,
b. kommunale Förderung,
c. Eigenanteil des Trägers.

6.1.1 Elternbeiträge

Elternbeiträge meist gestaffelt

Elternbeiträge sind Zahlungen, die die Eltern für die Betreuung ihrer Kinder in der Einrichtung aufbringen müssen. Die finanziellen Belastungen sollen für die Eltern zumutbar sein. Häufig gibt es Beitragsregelungen mit Beitragsstaffelungen, die vom Einkommen abhängen und für das zweite oder weitere Kind einer Familie, das die Einrichtung besucht, geringer sind.

Sofern die Leiterin in das Inkasso der Elternbeiträge einbezogen ist, muss sie mit dem Thema hochsensibel umgehen, denn dann kann sie in die Situation geraten, dass Eltern ihr gegenüber die Einkommensverhältnisse offenlegen müssen.

6.1.2 Die kommunale Förderung der Kindertageseinrichtungen

Zahlreiche Formen bei den kommunalen Zuschüssen

Sie ist immer eine am Ort zu klärende Frage. Grundsätzlich gibt es viele Förderungsmöglichkeiten, die jeweils ganz spezifische Fragen aufwerfen und die genau bedacht werden sollten. Einige hauptsächlich anzutreffende werden nachfolgend beispielhaft umrissen:

- Pauschalförderung je Kind/Monat
  Hier wird je nach Betreuungsform und -zeit ein Grundbetrag festgeschrieben, auf dessen Grundlage eine durchschnittliche Pauschale je Kind/Monat errechnet wird.
  Gerade für kleine Einrichtungen, Elterninitiativen etc. sind drei Aspekte von Bedeutung:
  - Ist die Berechnungsgrundlage realistisch?
  - Erfolgt keine detaillierte Endabrechnung mehr am Jahresende aufgrund von Einzelpositionen?
  - Erfolgt die Bezuschussung durch die Kommune im Voraus (monatlich, quartalsmäßig o.ä.)?

  Der Nachteil liegt allerdings auch in eben dieser Festlegung, da die zusätzlichen Beträge wegen evtl. unerwarteter Kostensteigerungen nicht realisiert werden können.

Wichtig ist auch, über welchen Zeitraum die Finanzierungsregelung vereinbart ist. Bei längerer Laufzeit des Vertrages sollten regelmäßige pauschale Erhöhungen (möglichst konkret, durch Prozentangabe pro Jahr) vereinbart werden.

- Der Defizitausgleich
  Aufgrund einer Kostenplanung wird ein zu erwartender Zuschussbedarf errechnet und als maximal auszugleichendes Defizit vereinbart. Der kalkulierte Defizitbetrag ist jedoch ein oberer Deckungsbetrag. Die Abrechnung des Zuschusses erfolgt nach Abschluss des Rechnungsjahres auf der Basis der Einzelprüfung, die für Kitas auch eher als nachteilig angesehen werden kann.

- Pauschalbetrag, festgelegt
  Hierbei handelt es sich wohl um die einfachste Form der Bezuschussung. Sie ist mit relativ wenig Aufwand verbunden und regelt den Kita-Etat transparent. Eine solche Art der Bezuschussung erfordert klare vertragliche Absprachen auf der Grundlage einer guten Kalkulation.
  Bei längerer Vertragslaufzeit mit der Kommune sollte unbedingt ein regelmäßiger (jährlicher) Steigerungsbetrag vereinbart werden, der die Preissteigerungsrate angemessen berücksichtigt. Trotzdem bleibt auch hier ein Risiko z.B. bei überproportional steigenden Preisen.

- Prozentuale Bezuschussung
  Auch hier erfolgt eine Betriebskostenplanung. Auf der Basis der zu erwartenden Einnahmen und Ausgaben wird dann ein prozentualer Beitrag an den Gesamtkosten der Kita festgelegt (z.B. 60 % oder 65 % der Kosten).

Bei allen Finanzierungs-/Bezuschussungsformen sind eine gute Kalkulation und die Vereinbarung von Steigerungsraten eine wichtige Voraussetzung für eine anschließend gesicherte Existenz.

Wichtig ist auch, zumindest bei kleinen Einrichtungen, darauf zu achten, möglichst keinen Eigenbetrag (als finanziellen Beitrag) einbringen zu müssen. Versuchen Sie, Eigenleistungen (mit dem entsprechenden Wert) in die Verhandlung einzubringen.

Kleine Einrichtungen sollten Eigenleistungen anbieten

6.1.3 Die Bedeutung der Kommune

Als Hauptkostenträger ist die Kommune für den Kindergarten von herausragender Bedeutung. Als Kita-Leiterin ist es deshalb außerordentlich wichtig, sich nicht nur über die eigene Betriebsführung genau zu informieren (besser: sie selbst in der Kita zu übernehmen), sondern sich auch gut im kommunalen Haushaltssystem auszukennen.

Daher werden wir im Folgenden grundlegend auf den Kommunalhaushalt eingehen und im Anschluss daran die Finanzierung eines Kindergartens in kommunaler bzw. „freier" Trägerschaft betrachten.

Bei kommunaler Trägerschaft greift der Haushaltsplan

Kindertageseinrichtungen, deren Träger Städte und Gemeinden sind oder die durch kommunale Einrichtungen (Krankenhäuser o.Ä.) als Träger geführt werden, sind an den Haushaltsplan der jeweiligen Kommune gebunden. Alle wesentlichen Informationsfinanzierungen des laufenden Kindergartenjahres (laufende Kosten, Stellenplan, Investitionen) sind im Haushaltsplan niedergelegt. Der Haushaltsplan gibt Angaben zur Erfüllung der Aufgaben einer Gemeinde und die für ihre Finanzierung zur Verfügung stehenden Mittel wieder.

Der Haushaltsplan gliedert sich in einen ...

- ***Verwaltungshaushalt***
- ***Vermögenshaushalt***
- ***Stellenplan***

Der Haushaltsplan kann als systematische Zusammenstellung aller Haushaltsmittel verstanden werden, die eine Kommune (Stadt/Gemeinde) für das jeweilige Haushaltsjahr zur Erfüllung ihrer Aufgaben vorgesehen hat.

Gegliedert werden die Haushaltsmittel einer Kommune nach

- Einnahmen (Kommunen erhalten Steuern, Finanzzuweisungen des Bundes und der Länder sowie Gebühren und Beiträge),
- Ausgaben (laufende Ausgaben, Investitionen und hierzu gehören auch zum Beispiel kommunale Ausgaben an die Kreise / Kreisumlage),
- Verpflichtungsermächtigungen,
- Stellenplan.

Der Haushaltsplan gilt für eine Kommune jeweils für ein Jahr (= Kalenderjahr) oder auch zwei Haushaltsjahre; wird der Haushalt für zwei Jahre verabschiedet, bedarf es noch einer Aufteilung in die jeweiligen Kalenderjahre.

Für eine Kita-Leiterin ergibt sich hieraus, dass sie sich rechtzeitig an den Vorbereitungen zur Aufstellung eines Haushaltsplanes beteiligt.

Die Aufstellung des Haushaltsplanes erfolgt in normalerweise fünf Schritten, wobei die Kita-Leitung bereits im ersten Schritt dieses Ablaufs ihren Bedarf anmelden sollte.

Schritte der Haushaltsplanerstellung (prototypisch dargestellt)

1. Die Abfrage des Haushaltsbedarfs durch den Kämmerei („Finanzministerin" der Gemeinde) bei den jeweiligen Dezernaten und Ämtern. Diese Abfrage wird in der Regel jeweils vor den Sommerferien erfolgen.

2. Die Abstimmung der einzelnen Bedarfe und die Aufstellung eines Haushaltsplanentwurfes, der jetzt in den einzelnen Gremien (Fraktionen und Ausschüssen) diskutiert wird.

3. Nach der Feststellung des Haushaltsplanentwurfes durch die Verwaltungschefin (Bürgermeisterin) erfolgt die Einbringung des Haushaltsentwurfes, den die Gemeindevertretung verabschiedet.

4. Der verabschiedete Kommunalhaushalt bedarf der Genehmigung durch die Kommunalaufsicht.

5. Der Haushaltsplan wird veröffentlicht, die Mittel stehen in dem vorgesehenen Umfang zur Verfügung.

(Der Ablauf ist prototypisch, weil kommunales Recht regional unterschiedlich geregelt ist und Abweichungen im Detail bestehen können).

Erst nach Beachtung und Einhaltung dieses Ablaufes kann der Haushaltsplan in Kraft treten. Eine Änderung des Haushaltsplanes ist dann nur noch durch einen so genannten Nachtragshaushalt mit einer Nachtragshaushaltssatzung möglich. Dies tritt ein, wenn ein erheblicher Fehlbetrag zu erwarten ist.

Der Haushaltsplan ist Bestandteil der Haushaltssatzung einer jeden Kommune. Die Haushaltssatzung ist vergleichbar mit einem Haushaltsgesetz.

Die Haushaltssatzung enthält
- die Angabe des Gesamtbetrages der Einnahmen und Ausgaben des Haushaltsjahres,
- den Betrag der vorgesehenen Kreditaufnahme für Investitionen,
- die Ermächtigung zum Eingehen von Verpflichtungen, die zukünftige Haushaltsjahre belasten (Verpflichtungsermächtigungen),
- die Festsetzung des Höchstbetrages der Kassenkredite,
- die Steuersätze, Gemeindeumlagen sowie
- weitere Vorschriften, die sich auf Einnahmen und Ausgaben und den Stellenplan des Haushaltsjahres beziehen.

6.2 Die Bedeutung des Haushaltsplanes

Die Kita-Leitung handelt im Rahmen des Haushaltsplanes

Der Haushaltsplan ist für die jeweilige Verwaltung einer Kommune verbindlich. Also gilt er in diesem Falle auch für diejenigen Kita-Leitungen, die unter kommunaler Trägerschaft stehen.

> *Der Haushaltsplan ist eine Ermächtigung, Ausgaben zu leisten, Verpflichtungen einzugehen, Personal entsprechend dem Stellenplan einzustellen, zu befördern bzw. höher zu gruppieren.*

Er ist nur verbindlich für die Verwaltung, hat also keine Außenwirkung. Die Verwaltung entfaltet eine Außenwirkung auf seiner Grundlage.

Mit dem Haushaltsplan wird auch gezeigt, welche Aufgaben die Kommune erfüllen soll oder muss und wie daraus resultierende Ausgaben finanziert werden sollen.

Weitere Funktionen des Haushaltsplanes

Natürlich hat der Haushaltsplan auch eine Kontrollfunktion. Durch ihn wird ein finanzieller Handlungsrahmen zur Verfügung gestellt, der durch das jeweilige Rechnungsprüfungsamt überprüft werden kann.

Und nicht zuletzt hat der Haushaltsplan eine politische Funktion. In ihm spiegeln sich die politischen Programme der jeweiligen Gruppen, Fraktionen und Parteien wider, die in der Kommunalpolitik eine Mehrheit gefunden haben.

Bedeutung des Haushaltsplanes

- Steuerung kommunaler Wirtschaftsablauf
- Politische Funktion
- Bedarfsdeckungsfunktion
- Gesamtwirtschaftliche Funktion
- Kontrollfunktion

Haushaltsplan als Arbeitsgrundlage verstehen

Die Gliederung des Haushaltsplanes sollte nicht zu sehr als bürokratische Zahlenspielerei angesehen werden. Sie ist für Leiterinnen aus dem Kindertagesstättenbereich von großer Bedeutung. Aus der Gliederung des Haushaltsplanes können Sie ersehen,

- welche laufenden Mittel Sie zur Verfügung haben und
- welche Mittel Sie im Bereich der Investitionen einplanen können.

Betrachten wir die oben schon angesprochene Aufteilung des Haushaltsplanes in den Verwaltungshaushalt und den Vermögenshaushalt näher:

Verwaltungshaushalt	**Vermögenshaushalt**
Enthält alle laufenden Einnahmen und Ausgaben	Enthält alle vermögenswirksamen Einnahmen und Ausgaben
Ausgaben: Personalausgaben, Sachausgaben, Verwaltungskosten, Sozialleistungen, Zinsen etc.	Alle Ausgaben: • die eine Wertsteigerung für die Gemeinde bedeuten (z.B. Investitionen), • die die Schulden der Gemeinde verringern können (z.B. Tilgungen).
Einnahmen: Steuern, Gebühren, Beiträge, Zuwendungen, Zuweisungen, Spenden etc.	Alle Einnahmen: • aus der Veräußerung von Vermögen (z.B. Bauland etc.); • die der Finanzierung von vermögenswirksamen Ausgaben dienen (Einnahmen hier können sein: Kredite).
Die Einnahmen und Ausgaben verändern nicht das Vermögen der Kommune.	Einnahmen und Ausgaben aus dem Vermögenshaushalt verändern grundsätzlich das Vermögen der Kommune.

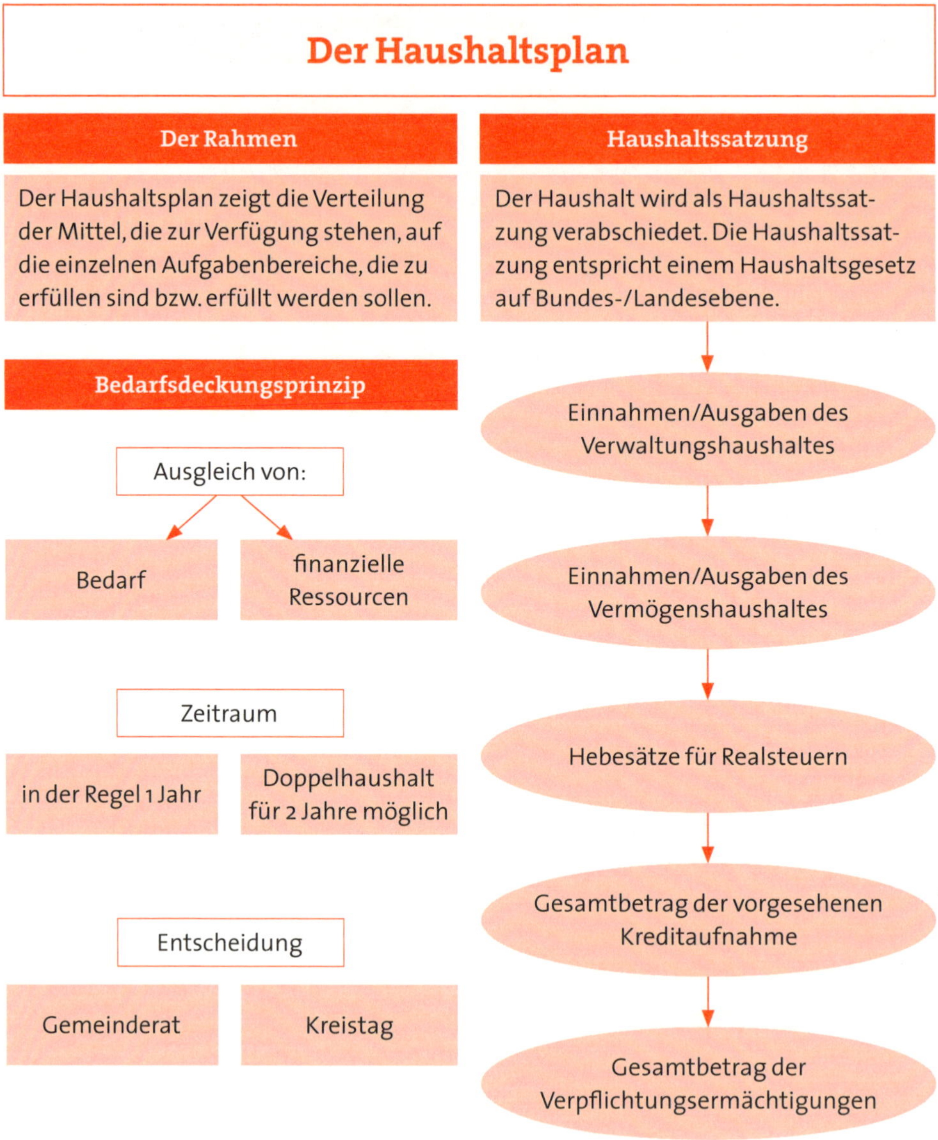

Der Haushaltsplan

Beispiel

Haushaltsstelle		Ansatz	Rechnung		Bew.St.	Erläut.
Nr.	Bezeichnung	2007	2006	2005		
	Einnahmen					
	Benutzungsgebühren	319.400	307.000	277.893		
	Sonst. Verwalt.- u. Betriebskosten	0	0	410		
	Erstattungen Essen	21.000	21.300	18.810		
	Landeszuweisung f. Personalkosten	0	0	78.331		
	Betriebskostenzuschuss	122.500	118.000	44.602		
	ABM	0	0	11.344		
	Spenden	0	0	2.053		
	Einnahmen	462.900	446.300	433.443		
	Ausgang					
	Personalausgaben	930.900	896.500	874.904		
	Allgemeine Bauunterhaltung	5.500	5.500	5.242		
	Umgestaltung Außengelände	0	4.500	0		
	Erneuerung	0	3.500	0		
	Renovierung	6.000	0	0		
	Unterhaltung Außenspielgeräte	500	0	0		
	Heizungswartung	500	500	0		
	Unterhaltung des Inventars	1.100	1.000	1.002		
	Inventarbeschaffung	2.100	2.000	3.125		
	Stromkosten	6.900	6.600	9.098		
	Heizkosten	5.000	5.000	4.650		
	Öffentliche Abgaben	200	200	166		
	Versicherung	1.800	800	1.752		
	Reinigungskosten	5.500	5.000	4.650		
	Wasser/Abwasser/Sonstiges	5.000	6.000	3.858		
	Glühlampen, Leuchtstäbe u.a.	500	500	0		
	Dienst- und Schutzkleidung	100	100	0		
	Aus- und Fortbildung	1.800	1.800	576		
	Spiel- und Bastelmaterial	5.900	5.400	6.322		
	Erste-Hilfe-Material	100	100	100		
	Tagesverpflegung	10.000	10.000	8.445		
	Milchfrühstück	4.500	4.600	3.876		
	Veranstaltungen	600	600	603		
	Sonstige Sachausgaben	500	500	500		
	Bürobedarf	500	300	291		
	Post- und Fernmeldegebühren	1.200	900	837		
	Dienstreisen	400	400	172		
	Hepatitis-A-Impfung	1.000	2.100	0		
	Innere Verrechnung nach UA	18.000	15.000	8.035		
	Ausgang	1.016.100	979.400	938.204		
	Saldo/Zuschussbedarf	...	...	...		

6.2.1 Auswirkungen auf die kommunale Kita

Das vorstehend abgedruckte Beispiel für eine kommunale Kita finden Sie im Gesamtkontext des Haushaltsplans (Verwaltungshaushalt) unter z.B.:

...	...	...
Einzelplan	4	Soziale Sicherung
Abschnitt		Einrichtungen
Unterabschnitt		Kita ...
...		...

Betrachten wir nun die Bestandteile des kommunalen Haushalts noch etwas näher:

Der Verwaltungshaushalt

Personal- und Sachausgaben gemäß Verwaltungshaushalt

Der Verwaltungshaushalt erfasst alle laufenden kommunalen Einnahmen und Ausgaben, zu denen vor allen Dingen die Personalausgaben, der Sachaufwand sowie Sozialleistungen gehören, bzw. auf der Einnahmeseite die Steuern, Gebühren und Beiträge. Das Gesamtziel einer Kommune ist, dabei einen ausgeglichenen Verwaltungshaushalt zu erreichen, um zu vermeiden, dass Verschuldungen ansteigen. Sinnvoll ist sicherlich das Erzielen eines Überschusses, damit eine Pflichtzuführung an den Vermögenshaushalt erfolgen kann, wodurch eine Schuldentilgung in der Kommune möglich wird. Sofern die laufenden Einnahmen nicht zur Deckung der laufenden Ausgaben ausreichen, ist in Ausnahmefällen auch eine Übertragung von Beiträgen aus dem Vermögenshaushalt in den Verwaltungshaushalt möglich.

Der Vermögenshaushalt

Z.B. Baumaßnahmen gemäß Vermögenshaushalt

Der Vermögenshaushalt umfasst die vermögenswirksamen Ausgaben und Einnahmen, insbesondere die Investitionen, z.B. für Baumaßnahmen und den Erwerb von Sachvermögen.

Nachtragshaushalt

Bei Haushaltssperre gilt diese auch für Kita

Falls sich im Laufe des Haushaltsjahres herausstellt, dass die angenommenen Ein- und Ausgaben nicht mit den tatsächlichen Gegebenheiten übereinstimmen, muss die Kommune u.U. einen Nachtragshaushalt aufstellen. In der Regel vorgeschaltet ist eine

Haushaltssperre, die Sie auch in der kommunalen Kindertageseinrichtung insofern betrifft, als dass bestimmte Ausgaben nicht mehr oder nur noch bis zu einem Deckelungsbetrag (Obergrenze) geleistet werden können.

6.2.2 Deckungsgrundsätze

Für den Gesamthaushalt gilt der Grundsatz der Gesamtdeckung, d.h. alle Einnahmen des Verwaltungshaushaltes decken alle Ausgaben des Verwaltungshaushaltes und alle Einnahmen des Vermögenshaushaltes decken alle Ausgaben des Vermögenshaushaltes.

Dies betrifft selbstverständlich nicht die jeweiligen Haushaltsplanunterabschnitte. In unserem voranstehend abgedruckten Beispiel-Haushaltsplan einer Kita übersteigen ja die Ausgaben die Einnahmen geplantermaßen beträchtlich. Die Differenz ist hier der Zuschussbedarf bzw. der Eigenbedarf der Kommune zur Abdeckung ihres gesetzlichen Auftrages zur Bereitstellung von Kindertageseinrichtungsplätzen. Der Ausgleich erfolgt auf einer anderen, übergeordneten Ebene des Haushaltsplanes.

Als Kita-Leiterin müssen Sie die Einnahmeseite getrennt von der Ausgabenseite betrachten. Grundsätzlich können Sie über die dort veranschlagten Ansätze hinaus nur dann über Mittel verfügen, wenn Sie im Haushaltsplan eine Deckungsfähigkeit unterschiedlicher Ausgaben vorsehen. Sie können hier zwei Deckungsfähigkeiten unterscheiden: Echte Deckungsfähigkeit: Minderausgaben berechtigen zu Mehrausgaben. Unechte Deckungsfähigkeit: Mehreinnahmen berechtigen zu Mehrausgaben.

Weitere Mittel nur möglich bei vorgesehener Deckungsfähigkeit

Handhabung der echten Deckungsfähigkeit

Die echte Deckungsfähigkeit ist eine Ausnahme von der sachlichen Bindung der Ausgabeermächtigung im Haushaltsplan, d.h., dass die Haushaltsansätze unter bestimmten Voraussetzungen überschritten werden können.

Grundsatz: Einsparungen bei einer Haushaltsstelle (= Minderausgaben) berechtigen zu Mehrausgaben bei einer anderen Haushaltsstelle.

Beispiel: Minderausgaben bei „Veranstaltungen" berechtigen zu Mehrausgaben bei der Haushaltsstelle „Spiel- und Bastelmaterial" in der eingesparten Höhe.

Ihre Leitungsaufgabe ist es hier, darauf zu achten, dass bei der Aufstellung des Haushaltsplanes entsprechende Deckungsvermerke in der Haushaltssatzung verankert worden sind.

Handhabung der unechten Deckungsfähigkeit

Wenn im Haushaltsplan nichts anderes bestimmt wird, dürfen zweckgebundene Mehreinnahmen für entsprechende Mehrausgaben verwendet werden.

Beispiel: Bei der Haushaltsstelle „Spenden" (Einnahmeseite) sind im Haushaltsplan keine Mittel veranschlagt worden. Tatsächlich gehen jedoch Spendengelder in Höhe von 3.500 Euro ein. Aufgrund eines Deckungsvermerkes dürfen die so mehr eingenommenen 3.500 Euro auf einer anderen (Ausgabe-)Haushaltsstelle verwendet werden.

Grundsatz: Mehreinnahmen bei einer Haushaltsstelle, z.B. „Spenden", berechtigen zu Mehrausgaben bei einer anderen Haushaltsstelle, z.B. „Spiel- und Bastelmaterial".

Einfluss nehmen und sich für Deckungsvermerke einsetzen

Eine weitere Erhöhung der Flexibilität erhalten Sie dann, wenn Sie dafür gesorgt haben, dass nicht nur einzelne Deckungsvermerke bestehen, sondern jeweils Deckungskreise (Einbeziehung mehrerer Haushaltsstellen) eingerichtet wurden.

Angefügt werden mag – für Leser/innen mit Erfahrungen in Entscheidungsgremien nichts Neues – dass ein solches „Sorgen" für flexible Deckungsvermerke natürlich (auch politisch) diskutiert werden wird und der Durchsetzung bedarf. Denn eine Kita ist (fast) immer in der Situation, dass sie bezuschusst wird und der Kämmerer bestrebt ist, nur den notwendigen „Rest" beizusteuern. Er wird sich glücklich schätzen, wenn sich Haushaltspositionen günstig verändern und der Zuschussbedarf sinkt. Es ist eine echte Aufgabe der Kita-Leitung und der über ihr in der Kommune aktiven Sozialpolitiker, dafür zu sorgen, dass dann, wenn unerwartet mehr Geld da ist, dieses auch in der Kita verbleibt und nicht woanders hinfließt. Das Instrumentarium sind an dieser Stelle die Deckungsvermerke.

6.2.3 Über- und außerplanmäßige Ausgaben

Außerplanmäßige Ausgaben sind Ausgaben, für deren Zweck im Haushaltsplan keine Mittel veranschlagt worden sind.

Überplanmäßige Ausgaben sind solche, die im Haushaltsplan zwar veranschlagt wurden, bei denen allerdings der veranschlagte Betrag die Haushaltsplanansätze übersteigt.

Sollte absehbar sein, dass die Haushaltsmittel nicht ausreichen und auch durch Deckungsvermerke keine ausreichende Mittelhöhe zur Verfügung stehen wird, besteht für Sie die Möglichkeit, planmäßige Mittel zu beantragen. Sofern im Rahmen des (Geamt-)Haushaltes an anderer Stelle Mittel eingespart werden können, kann der über die Kämmerei gestellte Antrag zu Bereitstellung weiterer Mittel führen.

Nicht ausreichende Mittel oder neue, ungeplante Vorhaben

Ein ähnliches Verfahren bietet sich dann an, wenn völlig neue, nicht eingeplante Ausgaben notwendig werden. Auch hier besteht grundsätzlich die Möglichkeit, über die Beantragung außerplanmäßiger Mittel, die notwendigen Finanzen zur Verfügung gestellt zu bekommen.

6.2.4 Der Stellenplan

Hinter den Personalkosten (die in einer Kita natürlich den Löwenanteil ausmachen) des Haushaltsplanblattes verbergen sich konkret Stellen. Im Kommunalhaushalt finden Sie im Stellenplan genau die Liste, um welche Stellen es sich handelt. In unserem Beispiel sind das die Stellen einer Kindertageseinrichtung, was wie folgt aussehen könnte (fiktives Beispiel):

Angestellte										Summe	davon Teilzeit	Erläuterung
	Vergütungsgruppen											
Orga-Einheit	11	10	9	8	7	6	5	4	SV			
Sozialamt												
Sozialhilfeabteilung				1	3		2			6	1	
Wohnungsförderung		1			2		2			5		
Jugendamt												
Jugendhilfe	1									1		
Haus der Jugend									1	1	1	
Kita A			1		2	6	5			14	10	1 St. k.u.
Kita B				1	2	3	5			11	9	1 St. k.w.
Kita C										...	...	
Kita D			...							...		
Kita E												
Kita F												

Perspektivische Reduzierungen sind im Stellenplan vermerkt

Von besonderer Bedeutung sind die Bemerkungen in der Spalte „Erläuterung“:

- Ein k.u.-Vermerk bei der Kita A – das bedeutet „künftig umgruppiert“ und meint, dass zukünftig eine Stelle umgewandelt wird (vielleicht aufgrund sinkender Kinderzahlen, die Stelle der Kindergartenleitung um eine Gehaltsgruppe nach unten).
- Ein k.w.-Vermerk bei Kita B bedeutet „künftig wegfallend“ und meint, dass in diesem Kindergarten zukünftig eine Stelle eingespart werden soll.

6.3 Kindertageseinrichtung unter „freier Trägerschaft“

Wenn Sie eine Kindertageseinrichtung in freier Trägerschaft leiten, werden Sie ebenfalls einen Finanzplan aufstellen müssen. In unserem Beispiel orientieren wir uns an einem Stellenplan einer Gesellschaft (gemeinnützige GmbH), um einen kurzen Überblick über die Möglichkeiten zu geben.

Gesellschaften (und alle Einrichtungen, die als Firma geführt werden) unterscheiden sich von Kommunaleinrichtungen vom System her grundsätzlich. Das in Abschnitt 6.2 umrissene Haushaltskonzept beim kommunalen Träger folgt der sog. „Kameralistik“ Demgegenüber wird eine gemeinnützige kaufmännische GmbH nach dem kaufmännischen System geführt. Wir können also zwei Systeme unterscheiden (siehe Abbildung auf der folgenden Seite).

Kommunen werden wie Haushalte behandelt

Kommunen (und somit kommunale Kindertageseinrichtungen) werden den Haushalten zugeordnet. Kommunen sind Körperschaften – genauer: Gebietskörperschaften – die Leistungen für die Einwohner eines fest umgrenzten Gebietes bieten (also z.B. für die Einwohner einer Gemeinde XY). Übrigens gehören auch eingetragene Vereine zu den Haushalten (private Haushalte).

Das Ziel der Haushalte ist die Eigenbedarfsdeckung (für z.B. Einwohner einer Stadt bzw. für die Vereinsmitglieder) mit selbstständigen Entscheidungen und natürlich vorhandenen Risiken.

Die Finanzplanung erfolgt über den Haushaltsplan

Sie benötigen daher eine Gegenüberstellung Ihrer Einnahmen und Ausgaben, denn ebenso wie Sie die Einnahmen und Ausgaben Ihres privaten Haushaltes gegenüberstellen, wollen auch Sie als kommunal Verantwortlicher wissen, ob Sie mit den von Ihnen erzielten Einnahmen die vorgesehenen Ausgaben leisten können oder ob Sie ggf. Veränderungen / neue Steuerungen vornehmen müssen. Sie stellen einen Haushaltsplan auf.

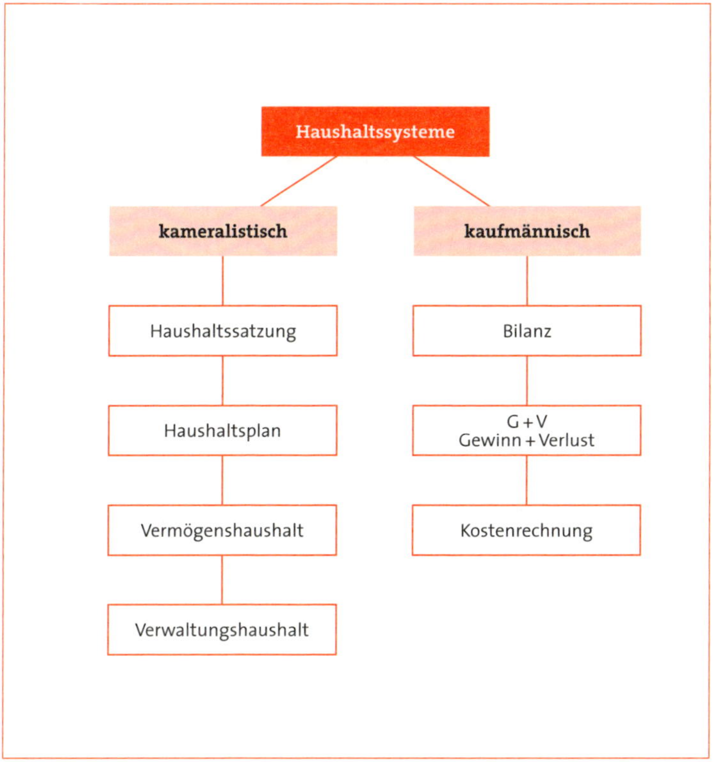

Gegenüberstellung von Kameralistik und kaufmännischem System

Unternehmen haben das Ziel, Bedarfe von anderen zu decken. Wer ein Unternehmen führt, möchte nicht nur wissen, ob er mit den zur Verfügung stehenden Finanzmitteln auskommt, sondern er möchte auch wissen, ob sich der finanzielle Einsatz gelohnt hat. Unternehmen wollen sehen können, ob ein Gewinn oder Verlust entstanden ist und ob man wirtschaftlich arbeitet.

Gesellschaften ermitteln Gewinn oder Verlust

Wirtschaftsunternehmen stellen dementsprechend einen Wirtschaftsplan auf. Für eine Kindertageseinrichtung wird sich ein solcher Wirtschaftsplan allerdings nicht stark von einem Haushaltsplan unterscheiden.

Vielmehr zeigen sich die Unterschiede erst später bei der Betrachtung der eingesetzten Geldmittel und bei der Ermittlung von Gewinn oder Verlust.

Stellenpläne existieren analog

Auch wird eine Kindertageseinrichtung darüber hinaus in jedem Fall einen Stellenplan aufstellen, der sich ggf. in der Form unterscheidet und dem auch andere Tarife und Bezahlungsmodalitäten der Mitarbeiterinnen zugrunde liegen können (aber nicht müssen, weil gemeinnützige GmbHs teils auch nach TVöD oder beispielsweise in Anlehnung an kirchliche Tarife bezahlen). Ein Stellenplan könnte wie folgt aussehen:

Stellenplan Kindertageseinrichtung ...straße

Zeitraum 01. Januar 20.. bis 31. Dezember 20..

Mitarbeiterinnen-Funktion	Mitarbeiterinnen-Qualifikation	Vergütungs-gruppe	Wochen-stunden	Umrechn. in Vollstellen
1. Leitung/Verwaltung				
Leitung	Sozialpädagogin	...	38,5	1
Stellv. Leitung	Sozialpädagogin	...	19,25	0,5
Verwaltung	Bürokauffrau	...	10	0,26
2. Gruppenpersonal				
Erstkräfte	Erzieherin	...	77	2
Erstkräfte	Erzieherin	...	38,5	1
Zweitkräfte	Kinderpflegerin	...	105	2,73
Zweitkräfte	Kinderpflegerin	...	49,25	1,28
3. Hauswirtschaftspersonal				
HW-Leitung	Wirtschafterin	...	38,5	1
Küchenkräfte	...	...	30	0,78
Reinigungskräfte	...	...	45	1,17
Hausmeister	...	geringf. B.	10	0,26
4. Sonstiges Personal				
Schularbeitenhilfe	...	Honorar	6	0,16
Gesamt			467	12,13

Wenden wir uns nun den deutlichen Unterschieden zwischen den Systemen zu. Grundlage eines kaufmännischen Systems ist die Bilanz. Die Bilanz ist die Gegenüberstellung von Herkunft und Verwendung des bestehenden Kapitals. Eine solche Gegenüberstellung der Vermögenswerte existiert im Haushaltssystem nicht. (Auch im privaten Haushalt erfasst man kaum seinen Hausrat wertmäßig.)

Bilanz

Aktiva	**Passiva**
Verwendung des Kapitals	Herkunft des Kapitals
Anlagevermögen (langfristig)	Eigen-/Fremdkapital (langfristig)
Umlaufvermögen (kurzfristig)	Fremdkapital (kurzfristig)

G+V

Soll	**Haben**
Aufwendungen	Erträge
entweder Jahresüberschuss	oder Jahresunterdeckung

Die Hauptmerkmale des kaufmännischen Jahresabschlusses

Die Frage nach der Wirtschaftlichkeit beantwortet sich bei Betrachtung des Eigenkapitals auf der Passiv-Seite der Bilanz. Wächst es, wurde ein Überschuss erzielt, sinkt es, dann wurden Verluste gemacht. Gemeinnützige Gesellschaften unterliegen hinsichtlich der Gewinnerzielung bzw. Gewinnverwendung besonderen Vorgaben.

Gewinn schlägt sich im Steigen des Eigenkapitals nieder

Ermittelt wird das Ergebnis in einer Gewinn- und Verlustrechnung (siehe Schaubild oben), in der Aufwendungen (also der Werteverzehr im Abrechnungszeitraum, z.B. Ausgaben für Material, Gehälter, Porto, Telefon, Miete etc.) den Erträgen (also dem Wertezuwachs im Abrechnungszeitraum, z.B. Elternbeiträge, Zuschüsse, Spenden, Mieteinnahmen etc.) gegenübergestellt werden.

Für Sie als Kita-Leitung, sicherlich aber für den Kita-Träger, ist darüber hinaus von Interesse, wo im laufenden Abrechnungsjahr die

Kostenrechnung zur Analyse nutzen

Kosten entstanden sind. Sie betreiben eine Kostenrechnung für die Kindertageseinrichtung. Mit einer Kostenrechnung können Sie die entstandenen Kosten nach folgenden Kriterien zuordnen.

Gliederung einer Kostenrechnung und Interpretation

Kostenarten

Welche Kosten sind entstanden?
Sie teilen die Aufwendungen (z.B. in Personalkosten, Bürobedarf, Reinigung, Fortbildung, Spiel- und Bastelmaterial) auf.
Leitfragen könnten sein:

- *Wo kann eingespart werden?*
- *Wo sollte mehr Geld zur Verfügung stehen?*
- *Wie ist die Kostenartenstruktur vergleichbarer anderer Kitas?*

Kostenstellen

Wo sind die Kosten entstanden?
Sie betrachten die Aufwendungen nach dem Ort des Entstehens (z.B. in der Küche, im Leitungsbereich, im therapeutischen Bereich, in einer der Gruppe A, B, C, ...).
Leitfragen könnten sein:

- *Wie kommt z.B. ein gravierender Unterschied zwischen Gruppe A und B zustande?*
- *Ist der Arbeitsbereich X unter finanzieller Betrachtung überhaupt sinnvoll zu betreiben?*

Kostenträger

Wofür sind die Kosten entstanden?
Sie betrachten nun die Aufwendungen nach den Angebotsformen Ihrer Kindertageseinrichtung, also danach, in welcher Höhe Kosten jeweils für die Vormittags-/Nachmittags-/Ganztagsbetreuung, für die Integrationsgruppe, die Krippe, die Hortbetreuung etc. aufgewendet werden.

Sie sehen bereits hier, welche vielfältigen Möglichkeiten ein Kostenvergleich (intern oder extern) – jeweils zuerst einmal unabhängig von pädagogischen Fragestellungen – erbringen kann.

Fragen zur Verbesserung können entwickelt und mögliche Gefahren frühzeitig erkannt werden, bei denen Sie nun rechtzeitig entsprechend steuern können.

Da jedoch alle pädagogischen Entscheidungen stark von finanziellen Erwägungen beeinflusst sind, stellen Sie sich als Kita-Leiterin der Wirtschaftlichkeitsthematik und überlassen Sie dieses Feld nicht kampflos den Betriebsräten und Verwaltungsfachkräften!

7 Die Verwaltungsorganisation in der Kindertageseinrichtung

Die Verwaltung einer Kita entspricht nicht selten weitaus weniger den erforderlichen Ansprüchen an eine effektiv arbeitende soziale Organisation, als es bei fast allen vergleichbaren Einrichtungen der Fall ist. Man kann nur vermuten, dass das Image „Kita“ es schwer macht, Assoziationen wie Effektivität, Rationalität, Organisiertheit etc. zu entwickeln, und sich doch häufig das Bild von „Betreuung und Erziehung“ ins Blickfeld schiebt, wie es aus familiärem Blickwinkel gesehen wird. Institutionen wie Schule oder Erziehungsberatungsstelle sind z.B. ohne Sekretariat kaum vorstellbar – ein Kindergarten offensichtlich schon.

So unterschiedlich die Kindertagesstätten sind, so unterschiedlich ist auch der Anspruch an eine angemessene Verwaltungsorganisation.

Unterschiede nach Größe der Kita beachten

Auf der einen Seite der ein- oder zweigruppige Kindergarten, vielleicht lediglich mit Halbtagsbetreuung, der Kinderladen der Elterninitiative XY und auf der anderen Seite die mehrgruppige Kindertageseinrichtung, vielleicht mit Krippen-, Hort-und Integrationsplätzen, mit Halb- und Ganztagsbetreuung oder das Familienzentrum.

Keine Angst, das alles soll und wird hier nun nicht über einen Kamm geschert. Bedenken Sie nur bitte: Gerade weil die Betreuung und die Erziehung für Sie im Mittelpunkt stehen sollen, müssen Sie die unabdingbare Verwaltung so effizient wie möglich (d.h. mit wenig Arbeits- und Zeitaufwand) erledigen – und das gelingt Ihnen am besten, je professioneller und zielorientierter Sie vorgehen. Wobei Sie die unterschiedlichen Schwerpunkte, die unterschiedlichen Zielsetzungen und die Unterschiede in der Verwaltung und der Organisation je nach Art und Größe Ihrer Einrichtung beachten. Wir gehen nachfolgend auf Büroorganisation, Ablage und PC ein.

7.1 Die Büroorganisation

Bevor Sie sich also aufmachen, Ihr Kindertageseinrichtungsbüro zu organisieren, stehen wieder einige Fragen im Vordergrund.

Die erste Frage betrifft Sie persönlich und ganz direkt. Es ist die Frage danach, was das Kita-Büro eigentlich sein soll, welche Aspekte stehen für Sie im Vordergrund? Erst wenn Sie die Frage hinreichend beantwortet haben, können Sie sich zielgerichtet um die Klärung aller weiteren Fragen kümmern.

Checkliste „Persönliche Anforderungen an Ihr Büro"

Versuchen Sie zu klären:

1. *Was steht für Sie als Kita-Leiterin bei der Gestaltung/Einrichtung Ihres Büros (Arbeitsplatzes) im Vordergrund? Das Büro unter dem Gesichtspunkt ...*

Sicherheit
Können Sie sich angemessen abschirmen; sind Sie in der Lage, in Ihrem Büro die Abläufe sicher zu beherrschen, zu steuern; sind Sie vor Übergriffen, aufdringlichem Verhalten ausreichend gesichert?

Gemeinschafts-/Mitarbeiterraum
Möchten Sie, dass das Büro ein Ort für alle Mitarbeiterinnen ist, quasi ein gemeinschaftlich genutzter Funktionsraum, in dem Sie lediglich aufgrund Ihrer zu erledigenden Aufgaben häufiger als andere anzutreffen sind?

Leitungsbereich
Wollen Sie einen Arbeitsplatz „Kita-Leitung" einrichten, der in allererster Linie Ihren Arbeits- und Leitungsbedürfnissen entspricht?

Funktionaler Arbeitsraum
Stellen Sie sich einen Arbeitsraum vor, der in erster Linie funktionalen Gesichtspunkten optimaler Arbeitsorganisation entspricht, effektiv ausgestattet ist, in dem technische Hilfsmittel zur Verfügung stehen.

Kommunikation
Soll der Raum hauptsächlich einer guten, evtl. entspannten Kommunikation dienen, wo Gespräche unterschiedlichen Charakters geführt werden können, Eltern oder Kinder sich wohl fühlen können?

Gesundheit
Spielen für Sie Raumklima, ökologische Fragen eine Rolle, auch die Beleuchtung und Belastung durch technische Geräte?

Wenn Sie diese Gesichtpunkte für sich abgewogen haben und sich entschieden haben – es wird und darf ein „Mix" dabei herauskommen –, können Sie den nächsten Punkt klären: Wie soll das Büro eingerichtet sein?

2. *Wie soll das Büro optimal eingerichtet werden?*

Die optimale Einrichtung des Büros hängt natürlich sehr stark von den zuvor aufgeführten Gesichtspunkten ab.
Beispiel: Unter dem Aspekt „Sicherheit" bietet eine Gestaltung mit Schreibtisch eine gute Voraussetzung. Ein Schreibtisch bietet Distanz und lässt die abgestufte Aufgabe von Distanz zu, z.B. indem Sie den Besuchern entgegenkommen oder hinter dem Schreibtisch zurückbleiben. Vor dem Schreibtisch ist nie gleich hinter dem Schreibtisch.

3. *Wie soll das Ablagesystem aufgebaut sein?*

7.1.1 Einteilung eines Büros

Wir starten mit den beiden ersten Aspekten. Unter funktionalen Gesichtspunkten kann man ein Büro unterteilen in einen dynamischen Bereich und einen statischen Bereich.

Dynamischer Bereich

Dieser Bereich besteht aus dynamischen Akten (viel benötigt, im Tagesschäft veränderlich), dem Schreibtisch, dem Caddy oder der Arbeitsstation. Hier organisieren Sie alles, was Sie täglich und mehrmals benötigen, rund um Ihren Arbeitsplatz (in der Regel der Schreibtisch) in guter Griffnähe. Im dynamischen Bereich finden Sie

Häufig Benötigtes schnell greifen können (= Effizienz)

- den PC mit Kalender z.B. Outlook,
- ein Ablageregal,
- Unterbringungsmöglichkeiten für persönliche Gegenstände,
- das Telefon,
- Ablagemöglichkeiten für Posteingangs-/-ausgangsmappe, Pultordner (1–12 und 1–31) zur Organisation von Terminen, als Wiedervorlagemappe o.Ä., Pultordner (A–Z) als Ablagehilfe etc.

Statischer Bereich

Hier organisieren Sie das, was Sie nicht täglich nutzen. Das kann in Ihrem Bürobereich sein oder auch in einem Nebenraum.

Seltener Benötigtes abseits (= Raum für andere Anforderungen)

Im statischen Bereich lagern Sie so genannte lebende, tote und ewige Akten (Kataloge, Materialien, Projektunterlagen etc.).

Die beiden nachfolgenden Beispiele verdeutlichen dies anhand der Aktenorganisation.

Unterscheidung in ...		
Akten	**Ablage**	**Bereich**
dynamische Akten	Platzablage	**dynamischer Bereich**
Zugriff mehrmals täglich	*im oder neben dem Schreibtisch*	
lebende Akten	Bereichsablage	**statischer Bereich**
Zugriff mehrmals wöchentlich	*im Arbeitsbereich*	
tote Akten	Altablage	
bis Ende Aufbewahrungsfrist (danach Vernichtung), Zugriff selten	*in Nebenräumen*	
ewige Akten	Archiv	
dienen der Dokumentation	*gesichert, ggf. im Tresor*	

Aktenorganisation nach Zugriffshäufigkeit		
häufig	**mittel**	**selten**
Reisekosten	Elternbeirat	Personal ausgeschieden
Dienstpläne	Kataloge	Zeitungsartikel
Urlaubsplan	Konzeption	
Rechnungen	Adressen	
Schreibtisch oder Griffnähe	Büro oder schnell erreichbarer Nebenraum	Registratur oder Endablage (z.B. Keller)

Die voranstehenden Abbildungen sprechen nahezu für sich. Man schafft zunächst den dynamischen und den statischen Bereich im Büro und legt dann, ausgehend von der Arbeitsplatzorganisation, die Standorte der Unterlagen und Organisationsmittel fest.

Ein weiterer Aspekt bei der Einrichtung Ihres Büros ist die Klärung, wie Sie grundsätzlich Ihre Dokumente ablegen wollen. Sie haben dabei die Wahl zwischen Ordnerablage und Hängeregistratur mit jeweils ganz besonderen Vor- bzw. Nachteilen. Beachten Sie dabei:

Grundlegende Ordnertypen

- Ein Ablagesystem auf der Grundlage einer Ordnerorganisation ist üblicher und gewohnter. Es lässt sich relativ problemlos in ein Büro integrieren, da die Büromöbel und anderen Ordnungsmittel in der Regel einem Ordnersystem entsprechen. Zudem ist ein Ordnersystem relativ kostengünstig, da vielfach Materialien aus dem vorhandenen Bestand verwendet werden können.

Ordner: üblich und kostengünstig

- Ein Ablagesystem auf der Grundlage eines Hängeablagesystems ist hingegen Zeit sparend (weniger Arbeitsgänge).

Mappen: Zeit sparend, aber teurer

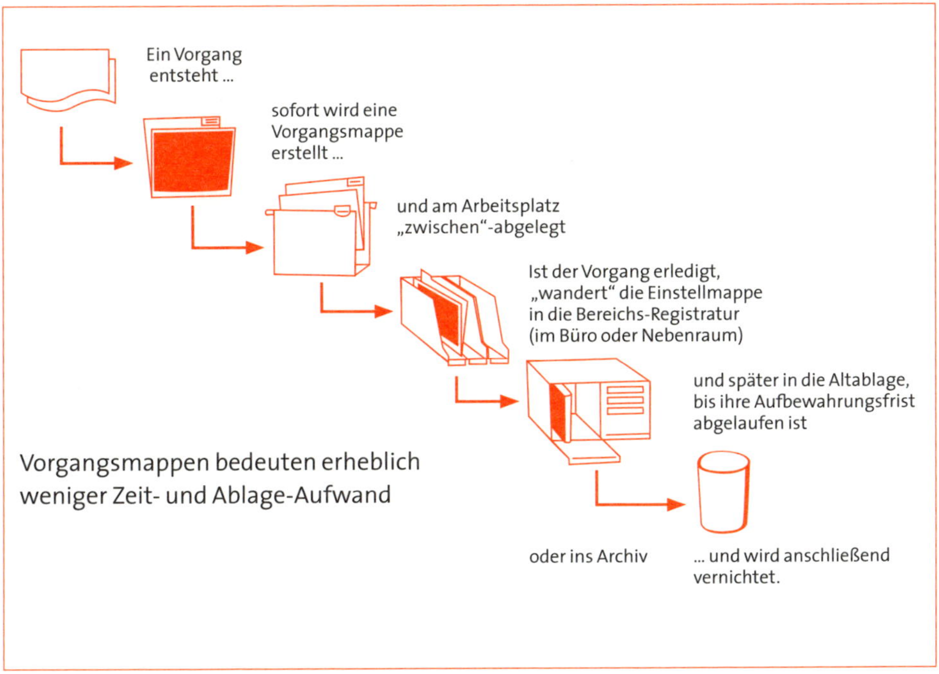

Die Arbeitsweise mit Hängemappen

Weitere Vor- und Nachteile von Mappen

Das voranstehende Bild zu den Schritten des Arbeitens mit Hängemappen zeigt, wie rationell dies vonstattengeht. Ein großer Vorteil ist, dass vorhandene Vorgänge immer zusammenhängend „bewegt" werden. Das System erfordert jedoch mehr Kosten für die jeweiligen Arbeitsmittel und häufig eine veränderte Büromöbelausstattung.

Unabhängig davon, wofür Sie sich entscheiden – hier noch ein Tipp ganz aus der Praxis für alle, die die Ablage neu einrichten:

Akten wachsen ständig an und auch ihre Anzahl kann zunehmen. Planen Sie anfangs sehr luftig, damit Sie nicht so schnell in Platznot geraten.

Kommen wir jetzt zur Frage 3 der Ausgangscheckliste dieses Abschnitts:

7.1.2 Wie soll das Ablagesystem aufgebaut sein?

Die Ablageorganisation ist ein nicht ganz einfach zu lösendes Problem in der Kindertageseinrichtung. Genau genommen ist es jedoch nicht die Organisation der Ablage, die schwierig ist (Sie werden sicherlich ein gutes Ablagesystem schnell ausarbeiten können), sondern das Wiederfinden abgelegter Unterlagen.

Wichtig ist es, ein effektives „Wiederfindsystem" für abgelegte Dokumente zur Verfügung zu haben.

Zentrales System für mehrere Kitas oder singuläre Lösung

Hier werden Sie wieder unterscheiden müssen. Wollen Sie ein System für einen Verbund von Kindertageseinrichtungen (vielleicht für mehrere Kitas eines Trägers, z.B. einer Gemeinde, oder für eine Kita mit Außenstellen) bzw. für eine große Kindertageseinrichtung oder bleibt die Anforderung auf eine Kita mit maximal ca. 100 bis 125 Plätzen beschränkt?

Unentbehrlich: ein Aktenplan

Im ersten Fall sollten Sie sich für ein fest verankertes und festgelegtes System mit zentraler Steuerung, klarer und vorgegebener Einleitung, auch auf der Detailebene, und mit ausgearbeitetem Stichwort-ABC, aus dem bei den Stichworten die jeweiligen Aktennummern des Aktenplanes ersichtlich sind, entscheiden. Sie selbst können in einem solchen System selbstverständlich nichts verändern, haben andererseits dafür sehr klare Vorgaben, um sich zu orientieren.

Es handelt sich kurz gesagt um ein durchstrukturiertes, in der Regel kommerzielles System, zugeschnitten auf Kindertageseinrichtungen.

Im zweiten Fall leiten Sie eine Kita in der Größenordnung bis ca. 125 Plätze. Hier ist eine eigene Bürologistik möglich und auch sinnvoll, die von denjenigen Mitarbeiterinnen ausgearbeitet, betrieben und gepflegt wird, die hierfür fest eingeplant (und darauf vorbereitet) worden sind.

Bürologistik funktioniert nur dann, wenn die Zuständigkeiten bzw. Verantwortlichkeiten klar und konsequent geregelt sind. Betrachten wir ein mögliches System beispielhaft näher.

Beispiel eines fachlich passenden Systems

7.2 Büroablage mit SPEED

Als Beispiel dient das Bürologistiksystem SPEED (von BETA Consulting Services Ltd.). Das System ist aufgeteilt in fünf Bereiche.

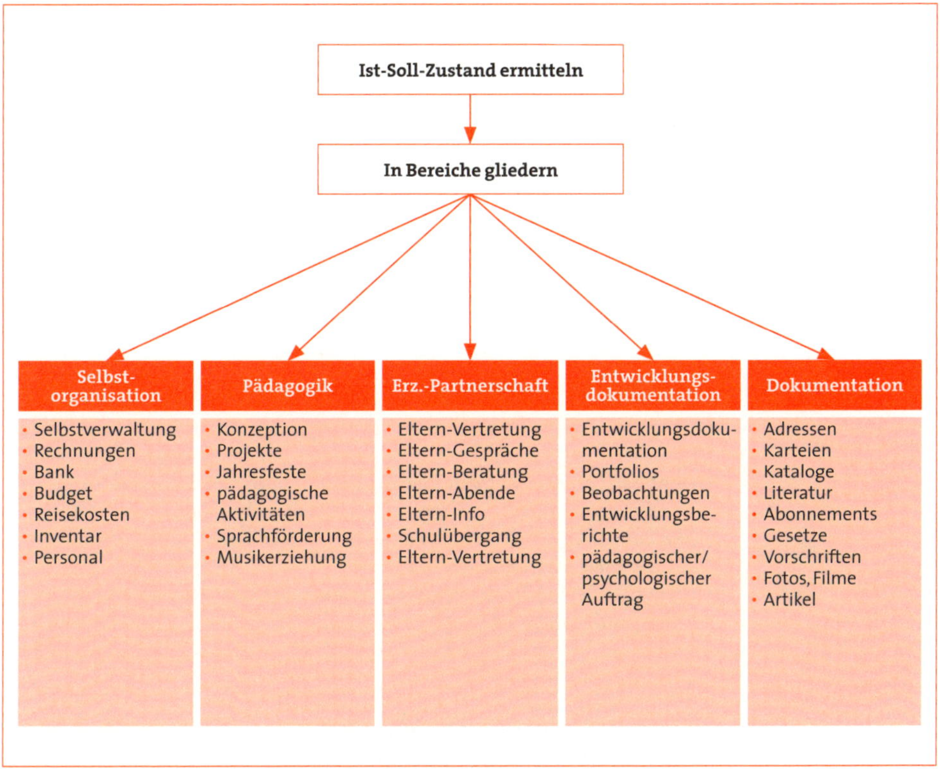

Systemüberblick

Fünf Bereiche von SPEED

Bereich „Selbstorganisation"
Im Bereich „Selbstorganisation" werden nur Akten abgelegt, die mit der Organisation der Kita – quasi ohne eine Einbeziehung von Eltern und Kindern – anfallen.

Bereich „Pädagogik"
Im Bereich „Pädagogik" finden sich die Konzeption, pädagogische Projekte, Kooperation mit Schulen etc.

Bereich „Erziehungspartnerschaft"
In diesem Bereich werden alle Unterlagen, organisiert die sich im Wesentlichen aus dem Kontakt mit den Eltern ergeben. Sie betreffen auch Übergangssituationen.

Bereich „Entwicklungsdokumentation"
Unter „Entwicklungsdokumentation" werden alle individuellen Entwicklungsdokumentationen, Beobachtungsunterlagen, Portfolios, individuelle Fördermaßnahmen usw. für die Kinder organisiert.

Bereich „Dokumentation"
Im Bereich „Dokumentation" liegen Adressenkarteien, Kataloge, Gesetze usw.

Farbe als visuelle Arbeitshilfe

Jeder dieser Bereiche erhält bei der Einrichtung eine farbige Zuordnung. Diese insgesamt fünf farbigen Zuordnungen werden jetzt durchgängig für die Unterlagen aus dem jeweiligen Bereich verwendet.

Beispiel der Farbzuordnung von Organisationsmitteln

Eine Kita arbeitet mit dem System SPEED und ordnet der Rubrik „Selbstorganisation" die Farbe rot zu. Dann nimmt man dafür Ordner mit roten Rücken und verwendet weiterhin rote Schnellhefter, rote Heftstreifen, rote Vorgangsmappen etc.
Das Gleiche würde jetzt für einen anderen Bereich mit einer anderen Farbe zutreffen.

Mit der farblichen Zuordnung ergibt sich eine erste grobe Wiederfind- und Orientierungsmöglichkeit.

Aufbewahrungsfristen

Im Abschnitt zum dynamischen und statischen Bereich der Ablage wurde festgehalten, wo und wie „tote" und „ewige" Akten verwahrt werden. Dies hat auch den Hintergrund, dass es einerseits Pflichten zur Aufbewahrung bestimmter Akten gibt und andererseits bestimmte Akten nicht mehr in der Kita verwahrt werden sollten.

Gesetzliche und verwaltungsseitige Aufbewahrungsfristen

Unter dem Gesichtspunkt der Aufbewahrungsfristen sind zuerst einmal gesetzliche Fristen von verwaltungsinternen Schriften zu unterscheiden. Beide können unterschiedliche Aufbewahrungszeiträume vorsehen und die Kita-Leitung ist aufgefordert, sich zu den konkreten Fristen, die für ihre Einrichtung gelten, sachkundig zu machen.

Eine besondere Situation ergibt sich für die Kindertageseinrichtung in Bezug auf die Dokumentation der pädagogischen Arbeit mit den Kindern.

Sensibler Umgang mit pädagogischen Unterlagen

Selbstverständlich gehören Betreuungsverträge, Abrechnungen, Unfallmeldungen etc. in den Bereich der gesetzlichen bzw. trägerinternen Aufbewahrungsfristen. Ebenso selbstverständlich sollte es jedoch sein, dass die Dokumentation der pädagogischen Arbeit (Entwicklungsberichte, Beobachtungsunterlagen, Portfolios etc.) nicht über das Ausscheiden der betroffenen Kinder hinaus im Kindergarten aufbewahrt werden.

Individuelle Entwicklungsdokumentationen etc. gehören nach Abschluss der Kindergartenzeit in die Hand der Eltern!

7.3 Arbeitssicherheit und Gesundheitsschutz

Inwieweit Sie als Führungskraft den Komplex der Arbeitssicherheit mitgestalten müssen oder sollen, hängt vom Einzelfall ab. Je nachdem, welche Aufgaben der Träger Ihnen als Führungskraft überträgt, sind Sie mehr oder weniger für den Schutz Ihrer Mitarbeiterinnen (mit-)verantwortlich. Es würde den Rahmen dieses Buches bei weitem sprengen, das Thema ausführlicher zu behandeln. Es kann nur angesprochen und darauf aufmerksam gemacht werden.

Auf jeden Fall sollten Sie bei der Gestaltung der Büroarbeitsplätze in der Kita – und dann sinngemäß bei der Ausgestaltung weiterer Räume – darauf achten, dass Sie gesundheitlichen Belastungen entgegenwirken. Dabei hilft Ihnen die folgende Checkliste.

Checkliste „Gesundheitliche Belastungen reduzieren"

Gesundheitliche Belastungen am Arbeitsplatz können häufig schon ohne großen Aufwand vermieden werden, wenn Sie Folgendes beachten:

Richtiger Stuhl und dynamisches Sitzen
Ein Bürostuhl sollte eine gute Standfestigkeit (mindestens fünf gebremste Rollen), eine verstellbare Sitzhöhe und eine stufenlos verstellbare Rückenlehne besitzen. Natürlich sollte er einfach zu verstellen und sicher handhabbar sein.
Übrigens ist auch im pädagogischen Alltag der „Einheits-Kinderstuhl" keine akzeptable „Notlösung" – weder für die Erzieherinnen noch für Kinder unterschiedlichen Alters und unterschiedlicher Größe.

Der passende Tisch,
der dazugehört, ist 72 cm hoch, wenn er nicht höhenverstellbar ist, oder kann – bei verstellbaren Tischen – zwischen 68 und 76 cm ergonomisch sinnvoll eingestellt werden. Er sollte ausreichend Platz zum Arbeit und ausreichend Beinfreiheit bieten.

Richtiges Licht am Arbeitsplatz
Ein guter Arbeitsplatz (in der Regel der Schreibtisch) darf weder gravierende Helligkeitsunterschiede aufweisen noch sollte er Spiegelungen auf dem PC verursachen. Schreibtischlampen sollten nur zur Ergänzung dienen, wenn sie eine gleichmäßig helle Ausleuchtung ermöglichen. Und die Fenster sollten nicht vergessen werden. Sinnvoll wäre hier, verstellbare Abdeckungen zu nutzen.

Klein, aber fein
Wer viel am PC schreibt, sollte einen stabilen, frei aufstellbaren und verstellbaren Vorlagenhalter nutzen. Auch eine Fußstütze ist bei nicht höhenverstellbaren Schreibtischen ein sinnvolles Hilfsmittel.

Richtig temperiert …
ist Ihr Büro zwischen 21 °C und 22 °C, auf keinen Fall jedoch dann noch, wenn 26 °C überschritten werden. Achten Sie auf eine angenehme relative Luftfeuchtigkeit (zwischen 50 % und 65 %)

Frei von Belastungen
Zum Beispiel stellen Sie den Fotokopierer in einen Nebenraum und vermeiden Sie Geräte mit zu großer direkter Wärmeabstrahlung. Bürogeräte produzieren Geräusche. Wenn möglich, nutzen Sie Arbeitsmittel mit guter Lärmdämmung oder stellen Sie Geräte mit geringer Lärmdämmung in einen Nebenraum.

7.4 Arbeiten mit dem PC

Die Arbeit mit dem PC macht vor der Tür der Kita schon lange nicht mehr Halt und erst recht nicht vor Ihrer Bürotür als Leiterin. Vielleicht gehören Sie zu den Pädagoginnen, die gar kein Problem mit den neuen Medien haben, und lächeln über diesen Buchabschnitt. Vielleicht gehören Sie aber auch zu denjenigen, die sich damit überhaupt nicht anfreunden können und wollen.

Sie werden nicht umhinkommen, mit dem PC zu arbeiten – anders als mit Textverarbeitungsprogramm und Drucker können heute praktisch keine Briefe mehr geschrieben werden, als Leiterin werden Sie vielfach Auswertungen über (Excel-)Rechenblätter nutzen und erstellen, je nach Ausstattung und Einbindung Ihrer Kita beim Träger haben Sie mit kaufmännischen und verwaltenden Rechnerprogrammen zu tun. Die E-Mail ist als Kommunikationsmittel weit verbreitet und das Internet als Informationsmittel.

Auf Bedienkenntnisse zum PC an sich und zur aufgeführten Software kann dieses Buch nicht eingehen. Nachfolgend aber zehn Tipps, die Sie beim verständigen und effizienten Umgang mit dem „Arbeitsmittel Computer" unterstützen und sich nahtlos an die Thematik „Arbeitsorganisation" anfügen.

Tipps zur Arbeitsorganisation am PC

Tipp 1: Legen Sie eine systematische Dokumentverwaltung an!
Solange Sie keinen anderen Speicherort angeben, werden Ihre Dokumente im Ordner „Eigene Dateien" abgelegt. Dies hat zur Folge, dass sich endlos viele Dokumente ansammeln, die einen gezielten und vor allem schnellen Zugriff irgendwann zu einem nervenaufreibenden Unterfangen werden lassen.
Schaffen Sie also ein Ordnersystem, in dem jedes Dokument genau einen eindeutigen Platz erhält.
Um schnellen Zugriff für sich und andere Nutzer (z.B. die Urlaubsvertretung) zu gewährleisten, ist es wichtig, dabei eindeutige Bezeichnungen für die Ordner zu verwenden und daraus folgernd die Ablagestruktur zu entwickeln.
Sind Papierablagesystem und PC-Organisation in der Struktur identisch, lässt sich eine gesuchte Datei mit wenigen Mausklicken gezielt aufrufen.
Die einmalige Einrichtung dieses Ordnungssystems wird später mit großer Zeitersparnis belohnt. Die Ablagekriterien sollten ebenso wie bei der Papierablage nach der Zugriffshäufigkeit und nach Arbeitsunterlagen, Nachschlageakten oder Archivmaterial sortiert werden.

Tipp 2: Nutzen Sie Dokumentvorlagen und Systemvorgaben für eine enorme Arbeitsersparnis!

Dokumentvorlagen als Basisdokumente, auf deren Grundlage neue Dokumente durch die Ergänzung individueller Angaben erstellt werden können, ersparen Zeit, da sie feste Texte wie Kopf- und Fußzeilen, das Logo der Einrichtung etc. enthalten, aber auch Formatvorlagen, Formularfelder usw.

Wer häufig mit variierten Standardschreiben arbeitet, öfters gleich lautende Bescheinigungen ausstellen muss etc., für den lohnt es sich, einen eigenen Ordner „Vorlagen" im Verzeichnis anzulegen und über die Formate hinaus auch gleich Textbausteine zu nutzen.

Tipp 3: Vernachlässigen Sie niemals die Datensicherung!

Damit die u.U. aufwändig eingerichtete Ordnung nicht durch einen Systemabsturz verloren geht, ist die regelmäßige Datensicherung ein absolutes Muss.

Wenn Sie alle Dateien übersichtlich abgelegt haben, wird auch Ihre Datensicherung einfacher, denn ein mühsames Zusammensuchen verstreuter Daten gibt es nicht mehr.

Welche Sicherheitsmedien für Ihre Belange am besten geeignet sind, hängt vom Umfang Ihrer Daten ab. Die Häufigkeit Ihrer Sicherungen ist gebunden an die Häufigkeit der Entstehung neuer Daten. Je mehr neue Daten, desto kürzer sollten die Sicherungsintervalle sein.

Bitte beachten: Es ist völlig richtig, während der Arbeit in kürzeren Abständen die aktuelle Datei zu sichern / zu speichern – dann gehen im Krisenfall immer nur die neuen Daten der letzten paar Minuten verloren. Aber das reicht nicht, denn gespeichert wird auf der Festplatte. Nimmt diese einen Schaden, sind Ihre Daten evtl. verloren. Deshalb sollte am Ende einer Arbeit und/oder am Ende des Tages immer auch zusätzlich auf einen Extra-Datenträger kopiert werden!

Tipp 4: Wenn Sie viel mit E-Mails arbeiten, erschließen Sie sich die Organisationsmöglichkeiten, die das Mailprogramm bietet!

Grundlegend sind hier zu nennen die Arbeit mit dem Adressbuch und das Ablegen eingehender und verschickter E-Mails in differenzierten Ordnern innerhalb des Mailprogramms.

Verfeinern lässt sich dies, indem Sie die Ordnung im Mailprogramm analog zur Ordnung auf dem PC anlegen (die wiederum in einer identischen Struktur zu Ihrer Papierablage sein kann).

Tipp 5: Wenn sie viel mit E-Mails arbeiten, erschließen Sie sich die Möglichkeiten, die Ihr E-Mailprogramm für das Selbstmanagement und die Kommunikation bietet!

Grundlegend sind hier zu nennen: Erinnerungsfunktion, Kalenderfunktion, Terminplanung und -bestätigung.

8 Qualitätsmanagement in Kindertageseinrichtungen

Es gibt unterschiedliche Gründe, sich mit Qualitätsmanagement in Kitas zu beschäftigen. Aber so unterschiedlich diese Gründe sind, so unterschiedlich können auch die Wege sein, auf denen Kindertageseinrichtungen ihre Qualitätsentwicklung vorantragen.

Qualitätsentwicklung hat es in Kindertagesheimeinrichtungen auch in der Vergangenheit umfassend gegeben. Das Qualitätshandbuch der Kindertageseinrichtung war und ist in vielen Fällen die Konzeption. In der Konzeption formuliert die Kindertageseinrichtung bzw. der Träger das zentrale Anliegen, das die Einrichtung aus der Beliebigkeit und mangelnden Verbindlichkeit herausführt. Die Konzeption beschreibt, wie und in welcher Weise die Leistung der Kindertageseinrichtung erbracht wird und auch für wen.

Die Debatte über Kundenorientierung und die Finanzierungsprobleme öffentlicher Haushalte haben u. a. dazu geführt, dass das Thema Qualität in Kindertageseinrichtungen einen großen und auch öffentlichen Stellenwert bekommen hat.

8.1 Gründe für Qualitätsentwicklung in Kitas

Es gibt eine Reihe unterschiedliche Gründe, die generell für die Einführung von Qualitätsmanagementsystemen ins Feld geführt werden und die auch auf Kindertageseinrichtungen zutreffen.

Natürlich sind da zunächst als Grund zu nennen die Erfüllung der gesetzlichen Vorgaben und, damit eng verbunden, die Möglichkeit, deren Einhaltung sicher nachweisen zu können.

Hauptgründe sind Vorgaben, Haftung und Wirtschaftlichkeit

Daran schließen sich direkt Gründe an, die sich auf Haftungsfragen beziehen. Wer Ansprüche Dritter abwehren möchte, der ist vielfach in einer gewissen Nachweispflicht. Gute, klare und detaillierte Vorgaben und der Nachweis ihrer Einhaltung sind ein sehr probates Mittel zur Erreichung dieses Ziels. Allerdings steht die Regulierung von Haftungsfragen sehr viel seltener im Fokus des Kindergartengeschehens, als das z.B. im Krankenhaus oder im Seniorenpflegeheim der Fall sein wird.

Hingegen stehen Wirtschaftlichkeitsfragen sehr wohl im Zentrum der Betrachtung, auch bei Kindertageseinrichtungen. Obwohl es für ein pädagogisches Handlungsfeld zuerst einmal sonderbar klingen mag, lassen sich alle weiteren Fragen unter dem Punkt „Wirtschaftlichkeit" zusammenfassen.

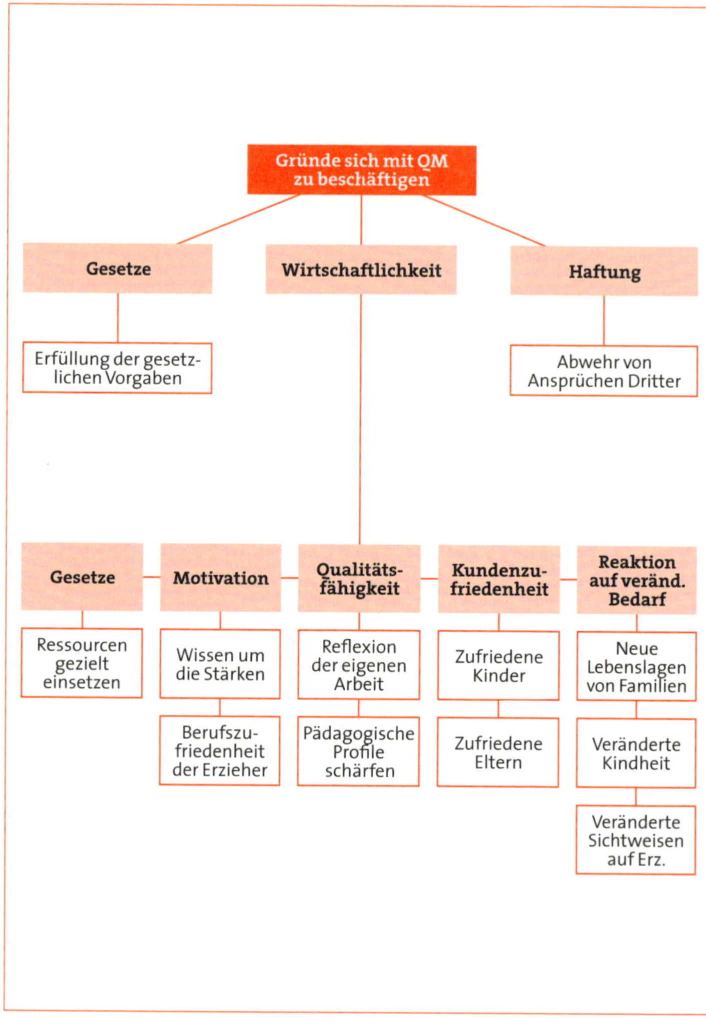

Gründe sich mit QM zu beschäftigen

Wirtschaftlichkeit wird hier verstanden als „erfolgreich sein" bei der Ausgestaltung des eigenen Angebots. Mit anderen Worten: Ihre Kindertageseinrichtung soll alle im obigen Bild zur Wirtschaftlichkeit angegebenen Punkte erfüllen, weil Sie sich nur damit am „Markt" behaupten können und Ihre Einrichtung dann den dahinter stehenden inhaltlichen Qualitätsansprüchen folgen will bzw. muss. Das führt unmittelbar zum Thema „Kunde".

Exkurs „Kundenzufriedenheit"

Der Begriff des „Kunden" sollte im Zusammenhang mit einer Kindertageseinrichtung noch einmal näher betrachtet werden.

Kunden sind Eltern und zuständige Institutionen

Vielfach noch ungewohnt im Blickwinkel oder vielleicht sogar als Gedanke abgewiesen, kann oder muss man die Eltern als primäre Kunden einer Kindertageseinrichtung betrachten. Das gilt schon deshalb, weil die Entscheidung, ob und wo die Kinder eine Kindertageseinrichtung besuchen, letztlich durch die Eltern getroffen wird. Die Kindertageseinrichtung „liefert" zuerst einmal eine Hilfe zur Erziehung (d.h. eine Leistung, die an Eltern adressiert ist) und zwar in zweierlei Hinsicht:

- Zuerst als pädagogische Unterstützung (Erziehungs- und Bildungsauftrag),
- dann als Hilfe bei der Betreuung der Kinder, z.B. bei Berufstätigkeit der Eltern (Betreuungsauftrag).

Als zweiter Kunde können die jeweils örtlich zuständigen Träger der Jugendhilfe (Jugendämter) auftreten, die die Erfüllung des gesetzlichen Auftrags gewährleisten müssen. Sie sind Kunde von Kitas, wenn sie den mit ihrem Auftrag verbundenen Betrieb von Kindertageseinrichtungen nicht selbst in Form kommunaler Einrichtungen wahrnehmen, sondern durch freie Träger der Jugendhilfe, Betriebe (Betriebskindergärten) u.a. verwirklichen lassen.

Kriterium Kunde = „Nachfrage", hier durch Belegung und Finanzierung

Beide – Eltern und Jugendämter – erfüllen einen für den Kundenbegriff tragenden Aspekt: Sie entscheiden nämlich über die Belegung von Plätzen. Eltern treffen diese Entscheidung durch ihre Anmeldung und zahlen dann Beiträge, die Jugendämter finanzieren sie in der Regel aufgrund vertraglicher Verpflichtungen.

Qualitätsanforderungen leiten sich auch vom „Kindeswohl" ab

Kinder sind hingegen die Adressaten pädagogischer oder betreuerischer Tätigkeit. Ihnen fehlen zwar die o.g. Kriterien eines Kunden, aber die pädagogische Arbeit mit ihnen bildet selbstverständlich bei der Qualitätsdiskussion einen ganz zentral wichtigen Punkt. Pädagogik bezieht sich hier immer direkt auf die betroffenen Kinder, ihre Entwicklung und Förderung.

Von daher leitet sich jeder Qualitätsaspekt auch aus der Begründung der Sicherstellung des „Kindeswohls" (Chancengleichheit, Partizipation, Selbstverwirklichung, Resilienz etc.) ab. Nur auf einer weiteren Ebene ist jetzt die Gesellschaft im Fokus, da das Heranwachsen von verantwortlichen Menschen und die Erziehung, Bildung und Betreuung eben ein ganz wichtiger gesellschaftlicher Aufgabenbereich ist.

Die Legitimation beim Qualitätsentwicklungsprozess könnten also die beiden Schwerpunkte „Kindeswohl" und „Hilfe zur Erziehung" bilden.

Natürlich sind beides Kriterien, die näher zu betrachten und aufzufächern sind. Das „Kindeswohl" könnte ausreichend berücksichtigt sein, wenn die Rahmenbedingungen in einer Kindertageseinrichtung Engagiertheit und emotionales Wohlbefinden der Kinder ermöglichen (zu den Begriffen „Engagiertheit" und „emotionales Wohlbefinden" finden Sie interessante Zugänge im Konzept der „Leuvener Engagiertheits-Skala LES-K").

Der Schwerpunkt „Hilfe zur Erziehung" wäre ausreichend berücksichtigt, wenn die Lebenslagen von Familien und die Situation von Eltern hinreichend in der Konzeption berücksichtigt sind und durch entsprechende Angebote verwirklicht werden.

Die Qualitätsbeurteilung und -sicherung setzt in den verschiedenen Ansätzen, die diskutiert und in der Praxis genutzt werden, auf ganz unterschiedliche Weise an diesen Kriterien an.

8.2 Zwei QM-Linien

Bei den vielen Pfaden für Qualitätsmanagement kann man zwei Hauptwege deutlich erkennen. Qualitätsmanagementkonzepte unterscheiden sich grundlegend in

- ablauforientierte Modelle und
- ergebnisorientierte Modelle.

Wenngleich ablauforientierte Modelle sehr viele Vorteile auf der Dokumentationsebene und bei den Arbeitsabläufen haben können, ist es immer auch eine Überlegung wert, ob nicht ein ergebnisorientiertes Qualitätsmanagementkonzept dem Charakter einer pädagogischen Institution/Organisation eher entspricht.

Ein möglicher weiterer Weg könnte sein, teilweise Systembausteine aus einem ablauforientierten System in ein ergebnisorientiertes System zu integrieren.

Ablauforientierte Modelle	Ergebnisorientierte Modelle
Erstellung eines Qualitätsmanagement-Handbuchs	Zielfestlegung und Zielüberprüfung als wesentliche Bestandteile
⇩	⇩
Festlegung der Aufbau- und Ablauforganisation	Zufriedenheitsorientierung (Kundenzufriedenheit etc.)
⇩	⇩
Prozesse (Arbeitsabläufe)	Vermeidung von Fehlern, stetige Verbesserung
	⇩
	Mitarbeiterorientierung

Die beiden QM-Linien im Vergleich

8.3 Vier Ebenen der Qualität

Bevor Sie nun einige Modelle, die im Kita-Bereich eine Rolle spielen, ins Blickfeld nehmen, sollten Sie in jedem Fall beachten, dass sich Qualität auf verschiedenen Bereichen bzw. auf verschiedenen Ebenen zeigt, siehe Abbildung auf der folgenden Seite.

Qualitätsentwicklung in Kitas ist aufgrund der Komplexität des Handlungsfeldes ein außerordentlich schwieriges Unterfangen.

Unterschiedliche Qualitätskonzepte durch Vielfalt der Praxis

Wenn Sie sich vorstellen, dass Kitas zum Teil sehr unterschiedliche pädagogische Ansätze verwirklichen, dass es sehr unterschiedliche Praxisorte gibt, die Rahmenbedingungen der Erzieherinnen mit ihren Ausgangslagen, Einstellungen, Interessen, Haltungen und Zielsetzungen kaum einmal gleich sind, manchmal nicht einmal ähnlich sind, dann können Sie auch verstehen, dass es eben so sehr unterschiedliche Qualitätskonzepte gibt.

Im Folgenden sollen fünf Qualitätsmodelle kurz vorgestellt werden, die für Sie alltagstauglich sein könnten und in der nachfolgenden Grafik in vier Kategorien betrachtet werden können.

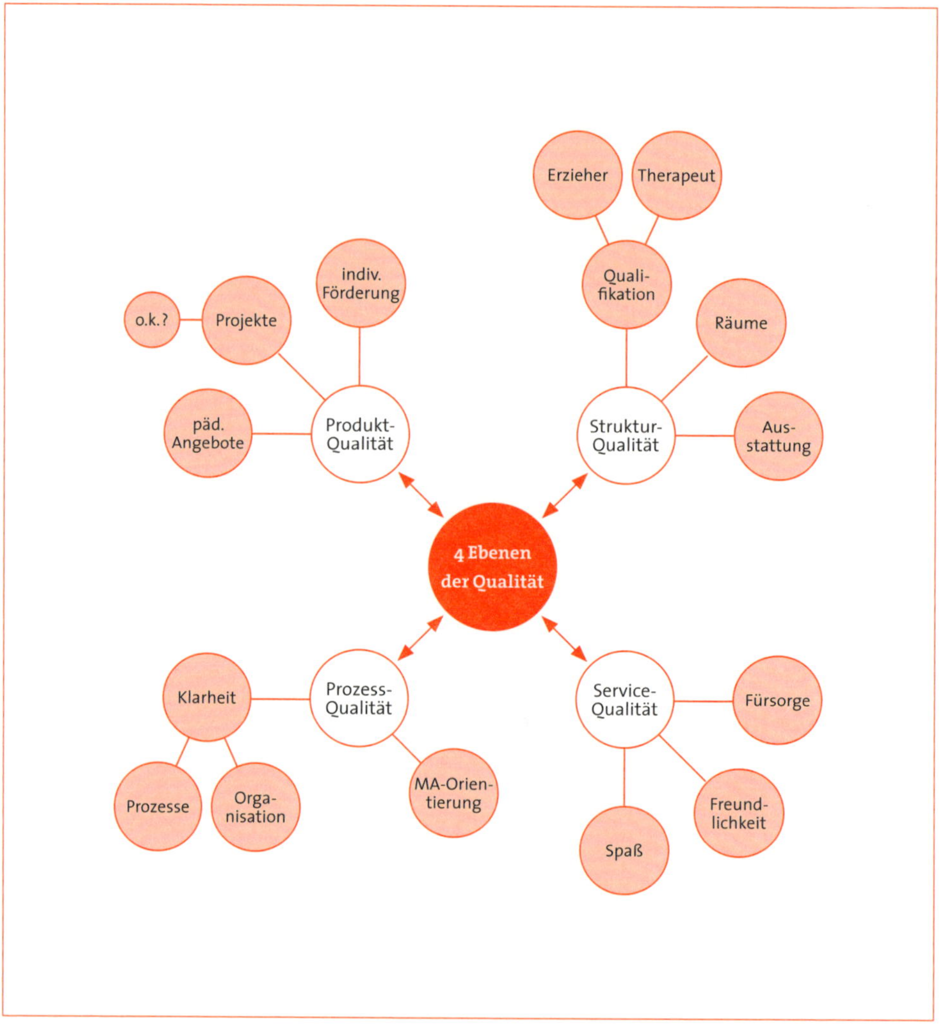

Die vier Ebenen der Qualität

8.4 Qualitätskonzepte im Überblick

8.4.1 Der „Kronberger Kreis“

Das Qualitätsmodell „Kronberger Kreis“ benennt sich nach einem Kreis pädagogischer Fachleute (Treffpunkt Kronberg im Taunus), der ein Qualitätskonzept entwickelt hat, das Qualitätsentwicklung und Selbstevaluation im Dialog mit Betroffenen vorsieht.

Der „Kronberger Kreis" versteht seine Verfahren nicht als Qualitätskatalog mit fest umzusetzenden Standards. Vielmehr wird es als Programm und Anregung für einen individuellen Qualitätsentwicklungsprozess eines Kindergartens gesehen. Am Ende soll die Entwicklung zu einer Kindertageseinrichtung stehen, die mit bester Fachpraxis ausgestattet ist. Geklärt werden die notwendigen Standards, Kriterien und Verfahren im Rahmen einer dialogischen Qualitätsentwicklung. Dabei werden alle wichtigen Bezugsgruppen (Erzieherinnen, Leitung, Träger und Eltern sowie externe Fachberatung) miteinbezogen. Das Konzept des „Kronberger Kreises" versteht sich als ein Verfahren der dialogischen Qualitätsentwicklung.

Individueller Qualitätsprozess

Der „Kronberger Kreis" formuliert Anregungen für Qualitätsstandards, die jedoch nicht vorgegeben sind und als Anregung und Ausgangspunkt für einen Dialog der Betroffenen dienen können. Eine zentrale Rolle spielt hierbei das pädagogische Konzept „Situationsansatz".

Eine reine Qualitätsmessung ist nicht vorgesehen in dem Konzept. Qualitätsstandards sollen von den Betroffenen selbst entwickelt werden – was im Übrigen der Idee des Situationsansatzes ja auch entspricht.

Entspricht Situationsansatz

Die Qualität wird in drei Schritten gemessen:

Drei Messschritte

1. Aspekte guter Fachpraxis benennen
2. Qualitätsfragen werden formuliert
3. Qualitätsindikatoren/-hinweise werden konkret beschrieben

Damit die pädagogische Arbeit in den jeweiligen Kindertageseinrichtungen nachvollziehbar überprüft werden kann, formuliert der „Kronberger Kreis" sieben Ebenen:

Sieben Untersuchungsebenen

- Kreisprogramm- und Prozessqualität
- Leitungsqualität
- Personalqualität
- Einrichtungs- und Raumqualität
- Trägerqualität
- Kosten-Nutzen-Qualität
- Förderung von Qualität

Begleitet wird der Prozess der Qualitätsentwicklung durch die Einbeziehung von Trägervertretern und Fachberatungen sowie durch „Elternbefragungen".

Überblick über die Qualitätsdimensionen und zentralen Qualitätsstandards des „Kronberger Kreises“	
Qualitative Grundorientierungen (GO)	
GO 1	Freundlichkeit als persönliche Grundhaltung
GO 2	Partizipation/Partnerschaftlichkeit als strategisches Ziel
GO 3	Integration
GO 4	Kontextorientierung
GO 5	Bedarfsorientierung
Programm- und Prozessqualität (PPQ)	
PPQ 1	Befriedigung körperlicher Grundbedürfnisse
PPQ 2	Entwicklungsfördernde Gestaltung von Beziehungen
PPQ 3	Erfahrung und Lernen
PPQ 4	Kinderkultur
PPQ 5	Integration
PPQ 6	Familienorientierung
PPQ 7	Gemeinwesenorientierung
PPQ 8	Highlights
Leitungsqualität (LQ)	
LQ 1	Selbstkompetenz
LQ 2	Managementkompetenz
LQ 3	Fachkompetenz
LQ 4	Personalkompetenz
LQ 5	Öffentlichkeitskompetenz
Personalqualität (PQ)	
PQ 1	Schlüsselqualifikation
PQ 2	Fachwissen und Handlungskompetenz
PQ 3	Teamqualität
Einrichtungs- und Raumqualität (E + RQ)	
E + RQ 1	Präsenz und Umweltbezug
E + RQ 2	Atmosphäre
E + RQ 3	Funktionalität
E + RQ 4	Erfahrungsraum
E + RQ 5	Partizipation

E + RQ 6	Raumerfahrung
E + RQ 7	Bauausführung
Trägerqualität (TQ)	
TQ 1	Institutionelle Form
TQ 2	Gesetzlicher Auftrag
TQ 3	Politische Verantwortung
TQ 4	Planungsverantwortung im Jugendhilfebereich
TQ 5	Managementverantwortung
TQ 6	Qualitätsmanagementverantwortung
Kosten-Nutzen-Qualität (KNQ)	
KNQ 1	Sichere Finanzbasis
KNQ 2	Kostentransparenz und Kostendifferenzierung
KNQ 3	Kapazitätsauslastung
KNQ 4	Effektiver Arbeitskräfteeinsatz
KNQ 5	Evaluierte ökonomische Zufriedenheit
Förderung von Qualität (FQ)	
FQ 1	Lernen am Erfolg
FQ 2	Erweiterung
FQ 3	Personalentwicklung durch Praxislernen und Praxisforschung
FQ 4	Qualitätsförderung durch Qualitätszirkel

(Quelle: Kronberger Kreis für Qualitätsentwicklung in Kindertagesstätten: Qualität im Dialog entwickeln. Wie Kindertagesstätten besser werden. Seelze 1998)

Das Qualitätsmodell „Kronberger Kreis" bietet eine gute Auseinandersetzungsmöglichkeit für die Beteiligten, viele Anregungen zur Verbesserung der Fachpraxis auf der Basis von Selbstveränderung.

Als Leitung besteht für Sie allerdings die Gefahr, dass Sie aus Kostengesichtspunkten die Umsetzung mit dem Team ohne externe Begleitung angehen, mit vielen damit verbundenen Risiken (Innensicht, Konflikte, Rollendiffusität etc.). Risiken bestehen auch durch den Umfang der Aufgabe (Verzettelung, Abbruch) und die Herstellung von Verbindlichkeiten in der Umsetzung.

8.4.2 Die Kindergarten-Einschätz-Skala (KES-R)

Die Kindergarten-Einschätz-Skala (KES-R) ist die (neue) deutsche Fassung der „Early Childhood Environment Rating Scale Revised Edition" (von Harms/Clifford/Cryer), herausgegeben von W. Tietze, FU Berlin. Neben der Kindergartenfassung existieren Skalen für Krippe, Hort und Tagespflege.

Drei Ebenen der pädagogischen Qualität

Die pädagogische Qualität wird bei der KES-R auf drei Ebenen unterschieden:

1. Pädagogische Orientierungsqualität: Welche pädagogischen Orientierungen, Werte, Haltungen haben die Erzieherinnen? Welche Auffassungen bestehen zu Entwicklung von Kindern, Erziehungszielen, den Aufgaben von Familien u.a.?
2. Pädagogische Strukturqualität: Hier werden die Rahmenbedingungen betrachtet (Ausbildungsniveau der pädagogischen Mitarbeiterinnen, Gruppengröße, Vorbereitungszeit, Erzieher-Kind-Schlüssel, Räumlichkeiten etc.).
3. Pädagogische Prozessqualität: Sie bezieht sich auf den Umgang mit Kindern, Interaktion und die Dynamik des pädagogischen Handelns, die emotionale Sicherheit der Kinder etc.

Sieben Bereiche mit 43 Merkmalen

Ingesamt umfasst die KES-R 43 Merkmale, die in sieben einzuschätzende Bereiche aufgeteilt sind:

I. Platz und Ausstattung (8 Aspekte)
II. Betreuung und Pflege der Kinder (6 Aspekte)
III. Sprachliche und kognitive Anregungen (4 Aspekte)
IV. Aktivitäten (10 Aspekte)
V. Interaktionen (5 Aspekte)
VI. Strukturierung der pädagogischen Arbeit (4 Aspekte)
VII. Eltern und Erzieherinnen (6 Aspekte)

Fünf pädagogische Orientierungen

Der KES-R liegen fünf grundlegende pädagogische Orientierungen zugrunde:

1. Kinder sind aktiv Lernende.
2. Kinder lernen durch die Interaktion mit anderen.
3. Die räumlich materielle Umwelt muss für Kinder optimal organisiert sein.
4. Kinder benötigen emotionale Wärme und Geborgenheit.
5. Den Bedürfnissen der pädagogischen Mitarbeiterinnen sollte man gerecht werden.

Wenn Sie die KES-R als Qualitätskonzept einsetzen wollen, ist es wichtig, auf geschulte Beobachterinnen (möglichst externe Beraterinnen) zurückzugreifen.

Zum einen hängt das Ergebnis der Qualitätsentwicklung von einer qualitativ hochwertigen Beobachtung ab, zum anderen sind externe Beraterinnen vielleicht eher in der Lage, mit der erforderlichen Distanz den Qualitätsentwicklungsprozess zu begleiten.

Letztendlich ist es jedoch auch eine Kostenfrage, die Sie als Leitung (mit Ihrem Träger) beantworten müssen. Sollten Sie auf eine externe Begleitung verzichten, wäre ein intensives „Beobachtungstraining" (hier ist nicht nur ein Anwendertraining gemeint) sicherlich notwendig.

Versuchen Sie auch Elternsichtweisen/-einschätzungen miteinzubeziehen.

8.4.3 Das Konzept der DIN EN ISO 9000 ff. (ISO 9000)

Bei ISO 9000 (ISO = International Standard Organisation) handelt es sich um ein in der Industrie und im Dienstleistungsbereich entwickeltes Qualitätsmodell.

Beide Bereiche, Industrie- und Dienstleistungsbereich, haben nur partiell Gemeinsamkeiten mit einer pädagogischen Organisation, die eben nicht produziert und auch nur zu Teilen Dienstleistungen anbietet (vgl. Kapitel „Marketing").

Qualität als Handlungsablauf entsprechend eigener Vorgaben

Ziel des ISO-9000-Systems ist die klare und sachliche Strukturierung des Organisationsaufbaus und der organisatorischen Abläufe. Qualität wird durch die Organisation selbst definiert und die dort festgelegten Standards/Abläufe sollen wie angekündigt eingehalten werden. Zentraler Punkt ist die Umsetzung festgeschriebener Handlungsabläufe.

Das Vorgehen

Die Schaffung eines ISO-Qualitätssystems erfordert die Einbeziehung der Mitarbeiterinnen, zum Beispiel durch eine Schulung.

Beschreibung im QM-Handbuch

Nach einer Ist-Soll-Analyse erfolgt die Beschreibung des Qualitätssystems. Zentrale Aspekte finden sich in dem zu schaffenden Qualitätsmanagement-Handbuch mit drei Hauptebenen.

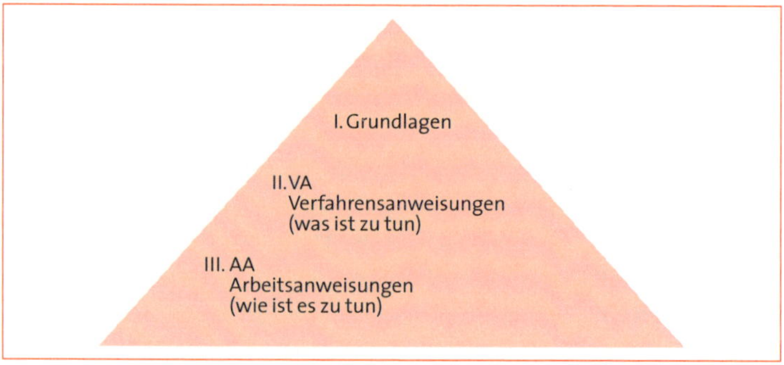

Die Hauptebenen des QM-Handbuchs

I. Grundlagen

In den Grundlagen wird die Zielsetzung der Einrichtung beschrieben, die Verantwortung der obersten Leitung, das Organigramm wird dargestellt, Leitsätze sind formuliert etc. Es gehört der Organisationsaufbau dazu.

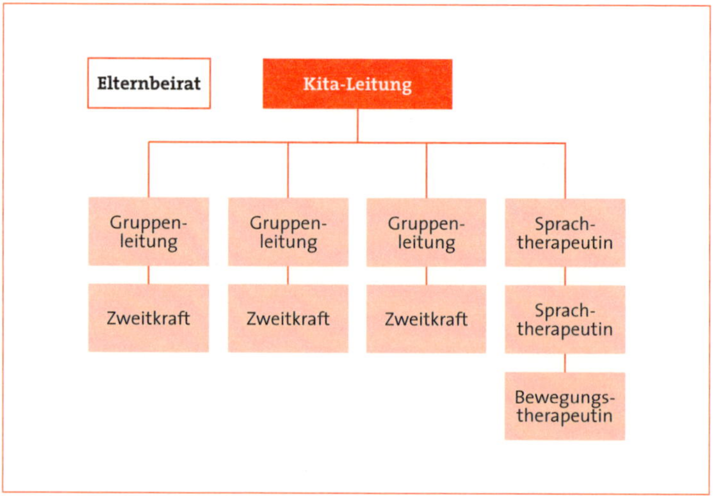

Beispiel Organigramm

II. Verfahrensanweisungen

Die Verfahrensanweisungen legen fest, was in welcher Reihenfolge gemacht werden soll. Hier werden alle Arbeitsschritte und Verantwortlichkeiten beschrieben und niedergelegt. Im Folgenden werden die Beispiele „Aufnahmeverfahren" und „Tagesablauf" gezeigt.

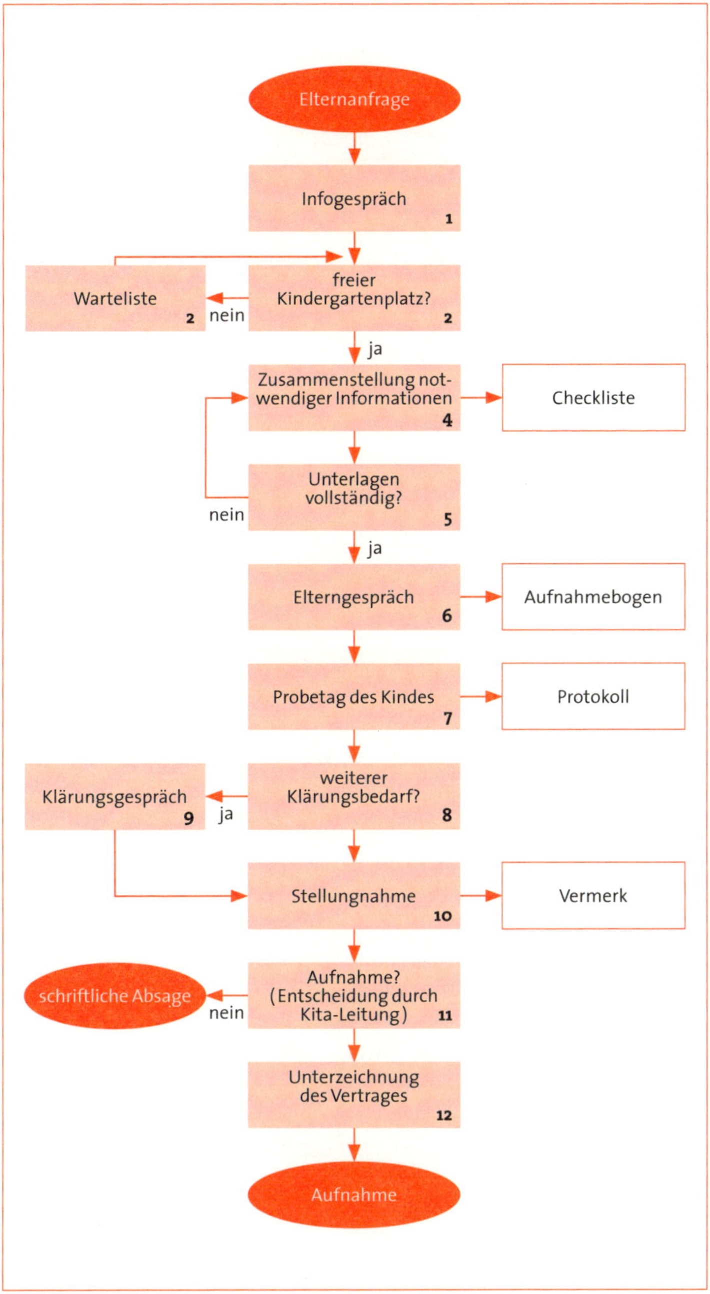

Beispiel zur Verfahrensanweisung: Aufnahmeverfahren

Zur Verfahrensanweisung gehören in der Regel auch eine Verantwortungsmatrix und eine Erläuterung zur Verfahrensanweisung, wie sie unten als Beispiel aufgeführt sind:

Verantwortungsraster „Aufnahmeverfahren“ – Beispiel – Gesamtprozessverantwortung Kita-Leitung				
	Prozessschritt	**Verantwortung**	**Beratung/ Mitwirkung**	**Information**
1	Infogespräch	Kita-Leitung		
	⇩			
2	Freier Kita-Platz	Kita-Leitung	Gruppen-leitungen	Verwaltung/ Träger
	⇩			
3	Warteliste	Kita-Leitung		Gruppen-leitungen
	⇩			
4	Zusammenstellung notwendiger Informationen	Kita-Leitung	Gruppen-leitungen	Verwaltung
	⇩			
5	Prüfung auf Vollständigkeit	Kita-Leitung		
	⇩			
6	Informationsgespräch	Kita-Leitung	Stellv. Kita-Leitung	
	⇩			
7	Probetag des Kindes	Gruppenleiterin	Kita-Leitung	
	⇩			
8	Weiterer Klärungsbedarf?	Gruppenleiterin/ Kita-Ltg.		
	⇩			
9	Klärungsgespräch	Kita-Leitung	Gruppenleiterin	
	⇩			
10	Stellungnahme	Kita-Leitung	Gruppenleiterin	
	⇩			
11	Aufnahme	Kita-Leitung	Stellv. Kita-Ltg./ Gruppenleiterin/ ggf. Vertreter aus Bereichen	Verwaltung/ Träger

Zur Verfahrensanweisung gehört noch ein Überprüfungsblatt, das ausgefüllt wird, bevor es in die Umsetzungsphase geht. Hier ein Beispiel:

Verfahrensanweisung

Aufnahmeverfahren

Kita „Friedrichstraße" - Anlage

1. Ziel/Zweck

Die Verfahrensanweisung beschreibt den Weg des Aufnahmeverfahrens für das Kind.

2. Anwendungsbereich

Diese Verfahrensanweisung gilt für die Kindertageseinrichtung „Friedrichstraße", Süderbrarup

3. Begriffsdefinitionen

PS = Psychologe	GL = Gruppenleiterin
ZK = Zweitkraft (i.d.R. Kinderpflegerin)	BL = Bereichsleiterin
EL = Eltern	ST = Sprachtherapeutin
EK = Erstkraft (i.d.R. Erzieherin)	

4. Durchführung und Verantwortung

Die Durchführung und Ergebnisverantwortung liegt bei der Kita-Leiterin.

5. Mitgeltende Unterlagen

Akte des Kindes

Inhaltsübersicht (s. Anhang)

Vordruck zum Aufnahmeverfahren

Anhang:

Inhaltsangabe:

- Beobachtungen in bzw. von der Gruppe
- Arztbericht
- Anamnesebogen
- Fachwissen und Fachliteratur
- andere Institution / externe Therapeuten
- Textverfahren
- Informationen von Eltern

Erstellt am	Geprüft am	Ersetzt am	Freigegeben am
von	von	von	von

1 Start

2 Kind kommt in den Kindergarten

Kind in den Kiga begleiten

3 Begrüßung

Individuelle Hilfestellung beim Ausziehen
Informationen der Eltern entgegennehmen
Individuelle Begrüßung des Kindes
Anwesenheit notieren
Morgenkreis

4 Gruppenübergreifendes Freispiel

Notwendige Hilfe und Begleitung nach Bedarf
Beobachtung der Kinder

5 Gemeinsames Frühstück in den Gruppen

Hilfestellung im lebenspraktischen Bereich
Förderung der Selbstständigkeit,
der Kommunikation, des Sozialverhaltens

6 Gang in den Waschraum (Körperpflege)

Förderung der Wahrnehmung
Hilfestellung und Anbahnung von Handlungsabläufen im hygienischen Bereich

7 pädagogisches Angebot oder Projekt

Einzeln
Kleingruppe
Gesamtgruppe

8 Therapie

Sprachtherapie
Krankengymnastik
Psychomotorik

Fortsetzung S. 139

Begleitung und Unterstützung der Kinder
Beobachtung der Kinder
Durchführung der Angebote auf der Grundlage des Förderplans
Zulassen von individuellen und situativen Veränderungen
Kurzaustausch und Durchführung der therapeutischen Angebote

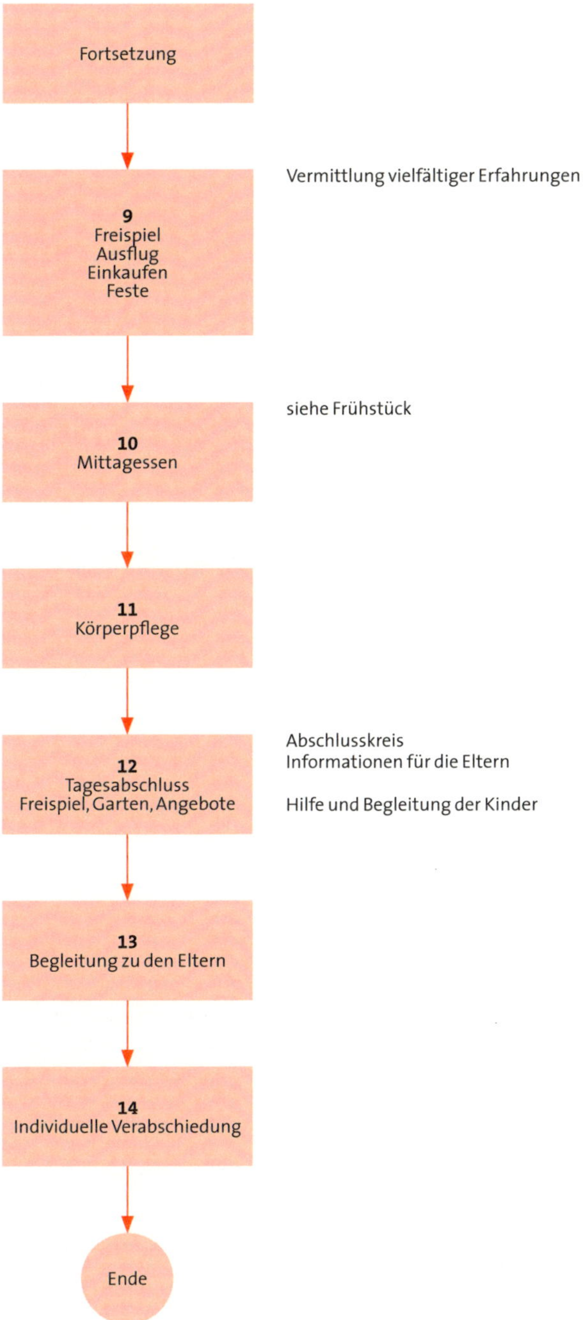
Fortsetzung
Vermittlung vielfältiger Erfahrungen
9
Freispiel
Ausflug
Einkaufen
Feste
siehe Frühstück
10
Mittagessen
11
Körperpflege
Abschlusskreis
Informationen für die Eltern
Hilfe und Begleitung der Kinder
12
Tagesabschluss
Freispiel, Garten, Angebote
13
Begleitung zu den Eltern
14
Individuelle Verabschiedung
Ende

Das QM umfasst explizit Arbeitsanweisungen

Arbeitsanweisungen können als Stellenbeschreibungen gefasst sein

III. Arbeitseinweisungen

In den Arbeitsanweisungen ist festgelegt, wie etwas erledigt werden muss. Es sind detaillierte Instruktionen für Erzieherinnen (worin auch Zeichnungen, Anleitungen etc. enthalten sein können).

In den Bereich der Arbeitsanweisung könnten z.B. auch die Stellenprofile bzw. Stellenbeschreibungen gehören (im Anhang dieses Buches finden Sie Muster von Stellenbeschreibungen für eine Kita-Leiterin, für eine stellvertrende Leitung, für eine Gruppenleiterin/Erzieherin und für eine Kinderpflegerin/Sozialassistentin als Zweitkraft). Weitere Arbeitsanweisungen können beispielsweise auch aus einem Hygieneplan stammen.

Grundsätzlicher Aufbau einer Stellenbeschreibung

- *Klare Betitelung als Stellenbeschreibung und Bezug auf die konkrete Person durch Angabe des Namens*
- *Textliche Einführung mit Zielen der Stelle und den zu beachtenden Regeln und Vorschriften*
- *Details in strukturierter Form, z.B.*
  I. Stellenbezeichnung
  II. Funktion
  III. Unterstellung
  IV. Überstellung
  V. Ziel der Stelle
  VI. Aufgabenbereiche detailliert (bei der Leitung z.B. Zuammenarbeit mit dem Träger, pädagogische Kompetenz, Mitarbeiterführung, Betriebsführung, Zusammenarbeit mit den Eltern, mit Behörden)
  VII. Besondere Befugnisse (z.B. Hausrecht)

8.4.4 Die 3-D-Prozessoptimierung (BETA Ltd.)

Die 3-D-Prozessoptimierung wurde von BETA Consulting Services Ltd. (die Firma berät Kindertageseinrichtungen und soziale Einrichtungen sowie Verwaltungen bei der Ausrichtung ihrer konzeptionellen Arbeit) entwickelt. Sie umfasst:

Inhalt	1	Orientierung an Schlüsselprozessen
	2	Konzentration auf wichtigste Schlüsselprozesse
	3	Erstellung von Verfahrensanweisungen
	4	Dreidimensionale Bearbeitung der Schlüsselprozesse

Umsetzung	5 Konkrete Umsetzungsplanung 6 Beherrschbarkeit bei der Pflege des QM-Systems 7 Einbindung in die bestehende Konzeption
Ressourcenplanung	8 Überschaubarkeit des Aufwandes 9 Begrenzter Ressourceneinsatz (materiell, finanziell, personell)
Möglichkeit der Erweiterung bei Bedarf	10 Zusatzmodul „Konzeptionsfortschreibung" 11 Zusatzmodul „Teamentwicklung" (Teamanalyse, Leitungs-Coaching, Team-Supervision etc.) 12 Zusatzmodul „Eltern-Feed-back durch Kundenkonferenz"

Dreidimensionale Bearbeitung von Schlüsselprozessen

Kernpunkt der 3-D-Prozessoptimierung ist die dreidimensionale Bearbeitung von Schlüsselprozessen. Unter Schlüsselprozessen sind Leistungen, Arbeitsprozesse und Arbeitsabläufe zu verstehen, die für die Kitas von herausragender Bedeutung sind. Sie sind in einigen Bereichen in der Konzeption der Kita benannt oder aufgeführt.

Sechsstufiger Ablauf

Die Prozessoptimierung nach dem 3-D-Modell hat einen sechsstufigen Ablauf:

1. Informationsveranstaltung

Die Informationsveranstaltung dient der Vorstellung der Ziele, die mit dem Qualitätsmanagementprozess erreicht werden sollen. Hier sollen alle Beteiligten einen Einblick in die Arbeitsweise und den Ablauf des QM-Prozesses erhalten.

Ein erster Zeitrahmen wird vereinbart. Wünsche und Ideen können aufgegriffen werden.

2. Starttreffen

Im Starttreffen wird eine Vereinbarung über den Zeitplan und über konkrete Arbeitsweisen geschlossen. Die Schlüsselprozesse, an denen gearbeitet werden soll, werden festgelegt.

Beispiele Schlüsselprozesse

Mögliche Schlüsselprozesse könnten z.B. sein:

- Kommunikation und Zusammenarbeit mit Eltern,
- Sprachförderung,
- Schulvorbereitung,
- Zusammenarbeit mit der Schule,

- Beobachtung und Dokumentation,
- Projektarbeit mit Kindern o.Ä.

3. Bearbeitung von Schlüsselprozessen

Die ersten Schlüsselprozesse werden (ggf. in Arbeitsgruppen/Qualitätszirkeln) bearbeitet. Diese Bearbeitung erfolgt dreidimensional, also auf drei Ebenen, und zwar auf der Ebene der

- Primärprozesse,
- Sekundärprozesse,
- Tertiärprozesse.

Für jede Ebene wird eine Bestandsaufnahme durchgeführt. Im Anschluss daran erfolgt die Optimierung des jeweiligen Schlüsselprozesses unter Berücksichtigung der drei Ebenen.

Nach abschließender Bearbeitung eines Schlüsselprozesses erfolgt eine Abstimmung unter den Arbeitsgruppen/Qualitätszirkeln (Gruppen-Meilenstein).

Beispiel: Die Ebenen bei der Kommunikation mit Eltern

- *Primärebene – wie ist die direkte Kommunikation mit Eltern gestaltet?*
- *Sekundärebene – wie ist der Rahmen gestaltet (ruhige Räume etc.)?*
- *Tertiärebene – wie gut sind die Absprachen unter den Erzieherinnen?*

4. Verfahrensabläufe

In diesem Schritt werden Verfahrensabläufe/Verfahrensanweisungen erstellt und dort, wo es notwendig erscheint, um konkrete Arbeitsanweisungen ergänzt.

5. Handbuch

Darin werden die Verfahrensabläufe und ggf. die Arbeitsanweisungen dokumentiert sowie die Schlüsselprozesse beschrieben.

Das Handbuch ist Teil der Konzeption der Kindertageseinrichtung und wird als gesonderte Anlage zur Konzeption erstellt.

6. Zwischen-/Abschlusstermine

Nach jedem bearbeiteten Schlüsselprozess wird eine Zwischenbilanz gezogen (Prozess-Meilenstein) und eine Vereinbarung über die Veröffentlichung der Ergebnisse bzw. die weitere Arbeit getroffen.

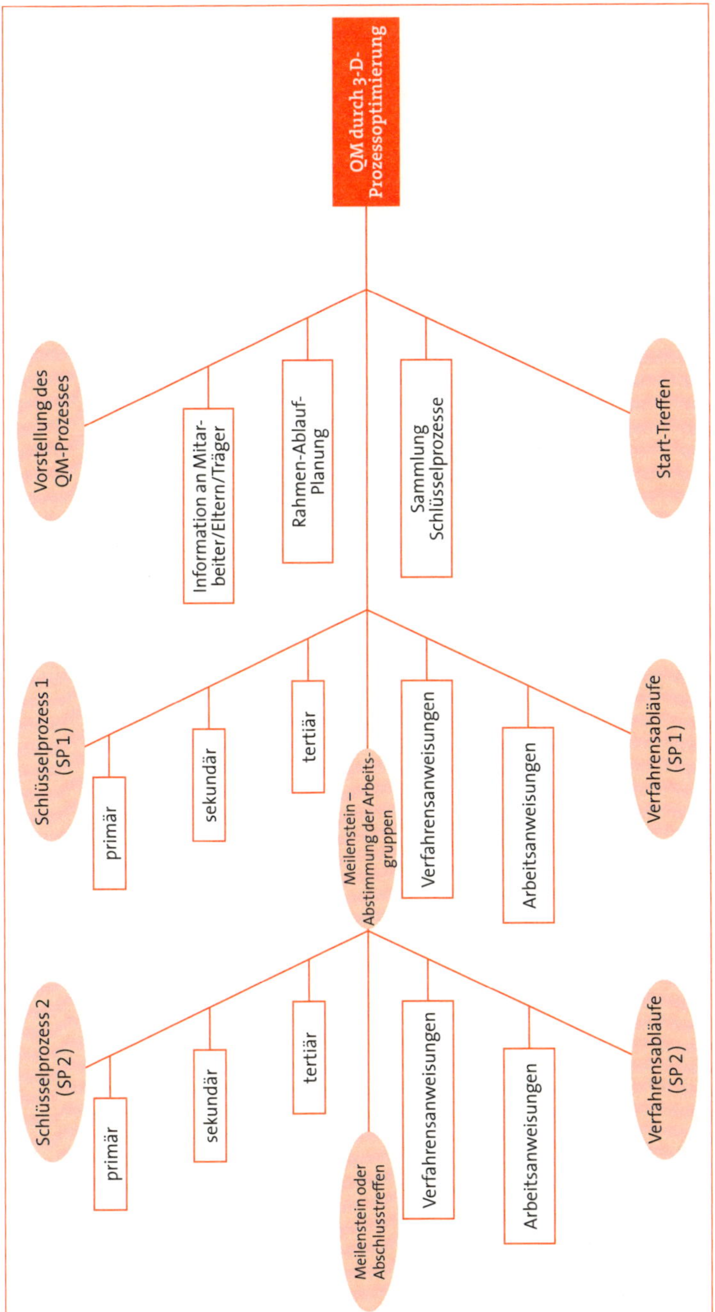

Zusammenwirken der Teilprozesse

8.4.5 IQUE – Integrierte Qualitätsentwicklung

Orientierung an Schlüsselsituationen

Die Qualitätsentwicklung IQUE orientiert sich an Schlüsselsituationen, die in den Kindertageseinrichtungen festgelegt und beschrieben werden.

Typische Schlüsselsituationen sind beispielsweise
- Eingewöhnung,
- Gestaltung der Essenssituationen,
- Sauberkeitserziehung
- etc.

Für die gewählten Schlüsselsituationen werden Merkmale definiert und auf einer siebenstufigen Skala (ähnlich der KES-R) gewertet. Abschließend werden Qualitätsziele formuliert und Zielvereinbarungen zur Qualitätsverbesserung festgelegt.

Vor- und Nachteile

Das Verfahren hat zwar den Vorteil, dass es ganz spezielle, auf die jeweilige Kita ausgerichtete Ergebnisse und dazu noch unter Beteiligung vieler Betroffener hervorbringt. Der Arbeits- und Zeitaufwand ist allerdings erheblich – er beinhaltet auch notwendige Schulungen bzw. Trainings. Darüber hinaus ist auch der Kostenfaktor nicht zu unterschätzen, der sich noch erhöht, werden Teile des Qualitätsentwicklungsprozesses extern begleitet.

Sie haben hier auch als Kita-Leiterin einen hohen Aufwand, eine große Verantwortung für das Gelingen des Qualitätsentwicklungsprozesses und eine „weitere Rolle als Moderatorin" auszufüllen, deren Zusammenhang mit Leitungstätigkeit nicht immer zur nötigen Klarheit führen muss.

8.5 Dimensionen der Qualitätsmanagementkonzepte und Schritte der Qualitätsentwicklung

Die beschriebenen Qualitätsmanagementkonzepte für Kindertageseinrichtungen kann man auf verschiedenen Dimensionen betrachten. Wir fassen diese noch einmal in einer Tabelle zusammen und veranschaulichen die Kernpunkte in einem Schaubild. Anschließend gehen wir kurz auf die Frage ein, wie sich mögliche Schritte zu einer Qualitätsentwicklung in der Kita konkret einleiten lassen.

Kategorien bei verschiedenen Qualitätskonzepten					
	„Kronberger Kreis“	KES-R	ISO 9000	3-D-Prozessoptimierung (BETA Ltd.)	IQUE – Integrierte Qualitäts-Entwicklung
1. Kategorie	Qualitätsdimensionen	Qualitätsbereiche	Qualitätselemente	Qualitätsebenen Schlüsselprozesse	Schlüsselsituationen
2. Kategorie	Qualitätskriterien	Items	Verfahrensanweisungen	Kombination von Qualitätskriterien, Qualitätsmerkmalen, Verfahrensanweisungen	Merkmal
3. Kategorie	Qualitätsfragen	Skalen von 1 bis 7	Arbeitsanweisungen	Qualitätsfragen	Skalen von 1 bis 7
4. Kategorie	Qualitätsindikatoren			Qualitätsindikatoren	

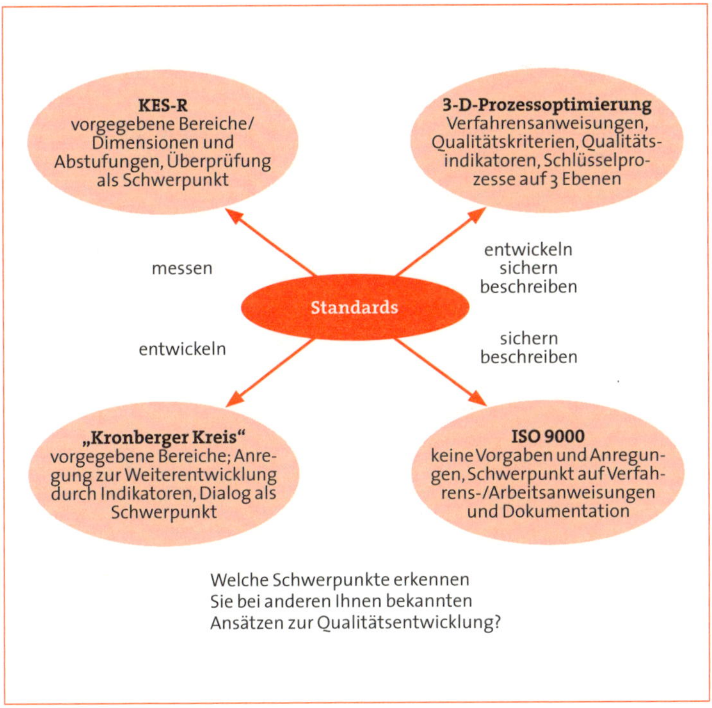

Schwerpunkte von Ansätzen zur Qualitätsentwicklung

Mögliche Schritte zur Qualitätsentwicklung

Qualitätsentwicklung ist eine Führungs-/Leitungspriorität und Qualitätsentwicklung kann zwar durch ein Team angeregt und gewünscht werden, in der Konsequenz ist Qualitätsentwicklung jedoch ein Top-down-Prozess.

Wie kann ein Qualitätsprozess in Gang gesetzt werden?

Zwei mögliche Startvoraussetzungen:

1. Die Kita-Leitung bzw. das Kita-Team entscheidet sich dafür, Qualitätsentwicklung zu betreiben.

Sofern dieser Weg gegangen wird, sollte eine Entscheidung über die grundsätzliche Ausrichtung getroffen worden sein, also ein eigenes Modell, ein eigener Weg oder ein bestehender Ansatz (3-D-Modell, KES-R o.Ä.) soll umgesetzt werden.

Dann werden weitere Maßnahmen folgen. Sie werden als Kita-Leitung das Konzept durch den Träger absichern lassen und die Umsetzung verantwortlich leiten.

2. Der Kindergartenträger schreibt einen Qualitätsentwicklungsprozess verbindlich vor.

Dann werden Sie als Kita-Leitung für Kommunikation, Transparenz und für das nötige Verständnis werben und die Rahmenbedingungen entsprechend gestalten müssen.

Ein guter Qualitätsentwicklungsprozess ist auch die gemeinsame Erstellung einer Konzeption für den Kindergarten, die ebenfalls gemeinsam mit Mitarbeiterinnen und Eltern vorgenommen werden sollte.

9 Kommunikation und Konfliktmanagement

9.1 Miteinander umgehen: „Komm- und Geh-Struktur“

Als Leitungs- und Führungskraft sollten Sie eine „gute“ Kommunikatorin sein, denn ein nicht unerheblicher Teil Ihrer Arbeit besteht in der persönlichen Vermittlung von Inhalten und Anliegen sowie auch darin, dass andere (Erzieherinnen, Eltern, Kinder) ihre Themen, Probleme und Anliegen gut kommunizieren können. Damit ist schon grundsätzlich gesagt, worum es bei „guter“ Kommunikation geht – und das wird im Laufe dieses Kapitels noch weiter verdeutlicht werden.

Gute Kommunikation entsteht nicht spontan, Sie haben auch nicht „Talent“ nötig, sondern Sie erreichen einfach viel damit, dass Sie die Grundlagen der Kommunikation im Auge behalten, einige Regeln anwenden und die dramaturgischen Grundmuster der jeweiligen Gespräche kennen und beachten.

Gute Kommunikation ist „lernbar“

Obwohl die Gespräche je nach Teilnehmerin (Mitarbeiterinnengespräche, Elterngespräche) oder nach Inhalten (Beratungsgespräch, Konflikt- oder Beschwerdegespräch, Informationsgespräch) sehr unterschiedlich sind, haben sie doch eine ähnliche Grundstruktur und es sind auch ähnliche Grundlagen zu beachten.

Ein wichtiger Aspekt soll allerdings noch vorangestellt werden: Vielfach liegt dem kommunikativen Grundmuster eine so genannte „Komm-Struktur“ zugrunde, die sich in solchen Aussagen niederschlägt wie:

Typisch ist die sog. „Komm-Struktur“

- „Sie können jederzeit zu uns kommen, wenn Sie ein Problem haben.“
- „Wir sind immer für Sie da, sprechen Sie uns an.“
- „Sie können mich jederzeit anrufen.“
- „Wenn etwas ist, kommen Sie sofort zu mir ins Büro“
- Und dergleichen mehr.

Das Muster haben Sie sicher schon gleich erkannt. Wer etwas „hat“, der kann „kommen“.

Damit ist ein wesentlicher Punkt aus der eigenen Verantwortung entlassen. Die Aktivität liegt bei anderen – nicht mehr bei mir.

Damit verbunden liegt natürlich insbesondere auch die Verantwortung für den Beginn der Kommunikation beim anderen, sie wurde ebenso delegiert wie die Überwindung einer eventuell vorhandenen Hemmschwelle.

Die Betroffenen müssen sich „outen“, müssen das Gespräch suchen und die Hindernisse (reale oder fantasierte) überwinden.

Als Leiterin haben Sie ein Interesse am Gespräch

Aus vielerlei Gründen ist es aber für Sie als Kita-Leiterin wichtig, im Gespräch zu bleiben, weil Sie z.B.

- frühzeitig möglicherweise auftretende Probleme erkennen möchten bzw. müssen,
- den Betroffenen gegenüber Interesse signalisieren wollen,
- mehr Nähe, Vertrautheit und mehr Sicherheit schaffen möchten,
- Bedürfnislagen erkennen und die sich entwickelnden Bedarfe frühzeitig und unmittelbar von den Betroffenen erfahren wollen etc.

Versuchen Sie daher bei der Gestaltung der Kommunikation von der umrissenen „Komm-Struktur“ zu einer „Geh-Struktur“ zu wechseln!

Wechseln zur „Geh-Struktur“, Überprüfung der Kommunikation

Überprüfen Sie die Kommunikationsstruktur in Ihrem Kindergarten daraufhin und schaffen Sie von Ihnen herbeigeführte Gesprächsanlässe, z.B.

- indem Sie sich regelmäßig von Eltern ein „Feed-back“ einholen;
- dadurch, dass Sie regelmäßige Mitarbeiterinnengespräche führen;
- durch die Schaffung von Gesprächsritualen;
- indem Sie oder Ihre Mitarbeiterinnen die Eltern aufsuchen etc.

Checkliste „Geh-Struktur“

Ich führe eine Merkliste, welche Eltern ich in „dieser Woche“ ansprechen werde (Smalltalk, Tür-und-Angel-Gespräche).

Am Montag, Mittwoch, Freitag (oder in einem anderen Takt, jedenfalls zu fest vorbestimmten Tagen) spreche ich im Kita-Foyer Eltern an, die ihre Kinder in den Kindergarten bringen.

Am Dienstag und Donnerstag (oder in einem anderen Takt, der sich zum vorhergehenden ergänzt) spreche ich Eltern an, die ihre Kinder vom Kindergarten abholen.

In den ersten vier Wochen des Kindergartenjahres habe ich mit allen Eltern neu angemeldeter Kinder einen Gesprächstermin vereinbart.

In jedem Kindergartenjahr führe ich eine „Eltern-/Kundinnenkonferenz“ durch, um Rückmeldung zur Arbeit der Kindertageseinrichtung einzuholen.

Je Woche hole ich mir persönlich eine „Zufriedenheits-Rückmeldung“ von mindestens fünf Eltern ein, die ich nicht zu allgemeinen Themen (Smalltalk) angesprochen habe.

Ich spreche in „dieser“ Woche die Mitarbeiterinnen X und Y zu ihrer Gruppensituation an.

Jährlich führe ich ein Mitarbeiterinnengespräch mit jeder Mitarbeiterin der Kindertageseinrichtung.

Jeden Morgen/Vormittag gehe ich durch alle Gruppen und spreche Mitarbeiterinnen und Kinder an (Smalltalk).

Ich frage jede Woche mindestens sechs Kinder danach, wie sie sich im Kindergarten fühlen.

Alle Mitarbeiterinnen führen eine vergleichbare oder ähnliche Checkliste, bezogen auf ihren Arbeitsbereich.

9.2 Grundlagen guter Kommunikation

9.2.1 Grundsätze nach Watzlawick

Wenn man Paul Watzlawick folgen will, dann ist es unmöglich, nicht zu kommunizieren. Sie können also nicht wirklich nicht mit Ihren Mitarbeiterinnen oder den Eltern der Kinder kommunizieren. Beispielsweise der Rückzug aus Gesprächssituationen oder – noch vorher – das Nichtschaffen von Gesprächsmöglichkeiten sind bereits Teil einer Kommunikation, einer Nachricht. Ihr Gegenüber nimmt Ihre (Nicht-)Reaktion wahr, macht sich Gedanken, richtet seinerseits möglicherweise Handlungen daran aus.

Bevor wir uns nun dem Gespräch als wichtiges Mittel der Kommunikation zuwenden, betrachten wir noch einmal die Axiome, also die unveränderbaren und unwiderlegbaren Grundannahmen der Kommunikation, wie sie Paul Watzlawick dargestellt hat.

Paul Watzlawick benennt die nachfolgenden Grundlagen der Kommunikation (enthalten im Buch „Menschliche Kommunikation. Formen, Störungen, Paradoxien“ Paul Watzlawick, Janet und H. Beavin, Don D. Jackson, das als eines der entscheidenden Grundlagenwerke zum Thema „Kommunikation“ gilt):

1. Man kann nicht nicht kommunizieren.

Mitarbeiterinnen, die beispielsweise keine Rückmeldung über ihre engagierte Arbeit von Ihnen erhalten, könnten der Meinung sein, dass ihre Arbeit nicht wertgeschätzt wird. Eltern könnten glauben, dass ihre Bedürfnisse nicht gesehen werden, dass die pädagogischen Mitarbeiterinnen kein Interesse an ihren Kindern haben oder dergleichen mehr.

2. Jede Kommunikation hat einen Inhaltsaspekt und einen Beziehungsaspekt.

In jedem Gespräch wird eine Sachebene aktiviert und zugleich eine Beziehungsebene. Es wird in jeder Kommunikation natürlich erstens vermittelt, was Sie zu den Gesprächsinhalten zu sagen haben. Zweitens wird zugleich – quasi implizit, weil auf einer anderen Ebene – auch transportiert, was Sie von Ihrer Gesprächspartnerin halten, wie Sie zu ihr stehen und anderes mehr.

3. Es gibt eine verbale und eine nonverbale Ebene der Kommunikation.

Die verbale Ebene dient in erster Linie dem Austausch von Informationen, während auf der nonverbalen Ebene in der Regel deutlich wird, wie die Beziehungsebene gestaltet ist.

4. Es gibt eine unterschiedliche Sichtweise auf die Inhalte / den Verlauf der Kommunikation (in diesem Zusammenhang Interpunktion genannt).

Ein Gespräch (oder überhaupt jede Kommunikation) hat keinen klar definierbaren Anfang. Sie kennen vielleicht die Frage danach, was zuerst da war, die Henne oder das Ei. Ähnlich verhält es sich mit der Kommunikation. Auch bei eskalierenden Gesprächen ist eine Ursache-Wirkung-Zuschreibung nicht möglich. Es gibt Vorerfahrungen mit der Gesprächspartnerin oder Sie hatten gerade kurz vorher selbst eine unangenehme Situation zu überstehen, die die Gesprächssituation jetzt beeinflusst. Es gibt also nicht die Möglichkeit zu sagen: „Weil du eben ..., deshalb habe ich ..."

5. Es gibt eine horizontale und eine vertikale Kommunikation (worin sich der Machtaspekt ausdrückt).

Eine Kommunikation kann auf einer vertikalen oder horizontalen Ebene geführt werden. In einer horizontalen Gesprächssituation stehen sich die Gesprächspartnerinnen gleichberechtigt gegenüber. Das betrifft die tatsächliche Machtsituation ebenso wie auch die Form des Gesprächs.

Vertikal ist eine Kommunikation z.B. dann, wenn Sie ein Mitarbeiterinnengespräch aus der Position hinter Ihrem Schreibtisch führen oder wenn Sie Formulierungen wählen, die umgekehrt von der Gesprächspartnerin nicht gewählt werden können (z.B. „... also wissen Sie, was sie sich da wieder erlaubt haben ...".

Horizontal ist eine Kommunikation wiederum dann, wenn Sie die Situation so gestalten, dass sie jederzeit umkehrbar ist: Sie wählen z.B. Formulierungen, die auch Ihre Mitarbeiterin Ihnen gegenüber verwenden könnte; die Sitzanordnung ist so, dass Eltern auch auf Ihrer Seite des Tisches sitzen könnten (nicht vor/hinter dem Schreibtisch möglich); ein ausgewogenes Verhältnis der Gesprächsteilnehmerinnen ist ein Anhaltspunkt für horizontale Kommunikation (z.B. nicht mehr Erzieherinnen als Eltern nehmen am Gespräch teil).

6. Es gibt eine analoge (konkrete) und eine digitale (abstrakte) Ebene der Kommunikation.

Kennzeichen einer konkreten Ebene der Kommunikation sind klare, verständliche Aussagen, nach Möglichkeit keine unverständlichen Fachausdrücke oder Fremdwörter und die Verwendung von Beispielen und (das gilt insbesondere in Elterngesprächen) konkreten Beobachtungssituationen etc.

9.2.2 Vom Sender zum Empfänger

Das grundlegende Sender-Empfänger-Modell

Kommunikation können Sie sich erst einmal als ein recht einfaches Modell mit mindestens einem Sender und einem Empfänger vorstellen. Als Modell könnte es etwa so aussehen:

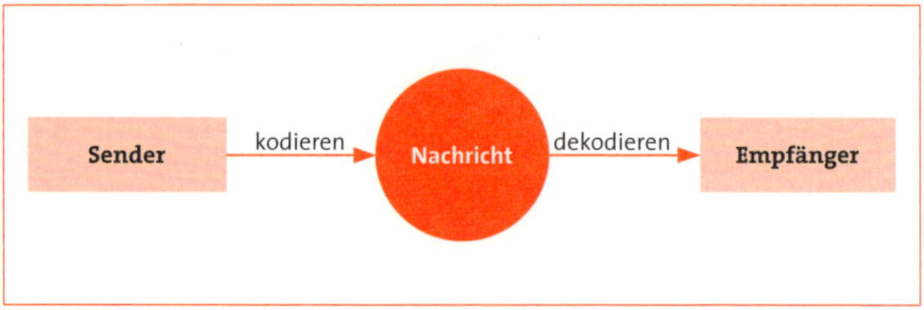

Das einfachstmögliche Modell von Kommunikation

Das Modell scheint wirklich erst einmal einfach, wäre da nicht die Besonderheit, dass der Sender seine Botschaft/Nachricht „verschlüsselt" (kodiert), d.h., die Nachricht ist in ihrer eigentlichen Bedeutung nicht ohne weiteres erkennbar. Bei Schulz von Thun gibt es vier Ebenen, auf denen eine Nachricht gesendet werden kann, und ebenso auch vier Ebenen, auf denen dieselbe Nachricht vom Empfänger wieder „entschlüsselt" (dekodiert) werden muss.

Die vier Seiten einer Nachricht

Bei dem Kommunikationsforscher Friedemann Schulz von Thun finden wir die nachfolgenden vier Kommunikationsebenen:

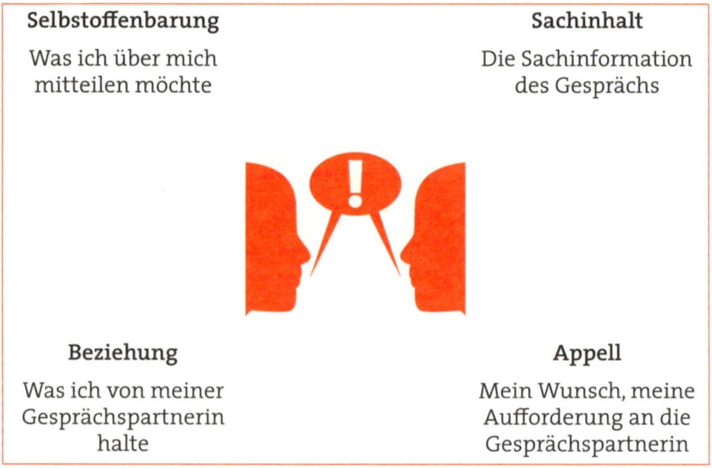

Praktische Konsequenz

Um eine gelungene Kommunikation zu erreichen, müssen nun Sie bzw. Ihre Mitarbeiterinnen eine schwierige Aufgabe lösen, nämlich in Gesprächssituationen immer einen klaren Blick zu behalten und herauszufiltern, was eigentlich durch die Gesprächspartnerin thematisiert werden sollte.

In Gesprächen wird ständig eine von vier Gesprächsebenen genutzt. Wichtig für eine klare Kommunikation ist es, dass die Gesprächsebenen beim „Sender" und beim „Empfänger" übereinstimmen.

Ist dies nicht der Fall oder ist es unklar, auf welcher Gesprächsebene kommuniziert wird, so muss erst eine Klärung der tatsächlich gemeinten Gesprächsebenen stattfinden.

Eine Bewusstmachung dieser jeweiligen Gesprächsebene kann zu einer Konzentration auf die beiden Ebenen der linken Seite des Bildes (Selbstoffenbarung und Beziehung) oder auf die rechte Seite (Sachinhalt und Appell) führen, wenn wir uns bewusst dafür entscheiden.

Gezielte Wahl der Gesprächsebenen – Beispiele

Die linke Seite der Gesprächsebenen (Selbstoffenbarung, Beziehung) findet wahrscheinlich eher Anwendung bei Beratungsgesprächen, unter Mitarbeiterinnen eines Arbeitsbereiches (Kolleginnen untereinander). Hier ist es möglich und oft erwünscht, diesen Aspekt stärker in den Vordergrund zu rücken.

Bei Gesprächen auf der hierarchischen Ebene oder bei Verhandlungen ist eher die rechte Seite stärker im Blickfeld (Sachinhalt, Appell). Allerdings sollten Aspekte der linken Seite in Vorüberlegungen mitberücksichtigt, allerdings nicht unbedingt immer direkt angesprochen werden.

9.2.3 Hilfsmittel der Kommunikation

Umsetzung in konkrete Gesprächstechniken

Um zu einem positiven Gesprächsverlauf zu kommen, ist es sinnvoll, sich zweier Hilfsmittel der Kommunikation zu bedienen:

- des Paraphrasierens und
- des Verbalisierens.

Paraphrasieren und Verbalisieren als Techniken	
Sachlicher Gesprächsinhalt	Emotionaler Gesprächsinhalt
Paraphrasieren …	Verbalisieren …
bedeutet, den sachlichen Gehalt einer Aussage mit eigenen Worten noch einmal zu wiederholen.	bedeutet, den emotionalen Gehalt einer Aussage mit eigenen Worten noch einmal zu wiederholen.
⇩	⇩
Vorteil: Es ist die einfachste Form der Rückmeldung und gewährleistet, dass die Aussage vollständig im Sinne der Sprecherin verstanden wurde.	Vorteil: Der Gesprächspartnerin wird Gelegenheit gegeben, weiter über eigene Probleme nachzudenken. Die Situation wird entemotionalisiert, indem die Emotionen offen besprochen werden. Die Gesprächspartnerin erhält die Möglichkeit, sich weiter zu öffnen.
Nachteil: Es benötigt mehr Zeit.	Nachteil: Es benötigt viel Zeit. Die Emotion kann überinterpretiert werden. Der Gesprächsinhalt wird psychologisiert.

9.2.4 Fragetechniken

Zu einer guten Gesprächsführung gehört in jedem Fall die Fähigkeit, Fragen stellen zu können (was übrigens bedeutet, zuerst einmal zuhören zu können).

Mit Fragen werden nicht nur lediglich Antworten ermittelt, um auf der Sachebene weiterzukommen oder auf der Beziehungsebene den jeweiligen Stand zu sondieren, sondern je nach Fragetypus dienen Fragen auch der Gesprächs„führung“ und -steuerung. Es gilt:

Wer fragt, führt.

Je nach Gesprächssituation haben Sie die Möglichkeit, Frageformen gezielt einzusetzen.

Fragearten und ihre Anwendung		
Art der Frage	**Ziel**	**Formulierungsbeispiele**
Offene Frage	Informationsgewinnung	wieso, womit, woher ...
Geschlossene Frage	Sachinformation bekommen	Haben Sie ...; sind Sie ...; möchten Sie ...
Alternativ-frage	Partnerin festlegen; Entscheidung erhalten	Möchten Sie A oder B; so oder so ...
Suggestiv-frage	starke Beeinflussung	Sind Sie nicht auch der Meinung ...
Kontaktfrage	soll das „Eis" brechen	Wie war ...; wie geht's?
Ablenkungs-frage	Ablenken bei zu starken Gefühlen (Aggressionen); Ablenkung der Aufmerksamkeit	Das ist ja interessant; dazu fällt mir gerade ein
Motivations-frage	Selbstgefühl der Gesprächs-partnerin stärken	Ist das nicht hervorragend gelaufen?
Rhetorische Frage	Gesprächspartnerin auf die eigene Seite bringen	Sollen wir denn gar nichts verdienen?
Formalfrage	Gesprächsablauf bestimmen	Sollten wir jetzt zum Hauptthema übergehen?
Kontrollfrage	Aufdecken von Widersprüchen	Sie sind also der Auffassung, dass ...
Rangierfrage	Vorgehensweise systematisieren	Was halten Sie von der Reihenfol-ge 1,2,3?

Zuhören und Fragenstellen als Grundlage

Zuhören und Fragen stellen zu können ist eine wichtige Voraussetzung, um die Gesprächspartnerin kennen zu lernen. Es ist die Grundlage für Überzeugung, Motivation und Gesprächssteuerung.

Vorgehen in drei Schritten

Um mehr Informationen von seiner Gesprächspartnerin zu erhalten ist ein Vorgehen in drei Schritten sinnvoll, zunächst

1. eine Eingangsfrage zu stellen, dann
2. Interesse zu zeigen und
3. aus der Antwort eine neue Frage zu formulieren, z.B.:
   - Welche Möglichkeiten sehen Sie ...?
   - Wodurch wäre es möglich, dass ...?
   - Womit beschäftigen Sie sich besonders ...?

Vorteile der schrittigen Fragetechnik

Die Anwendung einer solchen Fragetechnik bewirkt
- ein angenehmes Klima (und somit auch bessere Beziehung),
- mehr Information,
- bessere Gesprächssteuerung.

Beachten Sie bitte dabei, dass es wichtige Regeln zur Gesprächsführung gibt, die Sie in jedem Fall einhalten sollten, um zu einem angemessenen Gesprächsverlauf und Gesprächsabschluss zu kommen.

Gesprächsregeln und Gesprächsablauf

1. *Legen Sie vorher Ihr angestrebtes Ergebnis fest, auch Ihren Spielraum – formulieren Sie also ein (erreichbares) Ziel und erarbeiten Sie sich eine gute Gesprächsdramaturgie.*

   Hilfreich ist die 5-W-Formel zur Gesprächsvorbereitung:
   Was will ich erreichen?
   Was kann ich erreichen?
   Wie will ich argumentieren?
   Welche Einwände sind zu erwarten?
   Wie will ich auf die Einwände reagieren?

2. *In der Begrüßung stellen Sie die erste Beziehung her und schaffen die Grundlage für einen guten weiteren Kontakt während des Gesprächs, der Beratung oder der Verhandlung.*

3. *Halten Sie während des Gesprächs Blickkontakt und setzen Sie Körpersprache ein. Unsere Gesellschaft setzt dem, was ausgesprochen werden kann, u.U. enge Grenzen.*
   Sie würden z.B. Ihre Einstellungen zu Ihrem Gegenüber nicht verbal ausdrücken, wohl schon gar nicht Ihre Gefühle dem anderen gegenüber. Diese Signale werden in der Regel nonverbal, durch Körpersprache ausgedrückt. Sie erhalten wichtige Informationen (ist Ihr Gegenüber gelangweilt, interessiert, müde oder gehemmt etc.?) über Ihre Gesprächspartnerin, wenn Sie es wollen und zulassen.

   Achten Sie darauf, dass Sie die Distanzzonen nicht ungewollt oder ungefragt überschreiten.

   Wir kennen vier Hauptzonen:

Intime Distanzzone	*bis 60 cm*
Persönliche Distanzzone	*60–150 cm*
Kommerziell-gesellschaftliche Distanzzone	*150–400 cm*
Öffentliche Distanzzone	*ab 400 cm*

Klären Sie für sich, in welche der Distanzzonen Sie „eindringen" dürfen. Achten Sie aber darauf, dass das Grundsätzliche, z.B. die Distanznorm, immer eingehalten werden muss.
Überlegen Sie sich auch, wie Sie den Blickkontakt halten. Sie können ihn bei größer werdender Distanz intensivieren, während Sie ihn reduzieren sollten, je mehr die Distanz verkleinert wird (denken Sie an das Extrembeispiel des voll besetzten Fahrstuhls, in dem die Fahrgäste in unterschiedliche Richtungen schauen, jedoch keiner einer anderen Person direkt in die Augen sehen – es wäre ein starker Verstoß gegen die Respektierung der ersten Distanzzone).

4. *Wählen Sie Formulierungen, die für alle Gesprächsteilnehmerinnen respektvoll und annehmbar sind. Einige dieser Regeln finden Sie im Konzept der Themenzentrierten Interaktion (TZI), auf das etwas später noch einmal näher eingegangen wird.*

5. *Wenn Sie positiv formulieren, erreichen Sie eine höhere Akzeptanz für Ihre Worte.*

6. *Es sollte selbstverständlich sein, dass Sie keine Phrasen verwenden oder keine substantivierten Tätigkeitswörter benutzen. Sprechen Sie so, wie Sie es gewohnt sind, und vermeiden Sie Formulierungen wie z.B. „in Abrede stellen" etc.*

7. *Fragetechnik*
   Sie erhalten mehr Information von Ihrer Gesprächspartnerin wenn Sie das oben schon aufgeführte Vorgehen in drei Schritten wählen:
   - *zunächst eine Eingangsfrage stellen,*
   - *danach echtes Interesse an der Beantwortung zeigen*
   - *und aus der Antwort dann eine neue Frage entwickeln.*

   Als Vorteile hatten wir genannt: bessere Beziehung zum Gegenüber, mehr Information und eine bessere Gesprächssteuerung.

8. *Bildhaft sprechen / Präsentation*
   Versuchen Sie, mit vielen Beispielen aus der praktischen Arbeit Ihre Darstellung zu untermauern; verwenden Sie Präsentationstechniken wie Tageslichtprojektor, Flipchart oder Pinnwand.

9. *Vergessen Sie nicht, zum besseren Verständnis Klärungen durch Verbalisieren bzw. Paraphrasieren (siehe ebenfalls oben) zu erreichen.*

Beginnen Sie vor allem kein Gespräch ohne ausreichende Gesprächsvorbereitung!

9.3 Positive nonverbale Signale – Körpersignale

Körpersignale sind schwerer kontrollierbar und gelten als echter

Die meisten Signale senden wir jenseits unserer verbalen Äußerungen und diese Signale sind weitaus weniger kontrollierbar als eben diese verbalen Äußerungen. Sie werden daher auch entsprechend durch die Gesprächspartnerinnen gewichtet.

Es werden eher die nonverbalen Signale von Ihren Gesprächspartnerinnen als „echt" angesehen als das, was Sie aussprechen.

Deshalb ist ein bewussteres Verhalten auf der nonverbalen Ebene für die Gesprächssituation förderlich.

Achten Sie auf Ihre eigenen Körpersignale und beachten Sie bei Ihren Gesprächen die Körpersignale.

Worauf zu achten ist

Versuchen Sie, sie nach den folgenden Kriterien auszurichten.

Körperhaltung

- senkrecht, frontal, „zugewandt"
- offen, nicht versteckt
- beidbeinig, fest, „Standpunkt"
- erhobener Kopf – aber nicht hochnäsig

Arme und Hände

- Ruheposition seitlich vom Körper oder die Hände auf Nabelhöhe locker ineinander legen
- bildhafte Gesten – kein Gestikulieren im Sprachrhythmus
- Bewegungen oberhalb Gürtellinie und außerhalb Brustkorb
- langsame, ruhige Bewegungen

Gesicht

- Gesicht zuwenden – kein „schiefer Blick" aus den Augenwinkeln
- Blickkontrolle: zwei bis drei Sekunden je Bezugsperson
- freundliche Miene

Bewegung

- Zielstrebige Ortsveränderungen; kein „Auf und Ab"
- ruhiges Hantieren mit Demonstrationsmitteln
- kontrollierte Bewegungen

Stimme
- Pausen – besonders während der Bewegungen
- angemessenes Sprechtempo (Punkt – Pause)
- angemessene Lautstärke
- Bogensätze (Tonfall am Ende des Satzes absenken)

9.4 Gesprächsrahmen

Wichtig für ein erfolgreiches Gespräch ist auch ein angenehmer Gesprächsrahmen. Beachten Sie hierbei, dass Sie Ihrer Gesprächspartnerin ein sicheres Gefühl vermitteln, in dem diese ihre Anliegen besprechen können.

Wichtige räumliche Voraussetzungen

Gestalten Sie den Gesprächsrahmen positiv, indem Sie folgende Aspekte bedenken:
- Wählen Sie eine gute Position am Tisch – besser wäre es noch, Sie würden z.B. Elterngespräche in einer etwas lockereren Atmosphäre führen (Sitzecke o.Ä.).
  Setzen Sie sich nicht Ihren Gesprächspartnerinnen gegenüber, sondern beispielsweise über Eck. Lassen Sie ihnen so die Möglichkeit, unangenehme Punkte des Gesprächs quasi „an Ihnen vorbei" zu erzählen. Eine Sitzposition gegenüber der Gesprächspartnerin ist zudem eher konfrontativ.
- Achten Sie darauf, dass Ihre Gesprächpartnerinnen keine Tür im Rücken haben. Die Tür wirkt verunsichernd (besonders dann, wenn tatsächlich auch noch während des Gesprächs jemand in den Raum tritt oder durch die geöffnete Tür eine offene Frage klären möchte). Das lenkt nicht nur stark ab, sondern wird oft auch als unangenehm empfunden.
- Verunsicherung tritt auch bei einer Sitzposition auf, in der Sie vor einem Fenster sitzen und die Gesprächspartnerinnen gegen die helle Fensteröffnung mit dem evtl. starken Lichteinfall (z.B. die Sonne) blicken müssen. Sie können Sie im Gespräch kaum deutlich erkennen, also auch nicht Ihre nonverbalen Gesten, Ihre Mimik etc. Den Gesprächspartnerinnen fehlt somit ein wichtiger Informationskanal bzw. dieser steht nur eingeschränkt zur Verfügung.

Achten Sie bei jedem Gespräch auf den richtigen Rahmen, aber gestalten Sie die betreffenden Räume auch von vorneherein so, dass Sie die Ratschläge überhaupt umsetzen können!

Elterngespräche in neun Schritten – exemplarisch

Fassen wir die Grundstruktur eines Gesprächs kompakt zusammen – und zwar am Beispiel eines Elterngesprächs. Die Regeln lassen sich gut sinngemäß für andere Gespräche abwandeln und analog beherzigen. Das Gespräch hat folgenden Aufbau:

1. *Begrüßung*
   Wenn es möglich ist, begrüßen Sie Ihre Gesprächspartner schon im Foyer der Kita und gehen Sie gemeinsam mit ihnen in das Zimmer, in dem die Besprechung stattfinden soll. Zuvor haben Sie sich vergewissert, dass dieser Raum frei ist und sich im geeigneten Zustand befindet.

2. *Smalltalk*
   Suchen Sie unverfängliche Themen (Freizeit, Hobbys) und lassen Sie die Gesprächspartner erzählen. Verwenden Sie keine Ich-Aussagen. Die Gesprächspartner stehen im Mittelpunkt – es interessiert, was sie sagen.
   Beschränken Sie diese Gesprächsphase zeitlich und kommen Sie mit einer kurzen Überleitung zum Gesprächsanliegen. Aber lassen Sie diese Phase (von wenigen Ausnahmen abgesehen) niemals weg – sie hat in einer Gesprächsstruktur eine nachgewiesen wichtige Funktion. (Als Ausnahme sind Situationen denkbar, wo die Gesprächspartner unter „Spannung" stehen und von sich aus schnell zur Sache kommen wollen.)

3. *Klärung des Gesprächsanliegens*
   Versuchen Sie, die Gesprächspartner zu Wort kommen zu lassen. Das gelingt am besten, indem Sie W-Fragen stellen (siehe vorn in diesem Kapitel) und aktiv zuhören. „Aktives Zuhören" ist eine gezielte Technik, die man sich grundsätzlich aneignen sollte.

4. *Informationen zum Gesprächsanliegen sammeln*
   Sammeln Sie die unterschiedlichen Aspekte und arbeiten Sie im Gespräch das eigentliche Anliegen noch einmal klar heraus. Lassen Sie Aspekte zu dem Anliegen durch die Gesprächspartner sammeln und strukturieren Sie vorsichtig die Themen und Inhalte.

5. *Lösungswege erkunden*
   Eine gute Lösung ist eine Lösung, die die Betroffenen selbst gefunden haben. Helfen Sie ihnen bei der Klärung, aber vermeiden Sie allzu viele „Ratschläge". Sammeln Sie mögliche Lösungswege und lassen Sie die Gesprächspartner eine Rangfolge aufstellen, mit den Aspekten, die ihnen am erfolgversprechendsten erscheinen.

6. *Maßnahmen planen und vereinbaren*
   Erst jetzt planen Sie gemeinsam die nächsten Schritte. Sie können jetzt dosiert Hilfen anbieten – nachdem die Betroffenen selbst einige Maßnahmen vorgeschlagen haben.

7. *Zusammenfassung des Gesprächsinhalts und der Vereinbarungen*
   Fassen Sie kurz den Gesprächsverlauf und die Ergebnisse zusammen und lassen Sie sie noch einmal kurz bestätigen.

8. *Positives Resümee und positiver Ausblick*
   Den Abschluss des Gesprächs bilden ein positives Resümee und ein optimistischer und positiver Ausblick. Auch ein Dank für das gute Gespräch und die gute Gesprächsatmosphäre gehören dazu.

9. *Verabschiedung*
   Begleiten Sie die Gesprächspartner mit guten Wünschen zum Ausgang der Kita oder weisen Sie ihnen den Weg in andere Räume der Einrichtung, wenn sie sich noch länger aufhalten werden. Verabschieden Sie sich ausdrücklich.

Gespräche mit anderen externen Gesprächspartnern laufen ähnlich ab. Bei Gesprächen mit Mitarbeiterinnen entfallen natürlich der Empfang und die Verabschiedung in der hier beschriebenen Form. Gespräche mit Mitarbeiterinnen (formlos, über ein Sachthema etc.) sind im Übrigen von „Mitarbeiterinnengesprächen" (als Instrument der Personalführung) zu unterscheiden und diesen ist das gesonderte Kapitel 10 gewidmet.

9.5 Veränderung der Wahrnehmung durch Kommunikation

Eines der Ziele einer guten Kommunikation ist die Veränderung der Wahrnehmung der anderen Person im Verlauf der Kommunikation. Vermieden werden soll, dass der erste Eindruck überbewertet wird oder bestimmte Merkmale einer Person überbewertet werden. Kommunikationsstörungen zu vermeiden setzt allerdings voraus, dass sich im Gespräch die Möglichkeit eröffnet, die andere Person auch anders (und damit neu) wahrzunehmen (alle Punkte betreffen übrigens auch die eigene Person).

Jo Luft und Harry Ingman haben die Voraussetzungen zur Verbesserung der Wahrnehmung zusammengefasst und im so genannten JOHARI-Fenster dargestellt (auch oft in englischer Sprechweise als JOHARI-Window bezeichnet).

Feld A Arena Mir bekannt und anderen bekannt	Feld B Blinder Fleck Mir unbekannt, aber anderen bekannt
Feld C Intimsphäre Mir bekannt, aber anderen unbekannt	Feld D Unbewusstes Mir unbekannt und anderen unbekannt

Das JOHARI-Fenster ist ein Modell und oben stehend mit gleich großen Feldern ausgeführt, was nicht dazu verführen soll, die vier Bereiche de facto als „gleich" anzunehmen. Vielmehr geht es darum, zu veranschaulichen, dass man – ausgehend von einer anfänglichen Aufteilung – einzelne Felder gezielt verändern soll. Für das Erreichen guter Gesprächsergebnisse sind verschiedene Voraussetzungen erforderlich und es ist unter anderem wichtig, zu erkennen, dass Gespräche dann eine gute Aussicht auf Erfolg haben, wenn man Informationen über sich gibt und Feed-back über sich einholt, wodurch sich die Felder des Fensters verschieben:

Feld A Arena Mir bekannt und anderen bekannt
Feld C Intimsphäre

⇦

Hier wurde das Fenster positiv verändert für eine gute Kommunikation. Um das Feld offener Kommunikation (A) zu vergrößern, gebe ich etwas von mir preis (und verkleinere damit zugleich C).

Feld A Arena Mir bekannt und anderen bekannt	Feld B Blinder Fleck

⇧

Hier wurde das Fenster ebenfalls für eine gute Kommunikation verändert, indem durch Feed-back der blinde Fleck (B) verkleinert und so das Feld A vergrößert wurde. In beiden Fällen ist D unverändert. Zusammengenommen ergibt sich:

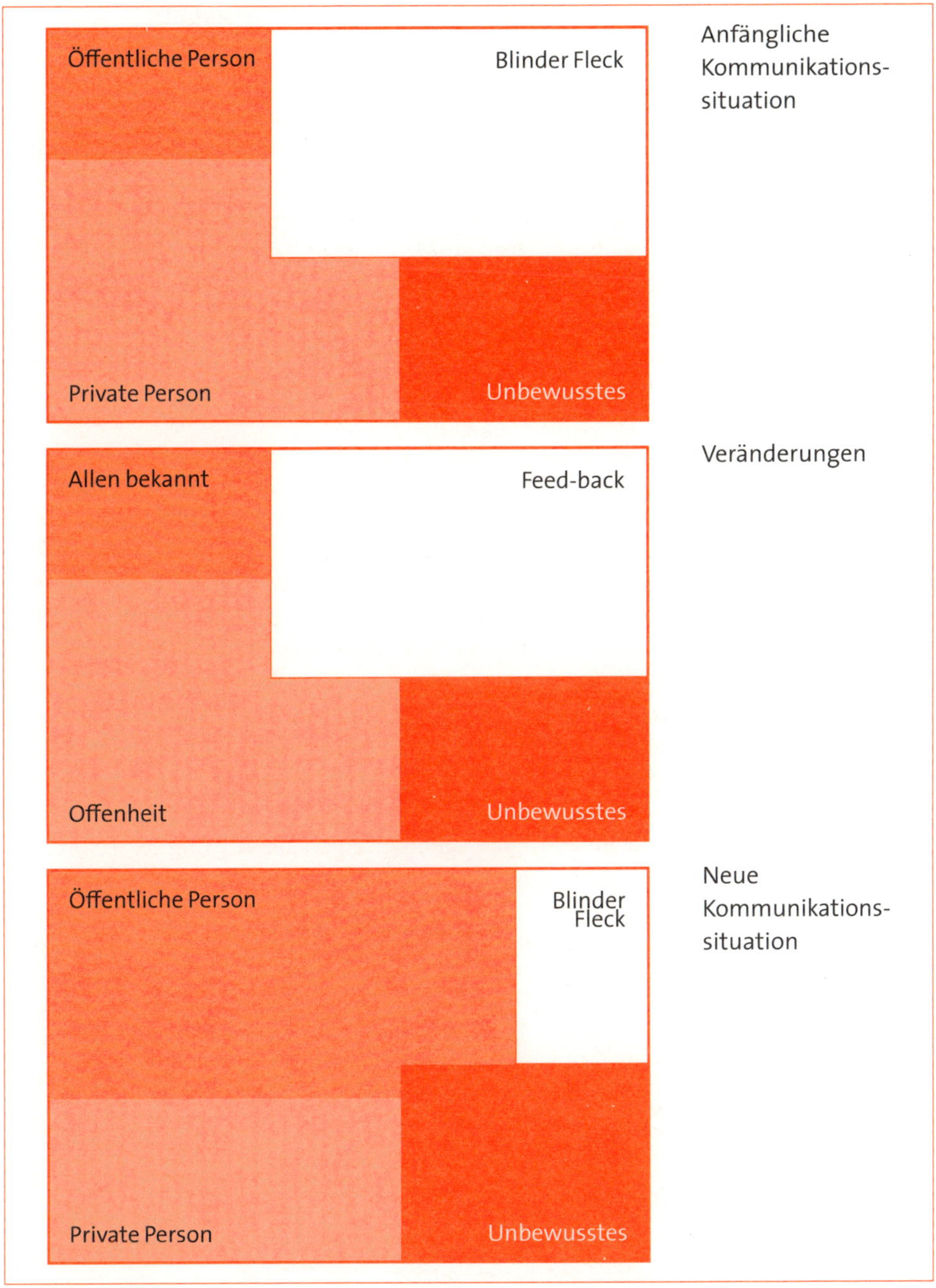

JOHARI-Fenster

9.6 Teamkommunikation nach TZI-Regeln

9.6.1 Was ist TZI?

Gute Kommunikation im Team setzt Mitarbeiterinnen voraus, die selbstverantwortlich und selbstbewusst ihr Gesprächsverhalten gestalten.

Sie können eine solche Gesprächshaltung fördern, wenn Sie die Kommunikation in Ihrem Team nach den Regeln der Themenzentrierten Interaktion (TZI) ausrichten.

TZI als Gruppenkonzept zur Kommunikation

TZI wurde von Ruth Cohen (geb. 1912) begründet. Mit TZI wird ein Gruppenkonzept bezeichnet, das auf aktives, schöpferisches und entdeckendes Lernen („Lebendiges Lernen") ausgerichtet ist, was heute sehr gut mit der Entwicklung eines Konzeptes der „Lernenden Organisation" verbunden werden kann.

TZI fördert die Möglichkeiten, effektiv und kreativ miteinander zu arbeiten und Lösungen zu finden, was insbesondere Vorteile im Konfliktmanagement mit sich bringt.

Beachtung der Balance

Das Konzept der TZI setzt einen bewussten Umgang mit sich selbst und der jeweiligen Situation voraus. Die handelnden Personen achten darauf, dass die Balance der individuellen Bedürfnisse, des Gruppengefühls und der Bearbeitung der Aufgabenstellung in einem ausgewogenen und produktiven Verhältnis bleiben.

Wenn Sie sich darauf verständigt haben, nach TZI-Regeln zu arbeiten, ist jedes einzelne Teammitglied gefordert, sich an die Einhaltung der Regeln zu halten.

Eine entsprechende gemeinsame Vereinbarung sollte von allen gemeinsam getroffen werden.

Insgesamt erfordert die Arbeit nach TZI-Regeln viel Selbst- und Fremdwahrnehmung, um sich immer wieder in Balance zu bringen. Dies setzt einen längeren Lernprozess voraus.

Bewusst gestaltete Tagesordnung

Um erfolgreiche Besprechungen, Verhandlungen oder Sitzungen mit der TZI-Methode durchzuführen, sind Sie gefordert, jeweils Themen zu sammeln, eine Tagesordnung festzulegen und die einzelnen Punkte positiv zu formulieren.

Sinnvoll ist es, mit den Punkten zu beginnen, die die höchste Wahrscheinlichkeit zur Übereinstimmung besitzen. Das schwierigste Thema sollte demzufolge an letzter Stelle bearbeitet werden.

9.6.2 Das TZI-Dreieck

Das Lernen in Gruppen läßt sich nach TZI als Dreieck mit drei gleichberechtigten Spitzen darstellen:

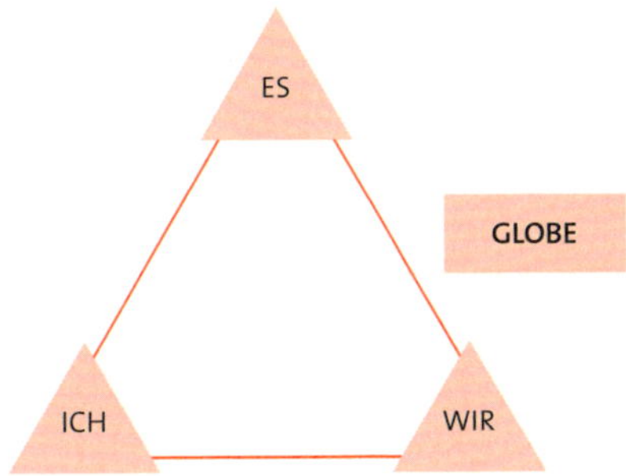

Das „ICH“: jede einzelne Person und ihre Eigenart

Das „WIR“: die Gruppe, ihre Mitglieder

Das „ES“: das Thema

Dieses Dreieck hängt aber nicht im luftleeren Raum, sondern befindet sich eingebettet im sozialen Umfeld bzw. in einer konkreten, aktuellen Situation („GLOBE“). Damit eine effektive Arbeit stattfinden kann, ist es wichtig, dass „ICH“, „WIR“ und „ES“ in einem ausgewogenen Verhältnis zueinander stehen.

Hauptregeln der Themenzentrierten Interaktion (TZI)

1. Sei dein eigener „Chairman“

Jede Gesprächsteilnehmerin trägt für sich selbst Verantwortung. Sie entscheidet, wann sie sprechen möchte und wann sie lieber schweigen will. Sie nimmt sich, die anderen aus ihrer Gruppe und die Gruppenaufgabe gleichermaßen ernst. Sie ist sozusagen ihre eigene „Leiterin“. Sie weiß um die Verantwortung für das, was sie denkt, sagt und tut. Ebenso ist sie sich darüber klar, dass die anderen Teammitglieder die gleiche Eigenverantwortung für sich haben.

2. Störungen haben Vorrang

Die Bearbeitung eines Themas kann dadurch gestört werden, dass einzelne oder mehrere Personen sich nicht auf die gemeinsame Aufgabe konzentrieren können.

Äußere Einflüsse, persönliche Befindlichkeiten, Spannungen im Team können blockieren und Energien binden, die dann der Arbeit verloren gehen.

Störungen können auch freudig sein

Dabei muss es sich nicht um Ärgernisse, Abneigungen oder Konflikte handeln. Auch freudige Erlebnisse oder überschäumende Heiterkeit können vom eigentlichen Thema ablenken.

Diese Störungen müssen wahrgenommen und mitgeteilt werden können, wenn sie nicht unterschwellig weiter wirken sollen.

Tief sitzende Probleme später lösen

Bearbeitet werden sie allerdings nur insoweit, wie sie den momentanen Fortgang hemmen. Bei tief sitzenden Problemen müsste vielleicht ein anderer Zeitpunkt zur Lösung gefunden werden.

Hilfsregeln der Themenzentrierten Interaktion

Die Hilfsregeln sind keine Gesetze, sie sollen aber die Gespräche im Team untereinander fördern und damit konstruktiv unterstützen.

a. Sprich in der ICH-Form
Kein Teammitglied soll sich hinter verallgemeinernden Aussagen „verstecken", sondern sich seiner Eigenverantwortung bewusst sein. Keine „man"- oder „wir"-Aussagen.
Kein Teammitglied kann bzw. soll für ein anderes Teammitglied sprechen. Diese Regel hilft, selbstverantwortliche Aussagen zu fördern, eigene Ideen und Standpunkte zu vertreten – aber auch für eventuelle Fehler geradezustehen.

Beispiel:
Nicht: „Wir meinen, dass das Projekt anders hätte geplant werden müssen."
Sondern richtig: „Ich habe den Eindruck, dass wir das nächste Projekt anders planen müssen."

b. Keine Scheinfragen stellen
Fragen (Scheinfragen) sind oft Vermeidungsstrategien, um die eigenen Ansichten oder Erfahrungen nicht offen aussprechen zu müssen.
Aber viele Zeit raubende Fragen könnten vermieden werden, wenn sich jede Gesprächs- oder Besprechungsteilnehmerin, bevor sie eine Frage stellt, bewusst macht, warum sie jetzt diese Frage stellt und wie wichtig sie ihr ist.
Es sollen auch nur solche Fragen gestellt werden, die dem Informationsbedürfnis dienen. Aussagen der Gesprächsteilnehmerinnen regen die Diskussion an.

Beispiel (Scheinfrage): „Passiert dir das öfter, dass du die Diskussion nicht im Griff hast?"
Beispiel (Info-Frage): „Das ist mir noch nicht ganz klar – wie motiviert ihr bei euch die Gruppenzweitkräfte?"

c. Persönliche Aussagen statt Interpretationen
Durch unangemessene Interpretationen kann eine spontane und lebendige Kommunikation gestört werden.
Durch persönliche Aussagen in der Gruppe wird ein angenehmes und produktives Gesprächsklima geschaffen.

Beispiel (Interpretation): „Das sagst du jetzt nur, weil du der Kollegin Meier gegenüber ein schlechtes Gewissen hast."
Beispiel (pers. Aussage): „Das trifft mich sehr, was du da eben gesagt hast. Wie kommst du zu dieser Auffassung?"

d. Feed-back begründen
Wer etwas Persönliches über eine andere Gesprächsteilnehmerin aussagt, muss begründen, was sie an der Eigenschaft oder dem Verhalten der anderen stört.

Beispiel: „Mir ist aufgefallen, dass du immer wartest, bis fast alle Kolleginnen sich geäußert haben, und du dich nie selbst vorher äußerst, danach aber immer mit der Mehrheit stimmst. Ich möchte deine persönliche Meinung gern hören."

e. Seitengespräche haben Vorrang
Seitengespräche, die parallel zum eigentlichen Gruppengespräch stattfinden, können auf eine starke Beteiligung zu dem Thema hindeuten.
Durch Unsicherheit oder Angst können die Teammitglieder gehemmt sein, ihre Äußerungen in der Gruppe zu machen.
Diese Seitengespräche können oft wichtige Informationen zum Thema enthalten.
Seitengespräche können aber auch auf Langeweile zurückzuführen sein, dann ist die Balance nicht mehr gegeben.
Diese Störung sollte dem Team mitgeteilt werden, damit sich die Teilnehmerinnen wieder in den Prozess einklinken können.

f. Es spricht immer nur eine
Um eine konstruktive Gesprächsatmosphäre anzustreben, die von Eigenverantwortlichkeit für sich und gegenseitiger Achtung der anderen Gruppenmitglieder geprägt ist, soll man den anderen aufmerksam zuhören und sie nicht unterbrechen.
Wenn mehr als eine gleichzeitig sprechen will, ist es günstig, eine Reihenfolge der Beiträge festzulegen.
Um Achtung und Toleranz zu gewährleisten, sollen die Gruppenmitglieder aufmerksam zuhören und nicht andere unterbrechen.

9.7 Konfliktbewältigung in der Kita

9.7.1 Was ist ein Konflikt

Konflikte treten überall dort auf, wo Menschen miteinander in Beziehung stehen. Ein Konflikt liegt vor, wenn mindestens zwei Elemente untereinander gleichzeitig gegensätzlich oder unvereinbar sind.

Konflikte entstehen, wenn verschieden gerichtete (gegensätzliche) Interessen, Bedürfnisse, Motive, Meinungen oder Verhaltensweisen aufeinandertreffen.

Kitas sind „konfliktanfällig“ (viele Konfliktfelder)

In der Kita gibt es daher viele Konfliktfelder, auf die dies zutrifft: Konflikte zwischen Mitarbeiterinnen, Konflikte mit Elternvertreterinnen oder einzelnen Eltern, Konflikte mit anderen Institutionen und Konflikte mit dem eigenen Träger, um nur einige zu nennen.

Einteilung von Konflikten

Sie können Konflikte grundsätzlich in zwei Kategorien einteilen: intrapersonelle Konflikte und interpersonelle Konflikte. Das wird gleich näher erläutert. Beide Konfliktkategorien stehen in einem Zusammenhang, was auf verschiedenen Ebenen beleuchtet wird.

Konflikte liegen in der Person

Intrapersonelle Konflikte

Unter einem intrapersonellen Konflikt versteht man einen Konflikt zwischen verschiedenen Strebungen innerhalb derselben Person, das heißt, das Problem oder ein Teil des Problems liegt in der eigenen Person. Die bekannteste Einteilung dazu stammt von Kurt Lewin. Er unterscheidet drei intrapersonelle Konfliktformen:

Intrapersonelle Konfliktformen nach Lewin

Annäherungs-Annäherungs-Konflikt (Appetenz-Appetenz-Konflikt)
Eine Mitarbeiterin steht zwischen zwei Zielen, die sie für gleich wertvoll hält, aber nicht gleichzeitig anstreben/erreichen kann.

Beispiel:
Eine Erzieherin möchte eine gute Zusammenarbeit mit ihrer Kollegin in der Gruppe – andererseits möchte sie jedoch ihre Entscheidungen allein treffen.

Vermeidungs-Vermeidungs-Konflikt (Aversions-Aversions-Konflikt)
Eine Kindergartenleiterin muss zwischen zwei Gegebenheiten entscheiden, die sie beide als Übel ansieht.

Beispiel:
Eine Kindergartenleiterin will keine Ausgaben für einen Studientag oder eine Fortbildung tätigen – sie will andererseits keinen Konflikt mit ihren Mitarbeiterinnen austragen, weil sie deren Wunsch nach Fortbildung nicht berücksichtigt.

Annäherungs-Vermeidungs-Konflikt (Appetenz-Aversions-Konflikt)
Eine Kindergartenleiterin steht vor einer Entscheidung, die ihr sowohl Wertvolles wie auch Übles bringt.

Beispiel:
Die Kita-Leiterin möchte eine Erzieherin gern fest an den Kindergarten binden – sie will allerdings keinen unbefristeten oder langfristigen Arbeitsvertrag abschließen

Interpersonelle Konflikte
Darunter versteht man Konflikte, die zwischen verschiedenen Personen (z.B. im Kita-Team) entstehen können.

Konflikte zwischen Personen

Sie können hier vier verschiedene Konfliktarten unterscheiden:

- Konflikte in einer Gruppe
  In einem solchen Fall kommt es innerhalb eines Teams zu einer Cliquenbildung.
- Konflikt „eine" gegen eine Gruppe
  Die Teamsprecherin oder die Gruppensprecherin bzw. die einzige Frau / der einzige Mann etc. im Team werden isoliert etc.
- Konflikte zwischen zwei oder mehreren Gruppen
  Kindergartengruppe A gegen Kindergartengruppe B, Hort gegen Krippe oder Gruppenerzieherinnen gegen therapeutische Mitarbeiterinnen, Heilpädagoginnen o.Ä.
- Konflikte zwischen zwei größeren Organisationseinheiten oder zwischen verschiedenen Organisationen
  Die Mitarbeiterinnen des Kindergartens A gegen die Mitarbeiterinnen der Kita B (Konkurrenzsituationen, bei geplanter Gruppenschließung, Platzreduzierung oder konzeptioneller Veränderung bzw. Ausweitung des pädagogischen Angebots etc.)

9.7.2 Konfliktbearbeitung

Wenn Sie aufgetretene Konflikte bearbeiten wollen, ist es sinnvoll, wenn Sie zuerst eine Konfliktanalyse vornehmen.

Sie klären zuerst, ob es sich um einen intrapersonellen Konflikt handelt.

Kriterien für intrapersonelle Konflikte sind u.a.:
- Verunsicherung,
- Belastung,
- Betroffenheit,
- Druck zur Störungsüberwindung,
- Ausmalen von dem, was geschehen könnte.

Klären Sie dann, ob es sich um einen interpersonellen Konflikt handelt.

In diesem Fall spielen folgende Merkmale bei der Konfliktentstehung eine wichtige Rolle:
- die Form der Kommunikation untereinander,
- die unterschiedliche, vorgefertigte oder einseitige Wahrnehmung von Personen oder Situationen,
- entgegensetzte Einstellungen und
- ignorierendes, verletzendes Verhalten etc.

9.7.3 Strategien zur Konfliktlösung

Mit welcher Einstellung gehen Sie an Konflikte heran? Welche grundsätzliche Konfliktlösungsstrategie bevorzugen Sie? Diese Frage ist verständlicherweise für eine Führungskraft besonders wichtig. Letztendlich können Sie die zur Verfügung stehenden Konfliktlösungsstrategien auf sechs Möglichkeiten reduzieren:

Sechs mögliche Konfliktlösungsstrategien

1. Flucht	*Sie gehen dem Konflikt aus dem Weg. Die Spannung bleibt allerdings erhalten. Sie streben in Wirklichkeit gar keine Konfliktlösung an. Eine andere Verhaltensweise ergibt sich erst, wenn Sie sich in die Enge getrieben fühlen. Dann wäre der nächste mögliche Schritt der Übergang zum Kampf.*

2. Kampf	*Mit Kampf zielen Sie auf Sieg und Niederlage (Unterwerfung). Auch hier gibt es im Prinzip keine dauerhafte Konfliktlösung, da der unterlegene Teil in der Regel bestrebt ist, die Niederlage bei der nächsten Möglichkeit zu revidieren. Die Konfliktdynamik bleibt latent erhalten.*
3. Nachgeben/ Besänftigen	*Um die Hitze aus einem Konflikt zu nehmen, kann es sinnvoll sein, dass Sie versuchen, die Atmosphäre zu entspannen, um auf eine gleiche Ebene zu kommen. Hierzu kann die Bereitschaft gehören, zu signalisieren, dass Sie in einigen Punkten auch nachgeben könnten. Als grundlegendes Modell eignet es sich jedoch nicht, da der Konflikt ebenfalls nicht geklärt ist. Beispiel: Aus Freundschaft gebe ich nach.*
4. Kompromiss	*Beide geben Teile ihrer Positionen auf, um von der anderen Seite jeweils dafür andere Teile bestätigt, zugeschlagen zu bekommen. Der Kompromiss gehört zu den echten Konfliktlösungen, da es eine Vereinbarung beider Seiten gibt (in dieser gemeinsamen Vereinbarung liegt eigentlich auch der Gewinn). Der Nachteil besteht darin, dass es sich bei diesem Modell letztlich um ein Verlierer-Verlierer-Modell handelt, bei dem beide Seiten von ihren Vorstellungen abrücken müssen. Kompromisse können jedoch auch Ausgangspunkt für Konsenslösungen sein. Vielfach ist es daher sinnvoll, erst einmal eine Kompromisslösung anzustreben und darauf aufbauend weitere Möglichkeiten (in einer dann entspannten Situation) zu entwickeln.*
5. Konsens	*Beide Seiten formulieren das Problem neu und eröffnen somit neue Lösungsmöglichkeiten, die beide Seiten voll akzeptieren können. Der offensichtliche Vorteil liegt darin, dass beide Parteien einen Gewinn erzielen.*
6. Delegation	*Bei der Delegation ist für Sie die Hilfe dritter, außen stehender Personen notwendig für den Konfliktlösungsprozess. Delegation kann den Kompromiss (Schiedsverfahren, Gerichtsentscheid) zum Ziel haben oder einen Konsens (Prozessberatung etc.).*

Nachfolgend ein Modell der Konfliktlösungsstrategien:

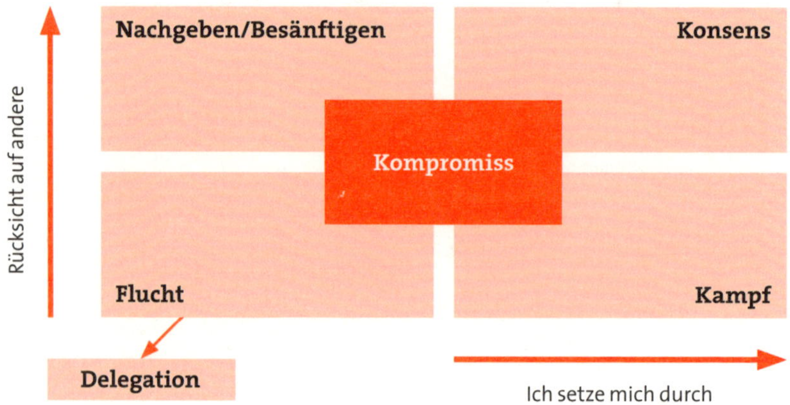

Jede dieser Konfliktlösungsmöglichkeiten außer dem Konsens birgt Nachteile in sich, bietet aber auch (entweder individuell oder für alle Personen) Vorteile für die Beteiligten, siehe die Gegenüberstellung auf der folgenden Seite.

Selbstreflexion

Reflektieren Sie Ihr bisheriges typisches Konfliktverhalten. Tragen Sie ein:

Bedenken Sie die Vor- und Nachteile und überlegen Sie, ob und in welche Richtung Sie Ihr Konfliktverhalten ändern sollten/wollen. Tragen Sie ein:
Mein Konfliktverhalten, das ich zukünftig stärker zeigen werde:

Konfliktverhalten		
Verhalten	Vorteil	Nachteil
Flucht	Weg des geringsten Widerstandes	Scheinlösung
	Sicherheit	Konflikte werden aufgeschoben
Kampf	schnelle Konflikt-bewältigung	Scheinlösung
	Abschreckung	Rachegefühle
Delegation	schnelle und sachliche Konfliktlösung	Schiedsspruch wird nicht akzeptiert
		Schlichter oft nicht neutral
Kompromiss	Interessen aller werden berücksichtigt	hoher Zeitaufwand
	Verhandlung	Gefahr bei Manipulation
Konsens	endgültige Lösung	hoher Zeitaufwand
	positive Wirkung	hohe Anforderungen an die Beteiligten
Nachgeben/ Besänftigen	keine Auseinander-setzung	wie bei Flucht
		Rachegefühl

Wichtig bei der Konfliktlösung ist, dass Sie das Finden einer gemeinsamen Basis mit allen Beteiligten vorantreiben. Dabei kann es sinnvoll sein, den Konflikt in Teilbereiche zu zergliedern. Hilfreich ist eine Kräftefeldanalyse, mit der Sie klären, was für die Konfliktlösung hinderlich ist und was dafür förderlich sein kann. In der Praxis hat sich bei Konflikten einzelner Mitarbeiterinnen oder Gruppen ein Vorgehen in nachfolgender Schrittfolge bewährt:

Sechs Schritte zur Konfliktbewältigung

1. Schritt: Bestandsaufnahme

Sie sollen die Beteiligten ermuntern, aus ihrer Sicht den Konflikt zu schildern und die Inhalte aus ihrer Sicht detailliert zu beschreiben. Eine differenzierte Darstellung ist die Grundlage für die spätere Konfliktlösung. Wird dieser Aspekt von Ihnen nicht sorgfältig oder zu schnell bearbeitet, droht die Verschärfung des Konfliktes oder das Scheitern der Konfliktlösung ist vorprogrammiert.

Eine Bestandsaufnahme (Stufe ermitteln) kann zuerst mit der Konflikt-Treppe vorgenommen werden (folgende Seite). Danach können Sie erkennen, welche Interventionsform (interne Moderation, Supervision als Form externer Moderation, Vermittlungsverfahren oder z.B. Trägerentscheidung) Sie wählen können/wollen.

2. Schritt: Sammeln von Informationen zu Hintergründen und Ursachen des Konfliktes, Hypothesenbildung

- *Gibt es erkennbare Ursachen für den Konflikt aus der Sicht der Betroffenen?*
- *An welchem aktuellen Anlass hat sich der Konflikt entzündet?*
- *Welche Motive hatten die Beteiligten für ihr bisheriges Verhalten?*

3. Schritt: Wünsche und Ziele der Beteiligten feststellen

Welche tatsächlichen Interessen, Wünsche, Bedürfnisse und Ziele liegen dem Verhalten der Einzelnen zugrunde? Was wollen sie im Einzelnen?

4. Schritt: Lösungsmöglichkeiten erarbeiten

Mit kreativen Methoden (Moderation, Kreativitätstechniken o.Ä.) mit den Beteiligten verschiedene Lösungsmöglichkeiten suchen. Herausarbeiten von Möglichkeiten auf der Kompromiss-Ebene und auf der Konsens-Ebene. Wichtig ist es, keine Niederlagen zu produzieren. Sie können die erarbeiteten Lösungsmöglichkeiten auf einer Matrix eintragen und die Wege ausschließen, die nicht „niederlagenlos" umgesetzt werden können.

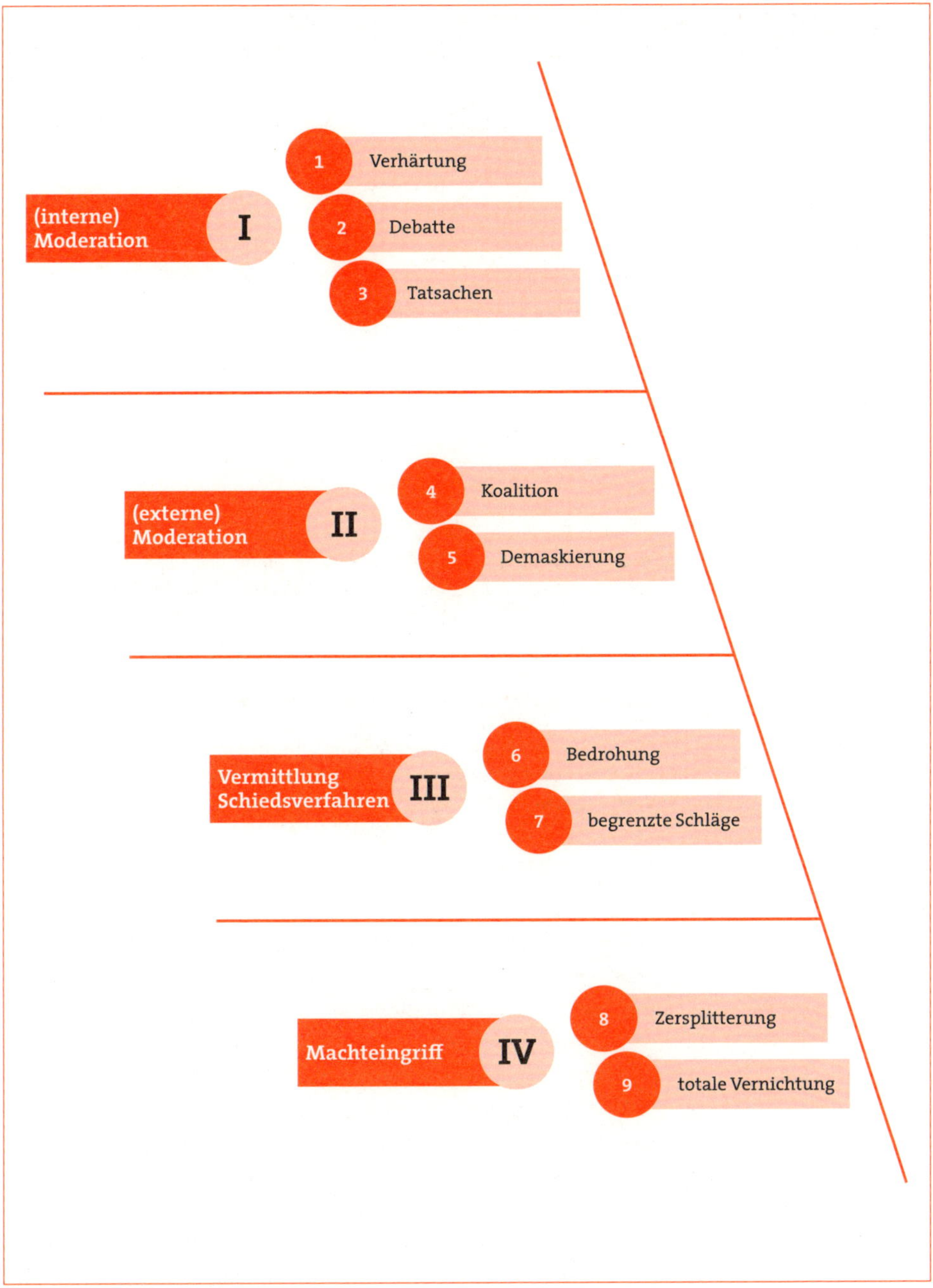

Neun Schritte zum „Abgrund"

Konfliktlösungsmatrix				
Anzahl der Möglichkeiten				
	1. Möglichkeit	2. Möglichkeit	3. Möglichkeit	4. Möglichkeit
Flucht				
Nachgeben				
Kampf				
Kompromiss				
Konsens				
Delegation				

5. Schritt: Entscheidungen treffen und Vorgehen planen

Nach einer Bewertung der in 4. erarbeiteten Lösungsmöglichkeiten werden Entscheidungen getroffen, wie der Konflikt beigelegt wird. Das weitere Vorgehen wird geplant, die einzelnen Aufgaben etc. festgelegt.

6. Schritt: Vereinbarungen mit den Beteiligten treffen

Die in Schritt 5 getroffenen Festlegungen werden zwischen den Konfliktbeteiligten konkret und verbindlich vereinbart. Eine Reflexion wird nach einem vereinbarten Zeitraum festgelegt.

Mit der Matrix können Sie Ideen und mögliche Lösungen miteinander verknüpfen und sich damit einen guten Überblick über mögliche Wege erschließen.

Nutzungsweise der Matrix

Versuchen Sie zuerst für die jeweiligen Strategien jeweils die vier Lösungs- bzw. Verhaltensmöglichkeiten auszufüllen, also z.B. für „Flucht“ vier Beispiele zu finden (typisch, aber nicht konfliktlösend sind z.B. Urlaub nehmen, Krankschreibung o.Ä.). Erst wenn Sie mindestens drei konkrete Ideen je Handhabungsform gefunden haben, sollten Sie jeweils eine Form auswählen. Dann gehen Sie ebenso bei den anderen Lösungsstrategien vor. Zuletzt entwickeln Sie mithilfe der Matrix-Ergebnisse Ihre Strategie der Konfliktlösung. Wählen Sie also die entsprechende Möglichkeit aus und legen Sie dann weitere Schritte fest.

10 Mitarbeiterinnengespräche führen

10.1 Grundsätzliches und Zielvereinbarungen

Die Kommunikation mit den Mitarbeiterinnen gehört zu den wichtigsten Aufgaben, die Sie als Führungskraft bewältigen müssen.

Wenn Sie als Kita-Leitung hierfür als ein Instrument das Mitarbeiterinnengespräch einsetzen wollen, kann das verschiedene Hintergründe haben.

Gründe für Mitarbeiterinnengespräche

So könnte es beispielsweise eines Ihrer Ziele sein, die Arbeitsergebnisse und das Arbeitsverhalten gemeinsam mit der Mitarbeiterin einzuschätzen. Dazu gehört dann auch, dass beide Parteien eine kritische Bewertung der Arbeit des vergangenen Zeitraumes vornehmen und die Erreichung der angestrebten Ziele bewerten. Natürlich ist es eine der Voraussetzungen, dass Sie überhaupt Ziele vereinbart haben.

Es ist aber sicherlich ein großer Fortschritt, wenn Sie überhaupt ein regelmäßiges Mitarbeiterinnengespräch durchführen.

In der Praxis oft große Behutsamkeit

Soziale Einrichtungen entwickeln schnell ein Klima von Behutsamkeit und Nähe, das auch zu einer Form von mangelnder Innovationsbereitschaft und zu Beschaulichkeit führen kann.

Sie können hier vier Organisationstypen unterscheiden:

Vier Grundausrichtungen in (sozialen) Organisationen	
Die Kita mit einem distanzierten Klima, das von Bestrebungen der Mitarbeiterinnen nach Wechsel und Distanz dominiert ist.	Die eher dynamisch-schwungvolle Kita, deren Mitarbeitinnen stets auf der Suche nach Wechsel und Nähe sind.
Die Kita mit einer ordnendwahrenden Kultur, deren Mitarbeiterinnen nach Dauer bei gleichzeitiger Distanz streben.	Die Kita, in der sich ein Klima von Nähe, Wir-Gefühl und Dauer entwickelt hat und in der die Gefahr von Beschaulichkeit und Starre besteht.

Kommunikation, speziell das Führen von Mitarbeiterinnengesprächen, erfüllt eine wichtige Funktion zur Versachlichung des Arbeitsklimas.

Leiterinnenrolle vermitteln

Durch regelmäßige Gespräche können Sie als Leiterin auch Ihre Rolle noch einmal deutlich werden lassen und zur Entwicklung eines sachlichen Organisationsklimas beitragen. Dies ist möglich bei einer gleichzeitigen Haltung, mit der Ihr persönlicher Kontakt und Ihre persönliche Betroffenheit als Leiterin deutlich hervorgehoben werden.

Einschätzung der Kooperation

Ein weiterer Punkt für ein Mitarbeiterinnengespräch könnte für Sie die Einschätzung der Kooperation im Kindergarten sein – und es könnte das Mitarbeiterinnengespräch dazu beitragen, dass Sie als Leitung eine Rückmeldung zur Arbeit im Mitarbeiterinnenteam bzw. zu Ihrer Leitungstätigkeit erhalten. Die Mitarbeiterin würde ebenso von einem solchen Gespräch profitieren, da sie jetzt selbst einschätzen kann, wie ihre Leistung bzw. ihr Verhalten durch die Leitung eingeschätzt wird.

Zielvereinbarungen

Aber auch für die zukünftige Arbeit, für die Entwicklung einer Perspektive ist ein solches Gespräch sehr wichtig, denn Sie können dabei Vereinbarung treffen, über die von Ihnen angestrebten Ziele für die kommenden Monate. Absprachen über die weitere Zusammenarbeit und der Austausch über berufliche Mitarbeiterinnenperspektiven und berufliche Ziele könnten Inhalt sein.

Klärung von Perspektiven

Planung von Qualifizierung

Das Mitarbeiterinnengespräch dient jedoch in jedem Fall auch zur Klärung mittelfristiger Perspektiven der Mitarbeiterin in der Kindertageseinrichtung und soll persönliche Planungen mit beruflichen Erfordernissen in Einklang bringen. Ein wesentlicher Aspekt sind hierbei die Planung gezielter Weiterqualifizierungen oder von Supervision bei der jeweiligen Mitarbeiterin, die im Gespräch erörtert werden und über die Vereinbarungen getroffen (und schriftlich fixiert) werden, siehe folgende Seite.

Ziele des regelmäßigen Mitarbeiterinnengesprächs

⇩	⇩	⇩	⇩	⇩
Motivation fördern	Zufriedenheit der Mitarbeiterinnen erhöhen	Verbesserung in der Kultur der Organisation	Leistungsverbesserungen und Fehlerminimierung	Verbesserung der Kommunikation zwischen Mitarbeiterinnen und Vorgesetzten

Kindertageseinrichtung: ______________________________

Zielvereinbarungen

des Gesprächs vom ______________________________

Name

Tätigkeitsbereich

Tätigkeitsbereich

____
Erzieherin; Kinderpflegerin etc.

____
Leiterin / stellv. Leiterin

Zielvereinbarungen

Was	Zwischen-Check	bis wann	Bemerkungen

____
Mitarbeiterin

____
Kita-Leitung

____
Ort

____
Datum

Merkpunkte zum Mitarbeiterinnengespräch

Grundsätzliches

Wo sollte das Gespräch stattfinden?
- *Im Zimmer der Leitung nicht am Schreibtisch, sondern in einer Besprechungsecke.*
- *Zur Besprechung ins eigene Büro einladen.*

Wie viel Zeit benötigen Sie?
- *Ausreichend Zeit einplanen und Zeitrahmen festlegen.*

Wie können Sie sich gut abschirmen?
- *Während des Gesprächs keine Unterbrechungen zulassen (Telefonate, Besuche).*
- *Vertraulichkeit sicherstellen (niemand soll zusehen oder mithören können).*

Vor dem Gespräch

Was wissen Sie über die Tätigkeit der Mitarbeiterin?
- *Verantwortlichkeiten?*
- *Besondere Pflichten?*
- *Fertigkeiten und Kenntnisse?*
- *Sinn und Zweck der Aufgabe?*

Was wissen Sie über die Mitarbeiterin persönlich?
- *Leistungsbeurteilung für den abgelaufenen Zeitraum?*
- *Haltung/Einstellung zur Arbeit?*
- *Haltung/Einstellung zu den Kolleginnen?*
- *Haltung/Einstellung zur Kita-Leitung?*
- *Ehrgeiz und Wünsche für die berufliche Entwicklung?*
- *Hauptarbeitsinteressen?*
- *Hauptstärken?*
- *Persönliche Besonderheiten?*
- *Außergewöhnliche Probleme?*

Worauf spricht die Mitarbeiterin am besten an?
- *Welches waren die Ergebnisse des letzten Mitarbeitergesprächs?*
- *Was wurde besprochen?*
- *Was wurde vereinbart?*
- *Wie hat die Mitarbeiterin reagiert?*
- *Was ist seitdem geschehen?*

Wodurch bekommen Sie die von Ihnen gewünschten Informationen?
- *Durch direkte Beobachtung?*
- *Durch die Arbeitsplatzbeschreibung?*
- *Durch bereits vorliegende Beurteilungen?*
- *Durch Arbeitsberichte?*
- *Aus der Personalakte?*
- *Über andere Leitungen, bei denen die Mitarbeiterin beschäftigt war?*

Was wollen Sie erreichen?
- *Verbesserung von Einstellung, Fertigkeiten und Kenntnissen?*
- *Herausarbeitung von Schwerpunkten, auf die sich die Mitarbeiterin konzentrieren soll?*
- *Einen auf die Mitarbeiterin zugeschnittenen Fortbildungsplan?*
- *Besonderheiten, die ich von der Mitarbeiterin erfahren möchte (Informationen von unten nach oben).*

Wie gehen Sie am besten vor?
- *Wann führen Sie das Gespräch am besten?*
- *Wann und wie machen Sie Ihre Notizen?*
- *Wie eröffnen Sie das Gespräch?*
- *Wie schalten Sie Störungen aus?*
- *Auf welche Besonderheiten müssen Sie achten?*

Im Gespräch

Beginn
- *Stellen Sie sich auf die Gesprächspartnerin ein, lockern Sie auf, bauen Sie Widerstände ab und schaffen Sie eine zwanglose Atmosphäre (Smalltalk führen, nicht bei Kritikgespräch).*
- *Schaffen Sie durch sachlich-klare Auskunft über Anlass und Sinn des Gesprächs die „richtige" Einstellung.*

Durchführung des Gesprächs
- *Geben Sie der Mitarbeiterin nach der Einleitung Gelegenheit zu freier Äußerung.*
- *Zuhören ist wichtig.*
- *Regen Sie durch offene Fragen zu weiteren Äußerungen an.*
- *Führen Sie das Gespräch „asymmetrisch" (dem Partner den größeren Anteil an Zeit/Wort überlassen).*
- *Erzwingen Sie keine Antwort.*
- *Vermeiden Sie den Eindruck des Examens.*
- *Stellen Sie keine Suggestivfragen (Sie sind doch auch der Meinung ...).*
- *Stellen Sie keine verfänglichen Fragen.*

- *Ergreifen Sie nicht Partei.*
- *Führen Sie keine Wortgefechte.*
- *Frustrieren Sie nicht durch Unmutsäußerungen.*
- *Klären Sie durch Zusammenfassung (Paraphrasieren).*
- *Respektieren Sie die Gesprächspartnerin.*
- *Sprechen Sie so mit Ihrer Mitarbeiterin, wie diese auch mit Ihnen sprechen kann (umkehrbares Verhalten).*

Abschluss

- *Geben Sie beim Gespräch Ihrer Partnerin das Gefühl, „Zeit zu haben".*
- *Würgen Sie das Gespräch nicht ab, streben Sie jedoch ein „natürliches Ende" des Gesprächs an.*
- *Fassen Sie die wesentlichen Punkte zusammen und bitten Sie um Bestätigung durch die Partnerin.*
- *Streben Sie einen positiv-versöhnlichen Ausklang des Gesprächs an – auch nach einer harten Auseinandersetzung.*
- *Beenden Sie mit einem positiven Ausblick bzw. einer optimistischen Prognose.*

Reflexion des Gesprächs

- *Haben Sie in diesem Gespräch den Willen der Mitarbeiterin geweckt, mit Ihnen zusammenzuarbeiten?*
- *Haben Sie Widerstand erzeugt? Falls ja, wie hätten Sie sich ausdrücken können, um diese Reaktion zu vermeiden?*
- *Haben Sie der Mitarbeiterin genügend Zeit und Gelegenheit gegeben, ihre eigenen Ansichten zum Ausdruck zu bringen?*
- *Haben Sie sie verunsichert, anstatt sie sicherer zu machen?*
- *Versteht sie genau, was von ihr erwartet wird?*
- *Haben Sie eine ganz bestimmte Arbeitsweise vorgeschlagen, wie sie beginnen kann, ihre Tätigkeit zu verbessern?*
- *Haben Sie irgendetwas versprochen, von dem Sie nicht sicher sind, ob Sie es halten können, z.B. Zusagen oder Gehaltserhöhungen?*
- *Wie wäre Ihre Reaktion gewesen, wenn Sie als Gesprächspartnerin auf der anderen Seite gesessen hätten?*

Im folgenden Schaubild sind noch einmal die möglichen Ziele eines regelmäßigen Mitarbeiterinnengesprächs zusammengefasst.

Neben dem regelmäßigen Mitarbeiterinnengespräch, das Sie in der Regel jährlich einmal durchführen, gibt es auch auf bestimmte Anlässe bezogene Mitarbeiterinnengespräche. Dazu gehören Kritik- bzw. Anerkennungsgespräche (folgende Abschnitte).

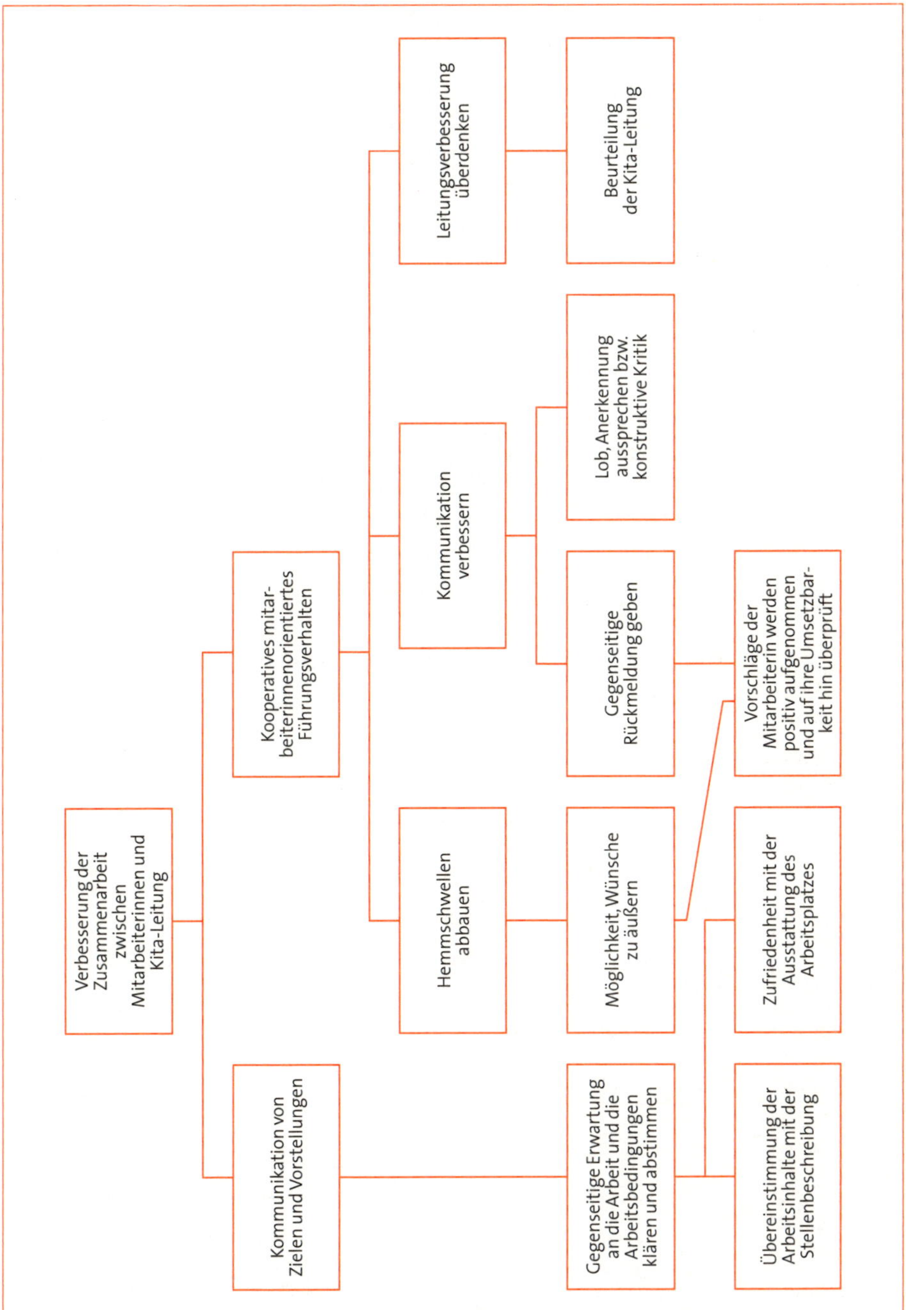

Ziele des regelmäßigen Mitarbeiterinnengeprächs

10.2 Vorbereitung eines Mitarbeiterinnengesprächs

In ein Mitarbeiterinnengespräch sollten Sie gut vorbereitet hineingehen. Selbstverständlich ist dieses Gespräch von Ihnen vorher angekündigt worden. Sicherlich ist es ratsam, diese Gespräche mit allen Mitarbeiterinnen in einem zusammenhängendem Zeitrahmen stattfinden zu lassen und auch den Mitarbeiterinnen eine gute Vorbereitung zu ermöglichen.

Eine gute Möglichkeit besteht darin, einen Vorbereitungsbogen auszufüllen (für Sie als Leitung und auch für die jeweilige Mitarbeiterin).

Führen Sie Ihr Mitarbeiterinnengespräch anhand dieses Gesprächsleitfadens und notieren Sie Ihre Anmerkungen möglichst während des Gesprächs. Betrachten Sie diese Struktur als Orientierungshilfe. Die Fragen sind nicht als Checkliste zur Abarbeitung gedacht, sondern als Orientierung. Sie können so die wichtigen Gesprächsergebnisse schriftlich festhalten und dokumentieren.

Vorbereitungsbogen zum Mitarbeiterinnen-Gespräch

Datum: ____________ Reflexionszeitraum: ____________

Mitarbeiterin	
Name:	
Vorname:	
Stelle:	
Gruppe/Bereich:	
Jetzige Tätigkeit seit:	
Beschäftigt seit:	
Kita-Leitung	
Name:	
Vorname:	
Vorgesetzte der Mitarbeiterin seit:	

Aufgaben und Arbeitsumfeld

Welche Tätigkeiten und Schwerpunkte bestimmten Ihre Arbeit in den letzten Monaten?

Was haben Sie erreicht bzw. ist erreicht worden?

Was ist Ihnen gut, was ist Ihnen weniger gut gelungen?

Was hätten Sie sich anders gewünscht?

Was hat Ihre Arbeit gefördert, was hat Sie eher behindert?

Welche Tätigkeiten/Schwerpunkte sollen in den kommenden Monaten Ihre Arbeit bestimmen?

Welche Ziele setzen Sie sich?

Welche Ziele sind für die pädagogische Arbeit wichtig?

Welche Unterstützung/Hilfe benötigen Sie zur Erreichung der Ziele?

Zusammenarbeit im Team / mit Kita-Leitung

Wie schätzen Sie die Zusammenarbeit und Kooperation im Team während des vergangenen Jahres ein?

Was schätzen Sie in der Zusammenarbeit mit der Kita-Leitung positiv ein?

Wo erwarten Sie Verbesserungen in der Zusammenarbeit mit der Kita-Leitung?

Fühlen Sie sich ausreichend informiert?

Sind Sie nach Ihrer Meinung in Entscheidungsprozesse angemessen einbezogen?

Welche Erwartungen/Wünsche haben Sie für die zukünftige Zusammenarbeit?

Wo liegen nach Ihrer Meinung

– die Stärken der Kita-Leitung?

– die Schwächen der Kita-Leitung? Sind die von der Kita-Leitung gegebenen Arbeitsaufträge/Anweisungen klar?

Ist die Kita-Leitung für Sie

– ausreichend ansprechbar?

– ausreichend erreichbar?

Welche Wünsche haben Sie diesbezüglich?

Glauben Sie, dass die Kita-Leitung Ihre Interessen angemessen vertritt?

Was erwarten Sie von der Kita-Leitung?

Wo sehen Sie Ihre fachlichen Interessen und Neigungen?

Wo sehe ich als Leitung bei der Mitarbeiterin besondere fachliche Interessen, Neigungen und kreative Potenziale? (nicht auf dem Vorbereitungsbogen für Mitarbeiterinnen)

Wie schätzen Sie Ihre Möglichkeiten zur eigenständigen Gestaltung Ihrer Arbeit ein?

Fühlen Sie sich angemessen gefordert und gefördert?

Welche Maßnahmen schlagen Sie vor, um Ihre Fähigkeiten und Erfahrungen besser zu nutzen oder zu erweitern bzw. zu fördern?

Welche zukünftigen Schwerpunkte erachten Sie für die Kindertageseinrichtung für wichtig?

Welchen Anteil möchten Sie daran haben?

Was möchten Sie sonst noch anmerken?

10.3 Das Kritikgespräch

Mit einem Kritikgespräch verfolgen Sie das Ziel, eine Mitarbeiterin dazu zu bringen, dass sie ihr negatives Verhalten korrigiert oder/ und zukünftige Fehler vermeidet. Notwendig ist es, dass Sie bei der Mitarbeiterin die Einsicht vermitteln, ihr Verhalten aus eigenem Antrieb zu ändern, und dass Sie gleichzeitig versuchen, die Mitarbeiterin zu einer besseren Leistung anzuspornen, unter anderem dadurch, dass Sie der Mitarbeiterin bedeuten, dass Sie Wert auf ihre Arbeit legen.

Ziel ist Einsicht

Kritik ist kein Mittel zur Bestrafung von Mitarbeiterinnen oder, ihr zu zeigen, wer die Kita wirklich leitet. Machtkämpfe sind kein geeignetes Führungsmittel.

Keine Machtposition herauskehren!

Eine leider weit verbreitete Auffassung ist es, dass man „einer Mitarbeiterin auch einmal richtig die Meinung sagen" oder „es ihr einmal richtig zeigen" muss. Das ist gänzlich falsch.

Ein erfolgreiches Kritikgespräch endet mit dem Wunsch beider Seiten, weiterhin konstruktiv zusammenzuarbeiten. Wer sich jedoch gegenseitig die Meinung sagt, erreicht das Gegenteil.

Weiter konstruktive Zusammenarbeit

Um Kritik wirksam anzubringen und damit positive Effekte zu erzielen, sollten einige Gefahren „umschifft" werden.

Prinzipien eines Kritikgesprächs

- *Wiederholen Sie Ihre Kritik nicht dauernd oder bei so genannten „passenden Anlässen".*
- *Kritisieren Sie eine Mitarbeiterin nicht vor Dritten, auch nicht vor den eigenen Mitarbeiterinnen.*
- *Kritisieren Sie keinesfalls Einzelne in einer Mitarbeiterbesprechung.*
- *Bringen Sie überhaupt keine personenbezogene Kritik ein.*
- *Versuchen Sie, Ihre Emotionen zu kontrollieren.*
- *Kritisieren Sie auch nicht per Telefon.*
- *Kritisieren Sie in einem angemessenen Zeitraum.*

Ein Kritikgespräch sollte also gut vorbereitet sein und in Ihrem Büro stattfinden.

Eine sachliche Atmosphäre ist sicherlich hilfreich – also verzichten Sie auf eine gemütliche Sitzecke und versuchen Sie, in sechs Schritten vorzugehen:

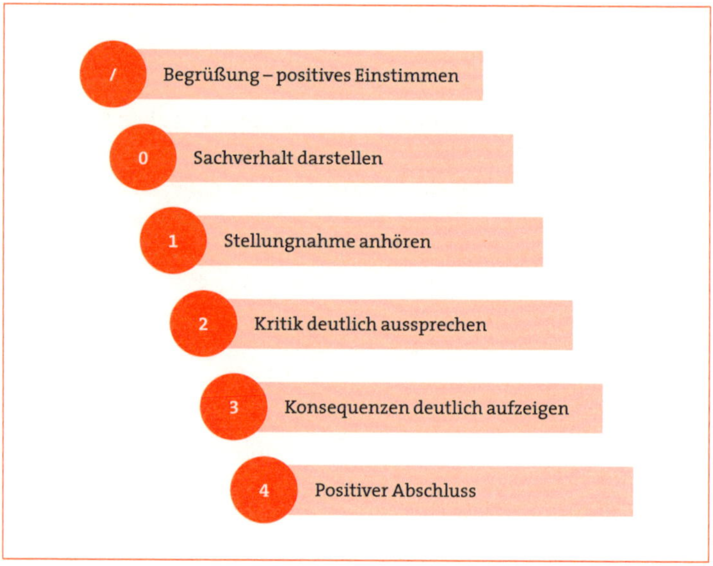

Phasen des Kritikgesprächs

Selbstverständlich sollte das Gespräch mit einem positiven Abschluss enden. Gemeint ist damit jedoch nicht, dass abschließend die vorherige Kritik nun mit einigen anerkennenden Worten zu einem anderen Thema „geglättet" wird. Vielmehr geht es darum, zu formulieren, dass Sie weiter zusammenarbeiten möchten und dass Sie zuversichtlich sind, dass die Mitarbeiterin den Anforderungen zukünftig entsprechen kann.

Eine Kritik sollte keinesfalls mit Anerkennung vermischt werden!

10.4 Das Anerkennungsgespräch

Mit einem Anerkennungsgespräch verfolgen Sie das Ziel, das Selbstwertgefühl und die Selbstsicherheit der Mitarbeiterin zu erhöhen. Sie wollen ihr Erfolgserlebnisse bezüglich ihrer pädagogischen Arbeit, ihres Verhaltens oder ihres Engagements in der Kindertageseinrichtung vermitteln und nicht zuletzt befriedigen Sie ein Bedürfnis der Mitarbeiterin nach Anerkennung. Wie an anderer Stelle in diesem Buch zum Thema „Mitarbeiterinnenmotivation" dargelegt wird), gehört Anerkennung von Vorgesetzten zu den Motivatoren im Arbeitsalltag. Natürlich fördern Sie mit einer gut ausgesprochenen Anerkennung das Gefühl der Zugehörigkeit und der Bindung an die Kita. Alles spornt letztendlich die Mitarbeiterin zur weiteren guten, vielleicht sogar besseren Leistung an.

Sie können für die Anerkennung eine verbale oder nonverbale Form wählen. Hinzu kommt die materielle Anerkennung.

Damit zeigen Sie konkret Anerkennung

Verbale Anerkennung

direkt, unmittelbar:	*Redewendungen wie: „gut“, „schön“, „das gefällt mir“, „damit bin ich sehr einverstanden/zufrieden“, „toll“, „die Aufgabe haben Sie wirklich für uns alle sehr gut erledigt“ usf.*
indirekt, längerfristig:	*gerechte Beurteilung bei Regel- und/oder Anlassbeurteilungen (bei guten Leistungen erkennbar bessere Beurteilung als bei weniger leistungsfähigen Kolleginnen); die Zusage an Fort-/Weiter- oder Ausbildungen etc.*

Nonverbale Anerkennung

direkt, unmittelbar:	*Blickkontakt, Kopfnicken, Lächeln, Zuwendung etc.*
indirekt, längerfristig:	*Übertragen von Verantwortung und Entscheidungsbefugnis; selbstständiges Arbeiten ermöglichen, anspruchsvolle Tätigkeit übertragen*

Materielle Anerkennung

- *gute bzw. gerechte Bezahlung*
- *persönliche Anerkennung durch z.B. Präsent*
- *Beförderung (Gruppenleitung; stellv. Leitung)*
- *Prämie (im Kindergarten eher selten)*
- *Umwandlung befristeter in unbefristete Arbeitsverträge*
- *Aufstocken der Arbeitszeit (wenn z.B. Teilzeit betriebsbedingt war)*

Materielle Anerkennung wird nur mehr oder weniger zum direkten Handlungsspielraum der Kita-Leitung gehören. Mindestens wird die Kita-Leitung aber vom Träger beratend hinzugezogen werden bzw. kann Vorschläge machen.

Mitarbeiterinnen nicht unbewusst hervorheben

Sie sollten es vermeiden, Mitarbeiterinnen, die Ihnen sehr verbunden und/oder sympathisch sind, bewusst oder unbewusst hervorzuheben.

Anerkennung von Mitarbeiterinnen sollte auch nicht dazu verwandt werden, sich selbst darzustellen. Dieser Eindruck kann häufig besonders dann entstehen, wenn die Anerkennung öffentlich ausgesprochen wird.

Echtheit und Kongruenz

Wirksam ist Anerkennung dann, wenn sie echt und kongruent vorgetragen wird. Anerkennung ist allerdings kein gutes Mittel zur Anheizung des Wettbewerbs, also um andere anzuspornen. An dieser Stelle müssen soziale Einrichtungen darauf achten, dass sie keine für sie ungeeigneten Praktiken aus Wirtschaftsunternehmen übertragen.

Um Anerkennung wirksam an die entsprechende Mitarbeiterin heranzutragen und damit positive Effekte zu erzielen, sollten einige Prinzipien beachtet werden.

Prinzipien des Anerkennungsgesprächs

- *Wiederholen Sie nicht dauernd Ihre Anerkennung oder loben Sie nicht bei jeder sich bietenden Gelegenheit.*
- *Loben Sie eine Mitarbeiterin nicht vor Dritten, auch nicht vor den eigenen Mitarbeiterinnen, z.B. in der Teambesprechung. (Diese Regel ist eine Empfehlung und hängt von der „Betriebskultur" ab; wir empfehlen diese Regel aber ausdrücklich.)*
- *Versuchen Sie, Ihre Emotionen zu kontrollieren.*
- *Sprechen Sie auch keinesfalls eine Anerkennung per Telefon aus.*
- *Vermischen Sie Anerkennung nicht mit Kritik.*
- *Sprechen Sie Anerkennung zeitnah aus.*

Ein Anerkennungsgespräch läuft, analog zu Kritikgesprächen, in einer bestimmten Reihenfolge ab. Versuchen Sie, diesen Weg einzuhalten, und vor allen Dingen, nicht einzelne Gespräche grundsätzlich anders zu gestalten.

Phasen des Anerkennungsgesprächs

Häufige Fehler

Häufige Fehler beim Aussprechen von Anerkennung sind:

- die Diskrepanz zwischen tatsächlicher Leistung und Form der Anerkennung nicht in Einklang zu bringen (z.B. „zu dick auftragen", überschwänglich loben);
- die Anerkennung in ironischer Form vorzutragen bzw. erkennen zu lassen, dass das Aussprechen der Anerkennung nur eine (evtl. lästige/übliche) Pflicht ist;
- die Mitarbeiterin zu häufig mit Anerkennung zu „überschütten" (Gefahr der „Sättigung");
- das Zulassen eines zu großen Zeitraums zwischen der anerkennenswerten Leistung / dem anerkennenswerten Verhalten und dem Aussprechen der Anerkennung;
- auf die wiederholte Anerkennung keine Konsequenzen folgen lassen (z.B. nicht für Beförderung vorschlagen / keine anspruchsvolleren Aufgaben übertragen etc.);
- das Aussprechen von Anerkennung in Gegenwart unbeteiligter Personen.

Positiver Abschluss und Dank

Auch ein Anerkennungsgespräch sollte mit einem positiven Ausblick und dem Dank für die bisher geleistete Arbeit / das Verhalten enden.

11 Öffentlichkeitsarbeit/PR

11.1. Grundlegendes

11.1.1 Öffentlichkeitsarbeit speziell in Kitas

Begriffsklärung

Wenn Sie sich mit dem Thema Öffentlichkeitsarbeit in Kindertageseinrichtungen beschäftigen, fällt Ihnen früher oder später wahrscheinlich ein Aspekt besonders auf. Ein Aspekt übrigens, der den Deutschen als typisch nachgesagt wird: nämlich der Begriff „Arbeit". Und es fällt Ihnen vielleicht auch auf, wie häufig der Begriff „Arbeit" auch in der Kita Verwendung findet:

- Die Kita macht „Öffentlichkeitsarbeit";
- Erzieherinnen leisten „Beziehungsarbeit";
- das Kindergartenteam macht „Elternarbeit" ...

Eigentlich nicht ...arbeit, sondern ...gestaltung

Ihnen fallen vielleicht noch weitere Beispiele ein. Die „Arbeit" wird in diesen Begriffen angehängt, um zu umreißen, dass mit der Öffentlichkeit, den Eltern etc. etwas aktiv veranstaltet wird, dass etwas gestaltet wird. Die englische Entsprechung von Öffentlichkeitsarbeit lautet „Public Relations" und – ohne dass wir uns zum Fürsprecher von Anglizismen machen wollen – trifft dies den Kern besser:

Public Relations, abgekürzt PR, bedeutet „öffentliche Beziehungen". Der Kernpunkt der Öffentlichkeitsarbeit (der „PR-Maßnahmen") ist die Gestaltung von öffentlichen Beziehungen.

Dass und warum eine Kita Öffentlichkeitsarbeit betreiben muss, wird im Verlauf des Kapitels deutlich. Und weil PR im Zusammenhang mit sozialen Einrichtungen vielfach ein ungewohnter Begriff ist, bleiben wir bei der Bezeichnung „Öffentlichkeitsarbeit".

Im Mittelpunkt: Kommunikation

Öffentlichkeitsarbeit vollzieht sich auf drei Ebenen (siehe das folgende Schaubild) und im Mittelpunkt steht die Beziehungsgestaltung. Mit Beziehungsgestaltung ist nicht mehr und nicht weniger gemeint als „Kommunikation" (natürlich auch mit dem Hintergrund der Umsetzung der Organisationsziele) und sie ist somit der zentrale Punkt, wenn Sie über Öffentlichkeitsarbeit nachdenken.

Die weiteren Begriffe (Reklame und Werbung) werden in der Fachliteratur nicht ganz einheitlich verwendet und wir brauchen sie hier auch nicht so trennscharf zu definieren. Wir behandeln sie im Folgekapitel im übergreifenden Zusammenhang von Marketing.

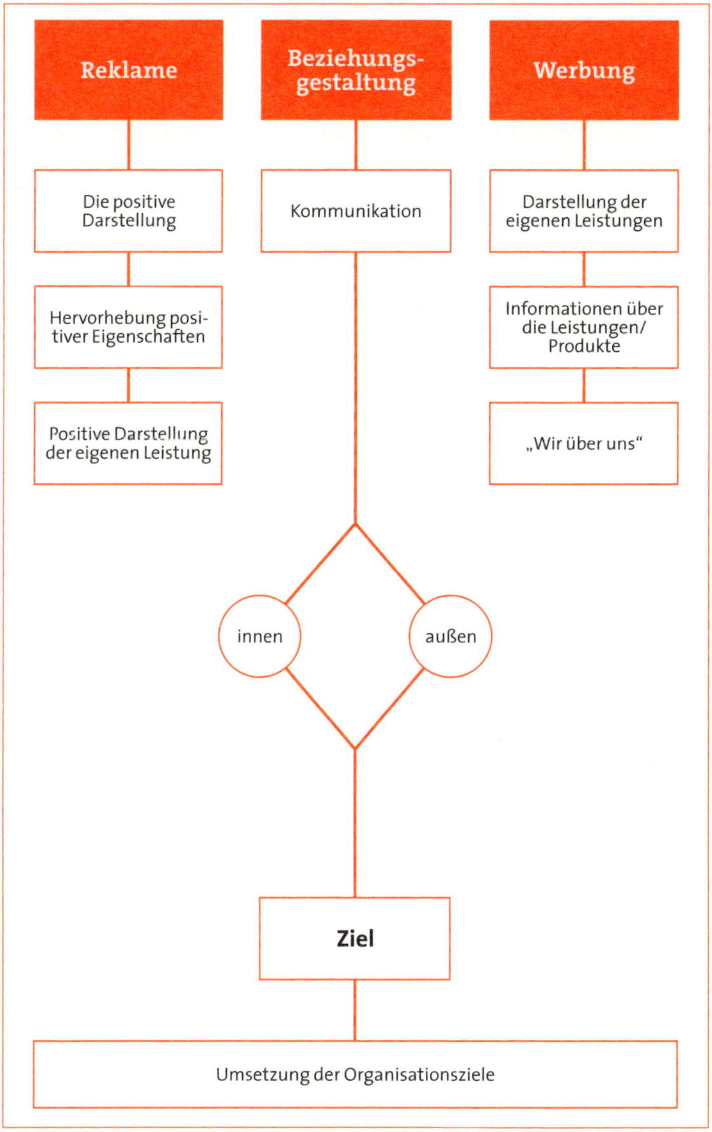

Was ist Öffentlichkeitsarbeit?

Beziehungsgestaltung von der Kita aus gesehen ist natürlich kein Luxus, den Sie sich „gönnen“, wenn Sie freie Arbeitskapazitäten haben, sondern eine notwendige Aufgabe, die sich auf die folgenden Bereiche erstreckt.

Beziehungen, die zu gestalten sind

Die Beziehungen, die zu gestalten sind

1. Beziehungsgestaltung zwischen den Kindern und den Erzieherinnen
2. Beziehungsgestaltung der Gruppen bzw. der Teams
3. Beziehungsgestaltung zu den Eltern
4. Beziehungsgestaltung zum Träger und zur regionalen Öffentlichkeit
5. Beziehungsgestaltung zur Fachöffentlichkeit
6. Beziehungsgestaltung in Hinblick auf Öffentlichkeit und Gesellschaft

Auf der Organisationsebene hat diese Kommunikation zwei Hauptrichtungen.

Hauptrichtungen der Öffentlichkeitsarbeit

Beziehungsgestaltung nach innen	*Beziehungsgestaltung nach außen*
zum Beispiel:	
• *Wie empfangen wir neue Mitarbeiterinnen?* • *Gibt es interne Ereigniskalender?* • *Gibt es eine interne Info-Mappe?* • *Werden regelmäßige Mitarbeiterinnenbesprechungen durchgeführt?* • *Besteht die Möglichkeit zur Supervision?* • *Gibt es Beteiligungsmöglichkeiten der Mitarbeiterinnen?* • *Gibt es einen klaren Umgang mit Konflikten?* • *Gibt es ein Corporate Design?* • *Sind die Mitarbeiterinnen auf einem guten Info-Stand?*	• *Wie empfangen wir Gäste, Eltern und Kinder?* • *Gibt es für den Kindergarten einen Ereigniskalender?* • *Existiert ein externer Verteiler (z.B. für Elternbriefe, Presse-Info usw.)?* • *Wie sehen die regelmäßigen Eltern- bzw. Trägerkontakte aus?* • *Wird eine Elternberatung angeboten?* • *Gibt es eine Beteiligungsmöglichkeit der Eltern?* • *Gibt es einen klaren geregelten Umgang mit Beschwerden?* • *Gibt ein Corporate Design (z.B. Logo)?* • *Existiert eine Medienliste?* • *Ist die Kita im Internet präsent?*

Vielleicht wird deutlich, dass es nicht so sehr darauf ankommt aufzuzählen, welche Möglichkeiten (Pressemeldung, Flyer, Anzeige, Flugblatt) es gibt und wie sie aufgebaut sind, es geht eher darum, mit wem Sie und wie Sie sich als Institution auf die Gestaltung Ihrer Beziehungen einlassen wollen.

Inhalt geht vor Organisation und Technik

Kürzer: Wie können Sie umfassenden Informationsaustausch bzw. optimale Kommunikation gestalten, bei der es zuallererst um Herstellung eines dauerhaften Vertrauensverhältnisses geht?

Die Transparenz der Aufgaben und der Ansprüche des Kindergartens ist ein wichtiger Punkt zur Herstellung eines dauerhaften Vertrauensverhältnisses.

Die Möglichkeiten der Öffentlichkeitsarbeit im Einzelnen zu kennen und Kommunikationsmittel leidlich „professionell" entwickeln zu können sind dennoch wichtige Qualifikationen. Darauf näher einzugehen sprengt den Rahmen dieses Buches. Es gibt dazu Fachliteratur und interessante Workshops und Seminare. Dazu der Rat: Gehen Sie auf Angebote speziell für Ihren Arbeitsbereich zu.

Profiwissen aneignen, aber kita-gerecht

11.1.2 Der Nutzen der Öffentlichkeitsarbeit

Warum ist es wichtig, so viel Aufwand für Öffentlichkeitsarbeit einzuplanen? Wer hat den Nutzen von guter Öffentlichkeitsarbeit? Sie kommen sicherlich auf viele gute Argumente, von denen hier vier beispielhaft aufgezeigt werden sollen.

Vorteile für alle beteiligten Gruppen

- Die Einrichtung: Zuerst einmal haben die Kitas selbst Nutzen von guter Öffentlichkeitsarbeit, und zwar in dem Sinne, dass sie über sich selbst nachdenken und ein Profil herausbilden können. Durch eine gute Profilierung der Einrichtung fördern Sie die Auslastung und das Image des Kindergartens, stärken die Konkurrenzfähigkeit und erreichen so auch u.a. eine höhere Mitarbeiterinnenzufriedenheit.
- Die Kinder: Öffentlichkeitsarbeit nutzt den Kindern, weil sie über die richtige Ansprache der Eltern in der für sie „richtigen" Kindertageseinrichtung angemeldet worden sind und sie so die für sie optimalen Bedingungen für sich vorfinden.
- Die Eltern: Öffentlichkeitsarbeit nutzt auch den Eltern, weil sie ihre Möglichkeiten zur Beteiligung kennen und wissen, welche Beratung und Unterstützung sie erwarten können und wie sie Kontakte pflegen können.

- Die Mitarbeiterinnen: Öffentlichkeitsarbeit nutzt den Erzieherinnen durch die Verbesserung des Ansehens des Berufsbildes und führt zur Verbesserung des Erzieherinnen-Images.

Allerdings hat Öffentlichkeitsarbeit überhaupt nur dann einen Nutzen, wenn Sie ihr eine Botschaft beifügen. Fehlt ihr eine Botschaft, so ist Öffentlichkeitsarbeit letztendlich überflüssig.

Zielgruppenorientierung

Botschaften richten sich an Zielgruppen

Welche Botschaft wollen Sie an wen senden? Wenn Sie mögliche Zielgruppen Ihrer Öffentlichkeitsarbeit betrachten, können Sie durchaus sehr unterschiedliche Interessen feststellen. Gute Öffentlichkeitsarbeit heißt also, vorher zu wissen, wen Sie erreichen wollen (mit Ihrem Pressebericht, Ihrem Flyer o.Ä.).

Nur wenn Sie Ihre Zielgruppe, die Sie erreichen wollen, kennen, dann können Sie die passende Botschaft daraus herleiten und transportieren.

Grundsätzlich gibt es vier mögliche Hauptzielgruppen.

Zielgruppen von Öffentlichkeitsarbeit

1. Die Zielgruppe mit einem funktionalen Hintergrund	*Hierbei handelt es sich in erster Linie um Kinder der Einrichtung und deren Familien sowie um zukünftige Eltern und Familien, also mögliche Nutzer und „Kunden". Mitarbeiterinnen gehören auch in diese Rubrik.*
2. Die Zielgruppe mit förderndem Charakter	*Hierbei handelt es sich um Spender, Sponsoren, Vorstände, Politiker, den Rat der Stadt, Mitglieder der Gemeindeverwaltung etc.*
3. Die Zielgruppe mit fachlichem Hintergrund	*Das sind z.B. andere Kindergärten, freiwillige Kooperationspartner, Organisationen, mit denen Sie zusammenarbeiten (Dachverbände, Hilfsorganisationen etc.), Beratungsstellen, Kirchen, Grundschulen aus Ihrem Einzugsbereich.*

4. Sonstige Zielgruppen	*Hier finden Sie z.B. Nachbarn, Geschäftsleute, andere Schulen, Senioren, letztlich Gruppen, die Sie unter einer der drei oberen Kategorien nicht erfassen können. Für jede dieser Gruppen gilt es, die entsprechende Botschaft zu formulieren und mit einem passenden Medium zu transportieren.*

Instrumente für die Öffentlichkeitsarbeit
Welche Mittel lassen sich nun nutzen, um die Öffentlichkeitsarbeit konkret umzusetzen? In der Fachsprache der Kommunikation spricht man auch von Instrumenten. In den folgenden Abschnitten finden Sie einige Instrumente zur Gestaltung Ihrer internen und externen Kommunikation im Rahmen der Öffentlichkeitsarbeit.

11.2 Interne Kommunikation

Intern zu informieren ist wichtige Daueraufgabe

Zu Beginn dieses Kapitels wurde die Bedeutung der Öffentlichkeitsarbeit für die Umsetzung der Organisationsziele betont. Insofern ist die interne Kommunikation sehr wichtig, auch wenn wir sie in diesem Buch nur ganz knapp abhandeln.

Zur internen Kommunikation gehören selbstverständlich Mitarbeiterinnenbesprechungen (siehe Kapitel 3 über Arbeitsorganisation und darin über die Teambesprechung) sowie regelmäßige Mitarbeiterinnengespräche (mindestens einmal jährlich, siehe dazu Kapitel 10).

Für die alltägliche Kommunikation und einen sinnvollen Informationsfluss sollten Sie eher weniger auf Umläufe und Dienstbesprechungen zurückgreifen, sondern in jedem Fall einen Info-Ordner bereithalten.

Alle wichtigen Informationen können aus diesem Info-Ordner bzw. einer Info-Mappe durch Ihre Mitarbeiterinnen abgerufen werden (Tagesordnungspunkte zur Teambesprechung, Fachzeitschriften, Fortbildungsangebote etc.). Es liegt in der Verantwortung der Mitarbeiterinnen, sich hier regelmäßig auf den aktuellen Informationsstand zu bringen. Darüber hinaus besteht die Möglichkeit des Jour fixe (siehe ebenfalls im Kapitel 3 über Arbeitsorganisation).

11.3 Externe Kommunikation

Für die unterschiedlichen Zielgruppen und Informationsanliegen eignen sich unterschiedliche Instrumente/Mittel. Wir stellen drei vor, die sich in Kitas als gut praktikabel für die „engere" Öffentlichkeit erwiesen haben (Info-Brett, Elternbrief, Ereigniskalender) und gehen dann auf die Pressearbeit für die „breite" Öffentlichkeit ein.

11.3.1 Das Info-Brett

Es gibt sicher nicht nur das Info-Brett – das sollte es auch gar nicht. Ein Info-Brett ist allerdings die Visitenkarte der jeweiligen Kita.

Sinnvoll sind drei Info-Bretter

Wir sollten drei verschiedene Info-Bretter unterscheiden, die auch unterschiedlich in der Kita durch Sie eingerichtet werden sollten, je nachdem, welche Art von Kommunikation Sie wünschen. Nachrichten, die für Mitarbeiterinnen bestimmt sind, fallen ins Ressort „Internes" und sollten über die oben genannte Info-Mappe kommuniziert werden.

Brett 1: Wenn Sie mögen, können Sie ein Info-Brett „Eltern für Eltern" einrichten. Es ist quasi die Information der Eltern untereinander mit Tauschangeboten, Verabredungen, Babysittersuche usw. Achten Sie aber dabei darauf, dass dieses Brett nur über Sie genutzt werden kann. Günstig ist hier, Regeln zur Nutzung vorzugeben (was darf aufgehängt werden, wie lange etc.). Das ist durchaus „Öffentlichkeitsarbeit", und zwar deshalb, weil es einen Service der Kita für die Eltern darstellt und damit einen Pluspunkt in Ihrem Angebot.

Brett 2: Die Elternvertretung sollte von Ihnen in jedem Fall ein eigenes Info-Brett zur Verfügung gestellt bekommen. Sie ist institutioneller Bestandteil der Kita. Die Elternvertretung hat hier selbstverständlich das Recht, Informationen (übrigens auch kritische) zu veröffentlichen. Sie als Kita-Leitung haben hier auch rechtlich gesehen kein „Zensurrecht". Die Verantwortung für das Info-Brett der Elternvertretung sollte namentlich durch die Elternvertretung festgelegt sein.

Pflege festlegen

Brett 3: Für das Info-Brett der Kindertageseinrichtung sind einige Punkte zu beachten. Legen Sie fest, wer für die „Pflege" des Brettes verantwortlich ist. Aushänge am Info-Brett sollten auf jeden Fall nur mit Ihrer Zustimmung angebracht werden. Das Info-Brett ist eine wichtige und vor allem immer präsente Visitenkarte Ihrer Kita.

Checkpunkte zum Info-Brett

- *Habe ich die Verantwortlichkeit für das Info-Brett festgelegt?*
- *Sind die vorgesehenen Themen klar?*
- *Habe ich die vorgesehenen Themen im Teamgespräch angesprochen?*
- *Sind die Verantwortlichkeiten für das Info-Brett der Elternvertretung geklärt?*
- *Habe ich die Qualität der Aushänge überprüft?*
- *Gibt es Handzettel, die angeboten werden sollen?*
- *Sind die Informationen für das Info-Brett ausreichend groß und erkennbar? Ist die Gestaltung aufgelockert?*
- *Sind „alte" Informationen beseitigt?*
- *Sind die Quellen der Informationen erkennbar?*
- *... (ergänzen Sie um eigene, weitere Kriterien)*
- ...

Widmen Sie der Pflege dieses Kommunikationsmittels die notwendige Aufmerksamkeit. Sie können sich bei der Gestaltung des Info-Brettes an einer Dreiteilung orientieren, wie sie in dem Muster auf der folgenden Seite angedeutet ist.

Das Brett in drei Teile gliedern

Ein Info-Brett ist nur dann interessant, wenn Sie die Informationen darauf (die optimal im Mittelteil stehen) ständig aktualisieren.

Aktuell sind die Informationen dann, wenn sie nicht älter als 14 Tage sind, besser wäre noch eine wöchentliche Aktualisierung. Es ist selbstverständlich, dass die Aushänge eine anspruchsvolle Qualität haben sollten (z.B. keine handschriftlichen Beiträge). Kopierte längere Texte (Zeitungsausschnitte etc.) sollten nicht am Info-Brett angebracht werden. Wollen Sie solche Detailinformationen weitergeben, eignet sich eine kleine Handzettelbox (im unteren Teil des Info-Brettes angebracht) am besten. Übrigens: Das Info-Brett sollte kein „schwarzes Brett" sein. Und vielleicht besteht bei Ihnen ja auch die Möglichkeit, in der Nähe der für Eltern bestimmten Info-Bretter eine „Aufenthalts- und Gesprächsecke" für Eltern einzurichten.

Regelmäßig aktualisieren

Ansprechend gestalten

Nachfolgend finden Sie ein Muster, in dem die vorgeschlagene Dreiteilung grob skizziert ist – wobei die Platzaufteilung mit dem schrägen Verlauf nur signalisieren soll, dass man das Brett je nach Bedarf unterschiedlich und ungleichmäßig aufteilen kann.

Was erscheint hier:
Kindergarten-Logo; Adresse inkl. E-Mail- und Webadresse
Trägeranschrift
Bürozeiten, Beratungszeiten
Kindergarten-leitung mit Porträtfoto
stellv. Kiga-Leitung mit Porträtfoto
Was erscheint hier:
Aktuelle Informationen
Mitarbeiterin des Monats
Neuigkeiten
Neuigkeiten
Zentrales Anliegen
Neuigkeiten
Ergänzung zum zentralen Anliegen
hier wird eine Info-Zettelbox angehängt
regelmäßige Termine etc.
Jahresrückblick
Ansprechpartnerin für z.B. Sprachförderung, Psychomotorik etc.
Dauerinformationen:
Notfall, Polizei, Verbandskasten, Feuerlöscher, nächstes Telefon

Tipps und Anregungen

Das zentrale Anliegen ist die wichtigste aktuelle Information an die Eltern. Sie werden auf sie u.a. auch im Elternbrief noch einmal eingehen. Achten Sie besonders darauf, dass das zentrale Anliegen auch für die Eltern von Bedeutung ist, und aktualisieren Sie schnell, damit der Anreiz hoch ist, das Info-Brett häufig anzusehen.

Die Rubrik „Mitarbeiterin des Monats" dient dazu, mehr Nähe mit persönlicher Note herzustellen. Stellen Sie monatlich eine Mitarbeiterin näher vor. Mögliche Inhalte sind biografische Daten (Erlaubnis einholen!), Interessen, Hobbys, berufliche Ziele, etwas aus dem privaten Hintergrund der jeweiligen Mitarbeiterin. Wichtig ist, dass die Mitarbeiterin mit einem gut gemachten (professionellen) Porträtfoto (!) anspruchsvoll präsentiert ist. Sie tragen mit dieser Art der Vorstellung zu etwas mehr Nähe und Wir-Gefühl bei und schaffen eine persönlichere Atmosphäre.

11.3.2 Elternbriefe

Wählen Sie neben dem Info-Brett Elternbriefe als regelmäßiges Kommunikationsmittel. Regelmäßig heißt, dass Sie ca. monatlich in einem kurzen Brief auf die Aktivitäten und Ereignisse des abgelaufenen und die Planungen für den kommenden Monat aufmerksam machen. Nutzen Sie diese Informationsform. Sie bietet allen Interessierten den Zugang zum Angebot der Einrichtung und ergänzt Elternabende. Das Thema „Elternbrief" ist eines von denjenigen Themen, wo wir in diesem Buch auf den PC zu sprechen kommen. Auch wer damit noch ungern umgeht, sollte sich überlegen, ob Eltern mit E-Mails (Stichwort „Newsletter") angesprochen werden können. Denn dies ist eine einfache, unaufwändige, kostengünstige Form – aber natürlich nur, wenn „Ihre" Eltern dieses Medium auch nutzen.

Sinnvoll ist Regelmäßigkeit

Je mehr Ihr Angebot themenorientiert ausgerichtet ist, umso mehr „Stoff" für Informationen bietet sich an und wird von Eltern auch nachgefragt. Elternabende eignen sich in diesem Zusammenhang als Diskussions- und Informationsforum, z.B. für aktuelle Erziehungsfragen, pädagogische Themen usw.. Überlegenswert wäre grundsätzlich, ob der Begriff des Elternabends nicht überhaupt ersetzt werden sollte. Denn daran hängen unter Umständen eher wenig motivierende Assoziationen. Das Thema „Elternabend" ist ein eigenes, zu dem Sie sich in der Literatur umfassende Anregungen und Empfehlungen holen können.

11.3.3 Ereigniskalender

Ereigniskalender als Planungsinstrument

Ein wichtiges Instrument für die Organisation Ihrer Öffentlichkeitsarbeit ist der Ereigniskalender. Den Ereigniskalender (als internes Handwerkszeug) können Sie für ein Kalenderjahr erstellen. Es ist sinnvoll, hier von der Struktur „Kindergartenjahr" abzugehen. Sie machen so die Daten kompatibel zur üblichen Jahresplanung und können auch für eine spätere Dokumentation (z.B. Jahresberichte) auf parallel gesammelte Daten zurückgreifen.

Der Ereigniskalender sollte bereits bei der Jahresplanung (Herbst des Vorjahres) in groben Zügen festgelegt sein.

In ihm werden die wichtigen Aktivitäten in Hinblick auf Ihre Öffentlichkeitsarbeit festgehalten. Nachfolgend ein Beispiel:

	Ereignis	Wie informieren?	Was kommunizieren?
Januar	a) Elternabend	E-Mail/Elternbrief	Das Thema; motivieren, teilzunehmen
	b) Beginn des „Würzburger Trainingsprogramms"	dto. und Presse	Bedeutung des WÜT; Struktur und Dauer; Zusammenarbeit mit Eltern; Durchführung durch qualifizierte Mitarbeiterinnen
Februar	a) „30 Jahre Kindergarten Friedrichstraße"	Presseartikel; Elternbrief, Fachöffentlichkeit (Schule und Kindergärten anderer Träger, Politiker jeweils durch Einladung)	Einladung, kurzer Rückblick, heutige pädagogische Arbeit
	b) Fortbildungstag des Kindergartens zum Thema „Beobachtung/ Dokumentation")	...	
März	a) Erweiterung des Kindergartens (Anbau), Planung einer Kleinstkindbetreuung	...	Kleinstkinder im Kindergarten
	b) Jahresbericht des Kindergartens an Vertreter aus Rat und Parteien	siehe Februar a)	Jahresbilanz des Kindergartens und Leistung

April	a) Durchführung einer Ostertagesfahrt mit Kindern und Eltern – gemeinsames Ostereiersuchen	...	Zusammengehörigkeit, Brauchtum
	b) Durchführung eines Zirkusprojekts und Beginn mit einem Zirkusbesuch	...	Entwicklungsstand der Kinder feststellen, Risiken erkennen mit Dortm. Entw.-Screening (DES-K)
Mai	a) Abschluss einer Langzeitqualifizierung von zwei Mitarbeiterinnen	...	Vorbereitung auf pädagogische Arbeit mit Kleinstkindern; der Kindergarten gibt Antworten auf aktuelle pädagogische Fragen
	b) Bielefelder Screening (BISC): Ergebnisse	...	Blick auf Entwicklungsrisiken in Hinblick auf Lese-/Rechtschreibproblematik
Juni	Beginn Konzeptionsentwicklung	...	Bedeutung, Inhalte, Schwerpunkte der Kindergartenarbeit allgemein und in der eigenen Einrichtung
Juli	Abschlussfahrt und Verabschiedung der Kinder, die in die Schule kommen werden	siehe Februar a)	Bisherige Leistung, positive Kita-Arbeit, gute Vorbereitung des Übergangs zur Schule, optimale Zukunftsvorbereitung der Kinder durch (diesen) Kindergarten
August	Neue Kinder im Kindergarten	...	Ausblick auf Kindergartenjahr, Schwerpunkt der Kita-Arbeit; auf Beratungsmöglichkeiten hinweisen; ggf. neue Mitarbeiterinnen vorstellen
September	Ein Monat neue Kindergartenkinder / Bilanz der pädagogischen Arbeit	...	Gut vorbereitete und positiv verlaufende Eingewöhnung; alle Eltern erhalten individuelle Rückmeldung, Bedeutung von Bindung im Kindergarten

Oktober	a) BISC-Testung	siehe Februar a)	Bedeutung der Früherkennung von Lese-/Rechtschreibschwierigkeiten; spätere Förderung im Kindergarten; qualifizierte Mitarbeiterinnen
	b) Stand der Konzeptionsentwicklung	...	Bedeutung „entwicklungsgemäßer" Arbeit; Berücksichtigung der Individualität der Kinder
	c) Leitungstreffen Kindergartenleiterinnen	...	Der eigene Kindergarten ist im fachlichen Austausch mit anderen Institutionen
November	a) Elternsprechtag	...	Für die Kindergartenkinder werden individuelle und umfassende Entwicklungsdokumentationen erstellt
	b) Info-Abend über „auffälliges Verhalten" mit Referentin XXX	siehe Februar a)	Der Kindergarten bietet Informations- und Diskussionsforum für Kindergarteneltern und andere Interessierte
Dezember	a) Weihnachtsmarkt (Stand des Kindergartens)	...	Aktionen am Stand mit Hinweis auf die pädagogische Arbeit und die pädagogischen Zielsetzungen des Kindergartens
	b) Basar „Dritte Welt" und Projekt „Weihnachten in anderen Ländern"	...	Interkulturelle Arbeit im Kindergarten

Das Muster ist als Beispiel gedacht und, wie Sie sehen, nicht komplett ausgefüllt. Sie werden natürlich in Ihrer Einrichtung Ihre Ereignisse planen – einige Standards sicher ähnlich, andere vermutlich ganz anders. Spielen Sie es durch!

Nicht nur das Wie, immer auch das Was planen

Beachten Sie dabei, dass es für die Öffentlichkeitsarbeit immer darauf ankommt festzuhalten, was man kommunizieren möchte, so wie oben ausgefüllt. Die Planung darf sich nicht auf die Spalte des „Wie" beschränken, die oben noch weitgehend frei gelassen wurde. Wenn Sie mögen, können Sie sie für sich ergänzen und sich passende Informationsmittel überlegen.

11.3.4 Pressearbeit

Pressearbeit bedeutet konkret, Anstrengungen zu unternehmen, damit Informationen über die Kita in der (örtlichen) Presse erscheinen, womit in erster Linie Zeitungen, aber weiter gehend auch lokale Rundfunkstationen gemeint sind. Dazu ist es notwendig, erst einmal kontinuierlich eine Kommunikation mit den jeweiligen Pressevertretern aufzubauen. Daraus sollte sich eine regelmäßige Präsenz in den Medien ergeben.

Pressearbeit braucht Kontakte, die aufgebaut werden müssen

Diese bezieht sich auf zweierlei: Die Presse nimmt erstens Notiz von Aktivitäten in und rund um die Kita und berichtet von sich aus darüber. Das fördern Sie, indem Sie die Presse mit den Informationen versorgen, die generell verteilt werden. Das aber reicht nicht aus, sondern weiter gehend sind wichtige Aspekte z.B.: eine gezieltere Information, die Stimmigkeit der Botschaft, die Klarheit der Zielgruppe. Dazu müssen Sie Pressemitteilungen erstellen, und zwar in einem richtigen Aufbau und ergänzt um verwertbare schriftliche Informationen für den jeweiligen Redakteur / die Redakteurin.

Ihr Input sorgt für stimmige Botschaften

Pressemitteilung

Tageszeitungen und vor allem Werbezeitungen mit starkem regionalen redaktionellen Teil sind nicht nur für Sie ein wichtiges Medium, um Ihre „Botschaft" an die interessierte Öffentlichkeit zu bringen. Sie sind vielfach auch von sich aus an Ihrer Arbeit interessiert.

Um in dieser Presse gut vertreten zu sein, sollten Sie zu den betreffenden Redaktionen dieser Zeitungen einen guten und regelmäßigen „Draht" halten. Das bedeutet:

> ***Halten Sie Kontakt zur Redaktion, auch wenn Sie nicht direkt einen Artikel (oder einen Hinweis) „untergebracht" haben möchten.***

Weiterhin kommt es darauf an, die gute Aufbereitung der zu vermittelnden Inhalte zu unterstützen. Sie können Ihre Präsenz erleichtern, wenn Sie folgende Regeln zur Pressemitteilung beachten:

- Liefern Sie „druckreife" Informationen/Texte.
- Wählen Sie eine kurze prägnante Überschrift, die den eigentlichen Kern Ihrer Botschaft beinhaltet.
- Behandeln Sie Hintergründe und Ziele umfassend.
- Beherzigen Sie: „Ein gutes Foto ist positiv."
- Schreiben Sie verständlich.

- Beachten Sie geforderte formale Regeln (z.B. Zeilenabstand 1,5-zeilig, maximal 50 Zeichen je Zeile, Rand rechts ca. 5 bis 6 cm).
- Vermerken Sie Ihren Namen, Ihre Telefonnummer und Ihre Erreichbarkeit (für Rückfragen).
- Bringen Sie wichtige Details ein. Beispiele lesen sich leichter, Artikel brauchen Substanz.

In der Fachliteratur über Öffentlichkeitsarbeit und PR finden Sie weitere Hinweise, auch dazu, wie man eine Pressemitteilung am besten gliedert und strukturiert.

Es ist in jedem Fall sinnvoll, den persönlichen Kontakt zu suchen, bevor Sie Ihren Presseartikel an die Redaktion senden. Zu besonderen Anlässen ist es angebracht, einen Pressetermin „vor Ort" zu organisieren.

11.4 Jahresberichte und Statistik

Für die fördernde und fachliche Zielgruppe

Kurz eingegangen werden soll auf die Erstellung von Jahresberichten. Wir meinen damit einen Bericht über die Arbeit Ihrer Kita im abgelaufenen Jahr, der an die interessierte Fachöffentlichkeit verteilt wird.

Wenn Sie einen solchen Jahresbericht erstellen wollen oder Ihrem Träger für einen solchen zuarbeiten, ist es notwendig, regelmäßige und systematische Sammlungen von Daten im laufenden Kalenderjahr anzulegen. Denn Jahresberichte bieten teils qualitative Darstellungen, vielfach aber auch Daten. Natürlich sind die Informationen und Daten, die Sie sammeln, auch für Ihre übrige Planungsarbeit und einen Bericht nützlich, den Sie möglicherweise als Leitung Ihrem Träger abgeben.

Elterngespräche als Statistikbeispiel

Greifen wir als Beispiel „Elterngespräche" heraus. Da kann es wichtig und interessant sein, zu wissen, wie viele geführt wurden (sind es gegenüber dem Vorjahr mehr oder weniger?), um daraus Rückschlüsse auf die Kommunikation zu ziehen. Vielleicht wollen Sie aber auch wissen, wie lange sie im Mittel gedauert haben, um dann beispielsweise eine Aussage hinsichtlich der Arbeitszeitverteilung zu treffen. Mit Blick auf diese Fragestellungen bietet es sich an, im Verlaufe des Jahres eine Strichliste zu führen:

Strichliste „Elterngespräche“

	Tür und Angel	Kurzberatung ohne Termin		Beratung mit Termin
	bis 5 Min.	bis 10 Min.	über 10 Min.	vorbereitet
Jan.				
Feb.				
März				
April				
etc.				

Jahresberichte sind keine „Kindergartenzeitung“. Ihre Zielgruppe sind u.a. Politiker, eine interessierte Öffentlichkeit, Sponsoren, Fachöffentlichkeit und Institutionen, mit denen Sie als Kindergarten zusammenarbeiten. Entsprechend sollten die Daten und die Präsentationen anspruchsvoll aufgearbeitet sein und Sachaspekte in den Vordergrund gestellt werden.

Jahresberichte sollen sein:

- sachlich, in ansprechender Form und
- informativ.

Auf den folgenden Doppelseiten finden Sie ein Gliederungsschema, das Ihnen als Checkliste für die zu berücksichtigenden Punkte dienen kann.

Präsentieren Sie Ihren Kindergarten-Jahresbericht öffentlichkeitswirksam.

Sie können zum Beispiel den Jahresbericht an den Bürgermeister (pressewirksam) übergeben oder an die Mitglieder des zuständigen (Jugendhilfe-)Ausschusses senden oder im Rahmen einer Veranstaltung die Ergebnisse präsentieren.

Denken Sie daran, dass Sie mit einem Jahresbericht in vielen Fällen „Neuland“ betreten wird, und sichern Sie ab, was Sie als Kita-Leitung tun dürfen und was dem Träger vorbehalten bleibt! Gehen Sie also nicht unabgesprochen an die Öffentlichkeit.

Mögliche Struktur eines Jahresberichtes	
Jahresbericht 200x	
Rahmendaten	
Name:	
Träger:	
Kinder:	
Altersgrenze:	
Altersverteilung zum Stichtag:	
Zahl der Plätze:	
Belegte Plätze zum Stichtag:	
Einzugsgebiet:	
Verteilung auf das Einzugsgebiet:	
Gruppenorganisation:	
Nationalitäten der Kinder:	
Mitwirkungsmöglichkeiten der Kinder:	
Zeiten	
Öffnungszeiten:	
Langzeitgruppe:	
Durchgehende Ganztagsgruppe:	
Betriebsferien:	
Tage o. Betreuungsangebot (z.B. Studientag):	
Finanzielle Beiträge	
Elternbeitrag:	
Sonstige Beiträge:	
Personal	
Fachkräfte:	
Organisationsstruktur:	
Gruppenverteilung der Mitarbeiterinnen:	
Verfügungs-/Vorbereitungszeiten:	
Team-/Mitarbeiterinnenbesprechungen:	
Tätigkeiten während der Vorbereitungszeit:	
Qualitätssicherung	
Anwendung von Beschwerdemanagement:	
Überarbeitung der Konzeption:	

Erstellung eines Kundenpfades (z.B. Neuorganisation des Aufnahmegesprächs):	
Elternbefragungen:	
Fortbildungsmaßnahmen:	
Fachberatung:	
Fallgespräche:	
Räumlichkeiten	
Lage des Kindergartens:	
Architektur:	
Beschreibung der Räumlichkeiten (z.B. Raumplan, Grundriss):	
Außenanlage:	
Kooperation und Vernetzung mit Schulen	
Zusammenarbeit mit der Grundschule:	
Zusammenarbeit mit Fachschulen:	
Kooperation und Vernetzung mit Fachdiensten	
Schulvorbereitende Einrichtungen:	
Frühförderstelle:	
Logopädinnen:	
Ergotherapeutinnen:	
Erziehungsberatungsstellen:	
Sozialpsychiatrischer Dienst:	
Gesundheitsamt:	
Organisation und Betreuung außerhalb des Kindergartens	
Jugendzentrum:	
Haus der Familie:	
Familienbildungsstätte:	
Vernetzung in der Stadt/Gemeinde:	
Vernetzung in der Kirchengemeinde:	
Zusammenarbeit/Erziehungspartnerschaft m. Eltern	
Informationen:	
Elternbefragung:	
Elternsprechstunden/-sprechtage:	
Elternabende:	
Mitwirkungs/-bestimmungsmöglichkeiten:	

Elternvertretung:	
Elternbeirat:	
Pädagogische Schwerpunkte:	
Kleinstkindpädagogik:	
Krippe:	
Integrationsgruppe:	
Pädagogische Aktivitäten:	
Sprachförderung/-erziehung:	
Umwelterziehung:	
Gesundheitserziehung:	
Sonstiges:	
Projekte	
Tagesablauf	
Essen und Trinken:	
Frühstück:	
Mittagessen:	
Getränke:	
Anmeldung/Aufnahme	
Vorgespräch:	
Aufnahmegespräch:	
Eingewöhnung:	
Öffentlichkeitsarbeit	
Presseartikel:	
Fachbeiträge in Zeitschriften:	
Vorträge:	
Öffentliche Auftritte:	
Feste/Feiern:	
Sonstiges:	
Sponsoren/Spender	
Sponsorenverträge:	
Patenschaft:	
Förderung:	
Spenden (nur m. Einwillig. d. Spender):	

12 Marketing

Die Situation von Kindertageseinrichtungen verändert sich schon seit einiger Zeit gravierend. Die Veränderungen nehmen darüber hinaus einen immer schneller werdenden Verlauf.

In einigen Regionen gibt es einen Überhang an Betreuungsplätzen in Kitas, während es in anderen Regionen zumindest zeitweise eine so große Nachfrage gibt, dass das Angebot an Plätzen nicht ausreicht. Gesellschaftliche Veränderungen (denken Sie z.B. an die Veränderung der Arbeitszeit, die Berufstätigkeit beider Eltern, den Wunsch nach früherer Betreuung von kleinen Kindern und Kleinstkindern, höhere Bildungsansprüche usw.) führen zu Veränderungen der Bedarfslagen. Unter diesen Voraussetzungen suchen die Eltern immer gezielter nach einer ihren Bedürfnissen gemäßen Betreuung für ihre Kinder.

Eltern suchen Einrichtungen gezielt aus

Auf der anderen Seite verändert sich die Trägerlandschaft der Kindertageseinrichtungen ebenfalls erheblich. Kommunale Träger von Kindertageseinrichtungen versuchen verstärkt, die Kitas zu „privatisieren", d.h., kommunale Einrichtungen werden als Eigenbetriebe geführt und aus kommunaler Trägerschaft so zumindest teilweise entlassen. Auch übernehmen so genannte „freie Träger" verstärkt kommunale Kindertageseinrichtungen. Während jedoch früher Vereine, Kirchengemeinden und Elterninitiativen die Trägerschaft innehatten, gibt es jetzt in diesem Bereich die Tendenz, Kindertageseinrichtungen als Unternehmen zu führen. Dies geschieht dann in der Regel als gemeinnützige Gesellschaft mit beschränkter Haftung (gGmbH).

Die Trägerlandschaft verändert sich

Zentralisierung, neue Bedarfslagen, Überkapazitäten an Kindertagesstättenplätzen usw. führen u.a. dazu, dass die Träger in zunehmendem Maße etwas dafür tun wollen, ihre Einrichtungen auf Dauer zu erhalten.

Kindertageseinrichtungen suchen nach Möglichkeiten, attraktiver zu werden für Familien mit unterschiedlichen Lebensplänen, deren Kinder sie betreuen wollen, und sie suchen nach einer klaren Ausrichtung und einem klaren Profil für die Kita selbst. Teilweise treten sie in Konkurrenz zu anderen bestehenden Einrichtungen, versuchen sich öffentlichkeitswirksam zu präsentieren, und wollen ihre Zielgruppe gezielt ansprechen.

Klare Profile werden angestrebt und präsentiert

In der Unternehmenssprache würde man sagen, sie beginnen Marketing zu betreiben.

Systematisches strukturiertes Arbeiten, zudem noch mit Begriffen aus der Wirtschaftswelt, das Akzeptieren von klaren Vorgaben und anschließenden Bewertungen ist für viele Mitarbeiterinnen aus Kindertageseinrichtungen häufig eine zunächst einmal ungewohnte Vorgehensweise. Oft werden Instrumente, die für das Wirtschaftsleben als sinnvoll angesehen werden, für den sozialen Bereich infrage gestellt.

Marketing ist nicht wirtschaftsspezifisch, sondern ...

Für Sie als Leitung einer Kita gehört es allerdings zu den ersten Aufgaben, sich mit den Mitarbeiterinnen auch auf Perspektiven des Marketings einzulassen und ein entsprechendes Grundverständnis herzustellen. Dass dies kein Widerspruch zu sozialen und pädagogischen Belangen ist, wird in diesem Kapitel schnell deutlich werden.

12.1 Begriff des Marketings und Ausrichtung von Kitas

Marketing ist nicht, wie vielfach geglaubt wird, eine besondere Methode, die aus der Wirtschaft übernommen worden ist.

... generell Denkweise vom Kunden her

Vielmehr ist Marketing eine generelle Denkweise, und zwar die konsequente Sichtweise aus der Perspektive des Nutznießers erbrachter Leistungen. Für die Kita ist es konkret der Blick aus der Perspektive der Eltern und der Kinder. Deshalb:

Es geht beim Marketing darum, die Sichtweisen zu ändern vom Angebots-Markt → hin zum „Kunden"-Markt.

Natürlich sind diese Begriffe im sozialen Bereich nicht ganz problemlos zu übernehmen. Wir haben in Kapitel 8 beim Qualitätsmanagement bereits über Kunden gesprochen und sie von den Adressaten unterschieden. Wir fassen noch einmal zusammen: Die Kindertageseinrichtung hat unterschiedliche Kunden, z.B.

- die Kommune, die einen Großteil der Kindertagesstättenplätze finanziert,
- die Eltern, die ihren Kindergartenbeitrag leisten und die Kinder auch in der Kindertageseinrichtung anmelden, und natürlich
- die Kinder, die ja eigentlich Adressaten der pädagogischen Arbeit sind (aber im klassischen Sinne eben keine Kunden).

Hauptkunde sind die Eltern

Wenn Sie sich über Marketing Gedanken machen, werden Sie zukünftig in erster Linie über die Eltern als „Kunden" der Kindertageseinrichtung nachdenken.

Marketing = konsequente Sichtweise von den Kunden und dabei in der Kita von den Eltern aus.

Veranschaulichung: Die „Straße der Kindergärten"

Stellen Sie sich einmal vor, auf der Hauptstraße Ihres Wohnortes befänden sich drei Kindertageseinrichtungen.

A

Am Anfang der Straße befindet sich Kindergarten A (wir nennen ihn den guten „Discounter"-Kindergarten). Er bietet ein kostengünstiges und auf Eltern (die einen flexiblen zeitlichen Betreuungsbedarf haben) zugeschnittenes Angebot, z.B. lange Öffnungszeiten, Öffnungszeiten auch am Sonnabend und vielleicht sogar Übernachtungsmöglichkeiten, aber dafür ein eingeschränktes inhaltliches Angebot.
(Wir vergleichen ihn mit einem guten Discounter, z.B. ALDI, der bei gezielt begrenztem Sortiment Produkte zu günstigen Preisen bei langen und klaren Öffnungszeiten anbietet.)

B

In der Mitte der Straße finden wir Kindergarten B (wir nennen ihn den „sozialpädagogischen Kolonialwarenladen"). Hier gibt es ein vielfältiges, bunt gemischtes Angebot an Service und Pädagogik. Die meisten Kinder und Eltern finden hier etwas, was für sie wichtig ist. Dieser Kindergarten ist nicht besonders günstig, aber auch nicht besonders teuer; er bietet für unterschiedliche Bedürfnisse etwas, aber in seinen Bereichen nicht etwas herausragend Besonderes.

C

Am Ende der Straße hat sich der Kindergarten C (bei uns der „Feinkost"-Kindergarten) etabliert. Er bietet keine bunte Mischung pädagogischer Angebote, sondern ein spezielles Profil mit einer stark ausgerichteten Schwerpunktbildung (ein eigenes Profil oder auch Montessori-, Waldorf-, Waldkindergarten o.Ä.). Er hat eine überwiegend klar festgelegte Öffnungszeit und u.U. nehmen Eltern lange Anfahrtswege in Kauf.

Basiskriterien für die Elternentscheidung

An diesen drei Kindergärten können Sie in Hinblick auf Kundenorientierung beispielhaft sehen, wie sich Eltern entscheiden können, nämlich nach

- Quantität,
- Qualität oder einer
- Mischform.

Tendenz zu den klaren Angeboten

Tendenziell immer häufiger werden die Entscheidungen zwischen Quantität (unser A-Kindergarten) und Qualität (unser C-Kindergarten) gefällt. Je nach Bedürfnislage der Eltern, entscheiden diese sich für ein bestimmtes Profil. Für die Konzeption Ihres Kindergartens bedeutet dies, sich ebenfalls eher zum Anfang oder zum Ende der Straße hin zu orientieren, also ein unverwechselbares Profil herauszubilden.

Voraussetzung für ein gutes Marketing ist ein unverwechselbares Profil Ihrer Kita.

Die Grundausrichtung der Kindertageseinrichtung

In Kindertageseinrichtungen werden Kinder den ganzen oder einen Teil des Tages betreut. Die Kita versteht sich als Bildungs-, Erziehungs- und Betreuungseinrichtung. Das ist eine gängige Sichtweise, die natürlich richtig ist. Aber vielleicht ist diese Definition trotzdem nur noch eingeschränkt verwendbar, da sie die Komplexität der Aufgaben und Ansprüche zu sehr direkt auf die Kinder bezieht. Für Sie als Leitung einer Kindertageseinrichtung ist es jedoch wichtig, zu erkennen, wo zukünftig Bedarfe erfüllt werden müssen, die sich an den Bedürfnissen von Eltern und Kindern orientieren.

Zukünftige Bedarfe erkennen

Bemühen wir noch einmal eine Metapher: Die klassische Tankstelle lieferte Benzin, Öl, Autowäsche, kleine Reparaturen, Bedarf für Kraftfahrzeugbesitzer. Heute finden Sie in vielen Tankstellen ein stark ausgeweitetes Angebot. Zeitschriften, Getränke, Lebensmittel, Reiseutensilien – übrigens auch noch Benzin etc.

Die Veränderung des Tankstellen-Leitbildes ließe sich vielleicht so beschreiben: von ehemals Tankstelle jetzt zur Ausrichtung „Rund um den Pkw-Reisenden".

Angebot breiter aufstellen

Übertragen Sie diese Veränderung auf die Kindertageseinrichtung hieße die entsprechende Ausrichtung zukünftig noch stärker „Rund um junge Eltern" und damit wäre das zukünftige Profil der Kita erheblich anders als bisher vielfach definiert. Das Angebot wäre ungleich erweitert, Aufgaben und Berufsbild der Erzieherinnen hätten sich erheblich verändert. Wir wissen nicht, welches Profil Ihre Kita hat, und der gerade umrissene Blickwinkel kann für Sie neu und befremdlich sein oder bereits sehr vertraut. Uns geht es darum, dass Sie dies reflektieren und sich und Ihr Profil weiterentwickeln. Das folgende Schaubild nennt Aspekte und signalisiert durch die Fragezeichen, dass dieser Katalog ein offener ist.

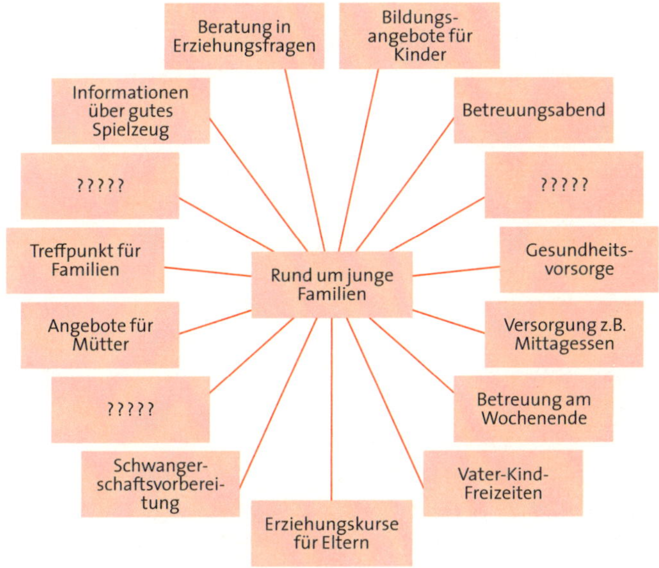

Offener, weiterzuentwickelnder Katalog für ein Angebotsprofil der Kita

12.2 Zielrichtungen des Marketings

Betrachten Sie den „Markt" elementarpädagogischer Betreuungsangebote und wollen Sie für Ihre Kita Veränderungen und eine Weiterentwicklung erreichen, so gibt es vier Zielrichtungen, in denen Sie Veränderungen anstoßen können.

Für Veränderungen die Strategie systematisch überlegen

Es gibt zwei Möglichkeiten, die Elternansprache zu intensivieren, und zwei Möglichkeiten, Ihre Angebote zu erweitern – was in der Kombination zu den vier Zielrichtungen führt. Gemeint ist: Um mehr Eltern anzusprechen, die ihre Kinder in Ihrer Einrichtung anmelden, können Sie Ihre Bemühungen in der bisherigen Adressatengruppe verstärken oder sich um neue Adressatengruppen bemühen. Um Ihr Angebot zu erweitern, können Sie bestehende Angebote weiter ausbauen oder neue Angebote hinzunehmen. Die sich daraus ergebenden vier Strategiekombinationen sind im Marketing mit den folgenden Fachbegriffen belegt:

1. Marktdurchdringung

Mehr Eltern vom Angebot überzeugen

Sie können sich die Intensivierung des Kita-Auftritts zum Ziel setzen, um im bisherigen Elternkreis mit dem bestehenden Angebot mehr Anmeldungen zu erlangen. Marktdurchdringung bedeutet in erster Linie, die Öffentlichkeitsarbeit voranzutreiben.

2. Markterschließung

Weitere Elternkreise gewinnen

Hier streben Sie an, neue „Kundenkreise" in Ihre Kita zu holen. Unter dem Aspekt „Markterschließung" werden Sie unter Umständen die Erschließung von sog. Teilmärkten (Integration, Hortkinder etc.) ins Auge fassen. Eine andere Zielrichtung wäre die Erschließung außerhalb gelegener Märkte. Übersetzt für den Kitabereich bedeutet dies, auch Kinder aus Nachbargemeinden, aus bestimmten Betrieben usw. aufzunehmen und ein entsprechendes Angebot zu machen.

3. Produktentwicklung

Angebote ausbauen

Unter diesem Aspekt können Sie sich ansehen, welche Angebote Sie derzeit im Kindergarten schätzen und vorhalten und inwieweit Sie diese Angebote verstärken wollen – das bringt mehr Attraktivität für die aktuelle „Kundengruppe". Beispiele sind eine Nachmittagsgruppe, erweiterte Öffnungszeiten usw. Es handelt sich dann um eine horizontale Produktentwicklung. Eine vertikale Entwicklung liegt vor, wenn Sie vor- und nachgelagerte Angebote vorhalten, z. B. indem Sie neben der Betreuungsmöglichkeit für drei- bis sechsjährige Kinder vorgelagert jetzt auch Betreuungsmöglichkeiten für Kleinstkinder bieten. Nachgelagerte Betreuung wäre z.B. die Aufnahme von Hortkindern etc.

4. Diversifikation

Weitere Angebote hinzunehmen

Mit Diversifikation als Zielrichtung ist gemeint, dass Sie auch die Art Ihrer Angebote verändern. Z.B. beschränken Sie Ihre Kita nicht mehr darauf, nur ein Betreuungs-, Bildungs-, Erziehungsangebot für z.B. drei- bis sechsjährige Kinder anzubieten, sondern Sie nehmen auch andere Aspekte und Ziele in Ihr Konzept auf. Neue „Produkte", Angebote oder Leistungen können dann ins Blickfeld geraten (z.B. Elternberatung, Elterntraining, neue Betreuungsangebote usw.). Sinn ist, neue Kundengruppen über ein neues Angebot zu gewinnen.

Eine laterale „Produkt"-/Angebotsentwicklung nehmen Sie vor, wenn Sie als Kindergarten ein völlig neues Angebot entwickeln (z.B. ein niedrigschwelliges Beratungsangebot).

Marketing (Denkweise)
= Führung der Einrichtung vom Markt her

Unsere Zielrichtung

Marktdurchdringung
(bisherigen Markt besser ausschöpfen)

Auftritt intensivieren, z.B. Produkteffizienz darstellen; Preis ermäßigen; Service verbessern

Marktentwicklung
(neue Marktsegmente erschließen)

Teilmärkte erschließen

außerhalb gelegene Märkte erschließen

Produktentwicklung
(Produkte ähnlicher Art ausbauen)

vertikal
= Anschlussprodukt entwickeln, Service verbessern

lateral
= neue Produkte entwickeln

horizontal
= vom bestehenden Produkt weiterentwickeln, varriieren

Diversifikation
(Produkte neuer Art hinzunehmen)

Produkte neuer Art, die völlig neu und dabei vor- oder nachgelagert sein können

Der „Markt“
= Zusammentreffen von Angebot und Nachfrage

12.3 Marketinginstrumente

Für ein gutes Marketing stehen nicht nur Wirtschaftsbetrieben, sondern auch sozialen Einrichtungen vielfältige Marketinginstrumente zur Verfügung. Das nebenstehende Schaubild ist von den sog. vier Ps der klassischen Marketinglehre abgeleitet und angepasst worden. Ursprünglich lauten diese vier Ps, von den englischen Begriffen her kommend, Product (also Produktgestaltung), Price (also Preisgestaltung), Promotion (also Kommunikation mit Werbung und Öffentlichkeitsarbeit) sowie Placement (was alles um Verkauf und Distribution umreißt).

Traditionellen Marketingmix anpassen

Im letzten Abschnitt haben wir kurz das Produkt (Angebot) der Kita beleuchtet, die Weiterentwicklung betreffend. Zur Fundierung einer solchen Produktentwicklung oder Diversifikation sind Marktforschung und -analyse mindestens sinnvoll, oft Voraussetzung. Denken Sie dabei aber bitte nicht an die negativen Assoziationen, die Sie mit dem Begriff „Marktforschung" vielleicht verbinden, weil Sie unterwegs oder am Telefon oft von lästigen „Marktforschern" mit Fragen zu Ihrem Konsumverhalten bedrängt werden. Darum geht es hier nicht. Vielmehr werden wir die Möglichkeiten der Bearbeitung dieses Aspektes mit einer „Trendanalyse", einer „Mitbewerber-Analyse" und einer „Stärken-Schwächen-Analyse" darstellen – es geht also um wichtige Kenntnisse des pädagogischen und institutionellen Umfelds Ihrer Einrichtung. Daran schließt auch sinnvoll das Kapitel 13 zur Konzeptionsentwicklung an.

Produktentwicklung braucht Marktforschung

Die Themen „Kommunikation" und „Öffentlichkeitsarbeit" sind in eigenen Kapiteln dieses Buches beschrieben.

Öffentlichkeitsarbeit

Das Thema „Preis" dürfte in der Regel nicht in Ihre Zuständigkeit als Kita-Leitung fallen, sondern obliegt dem Träger oder einer politischen Instanz. Abgesehen von den vermutlich ganz wenigen Trägern, die ihre Kosten voll aus Elternbeiträgen einspielen müssen, weil sie komplett privat oder sogar wirtschaftlich ausgerichtet sind, erfolgt die Preisgestaltung unter einem (sozial-)politischen Blickwinkel. Zu der dahinter stehenden Diskussion haben Sie als Kita-Leitung aber mit Sicherheit etwas zu sagen. Gegebenenfalls fallen auch Zusatzkosten (z.B. für besondere Leistungen, für Verpflegung u.a.m.) in Ihre Kompetenz.

Preisgestaltung sozialpolitisch

Unterschätzen Sie nicht das Thema „Verkauf". Sie „verkaufen" natürlich nicht direkt, stehen aber vielfach gegenüber Eltern (= Ihren Kunden) doch in der Rolle derjenigen, die die Einrichtung und deren Leistungen vertritt und als Vertragspartnerin gesehen wird.

Verkauf indirekt

Marketinginstrumente

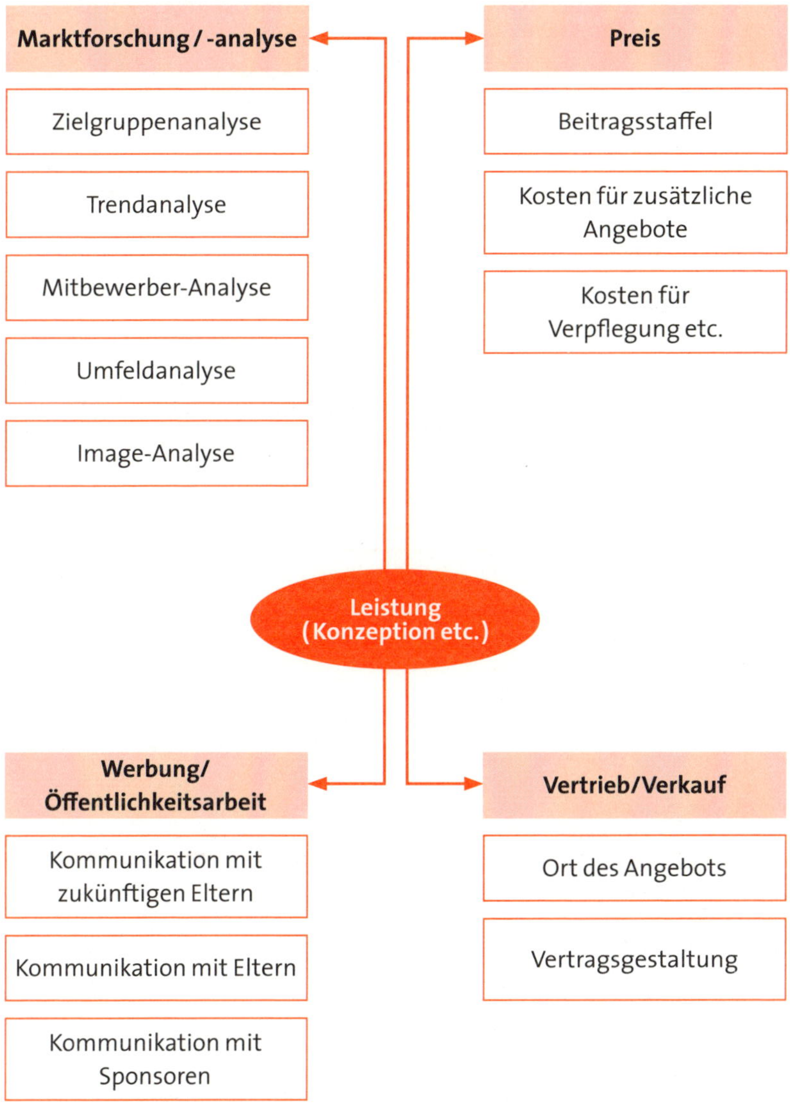

12.3.1 Trendanalyse

Versuchen Sie mit Ihrem Mitarbeiterinnenteam gesellschaftliche Trends zu erkennen und herauszufiltern; einige sind unten eingetragen.

Welche gesellschaftlichen Trends haben Auswirkungen auf die pädagogische Arbeit Ihrer Kindertageseinrichtung?			
	Auswirkungen		
Felder für zukünftige Entwicklungen	bei den Kindern	bei den Eltern	auf die Arbeit bzw. die Mitarbeiterinnen
Veränderungen der Arbeitswelt			
Veränderung Ladenöffnung / Schichtarbeit	weniger Gemeinschaft in Familie / ungeregelterer Ablauf	weniger gemeinsame Zeit / Wochenendarbeit	Ausweitung der Betreuungszeit
Berufstätigkeit der Eltern	„Schlüsselkind" / weniger gemeinsame Zeit	unterschiedliche Arbeitszeiten der Eltern	kontinuierliche Betreuung durch Bezugserzieherin
Arbeitsplatz- u. Ortswechsel, Mehrfachjobs			
Veränderungen durch Mediengesellschaft			
virtuelle Wahrnehmung			
veränderte Sprache / veränderte Kommunikation	Sprachdefizite	mehr Zeit für Therapie aufwenden	Sprachbeobachtung / Sprachförderung in Kita
schnelle und größere Informationsverfügbarkeit			
Veränderte Lebensformen			
allein Erziehende			
„Patchwork"-Familien			
Begrenzung auf Kernfamilie (Vereinzelung)			

Wenn Sie die Trends in Augenschein genommen haben, versuchen Sie, sich Ihrem Umfeld zu nähern, z.B. mit der Frage nach den Zielgruppen in Ihrem direkten Umfeld / Stadtteil.

Zur Umfeldanalyse gehört ebenfalls der Blick auf die anderen Kindertageseinrichtungen in Ihrem Einzugsbereich. Ein differenziertes und ausgewogenes Angebot der Kitas verringert die Konkurrenzsituation und beschert den Eltern eine höhere Angebotsqualität. Zudem haben Sie die Möglichkeit, die Qualität der eigenen Kita zu verbessern, indem Sie sich mit anderen Einrichtungen vergleichen, zumindest auf den Gebieten, wo es möglich ist.

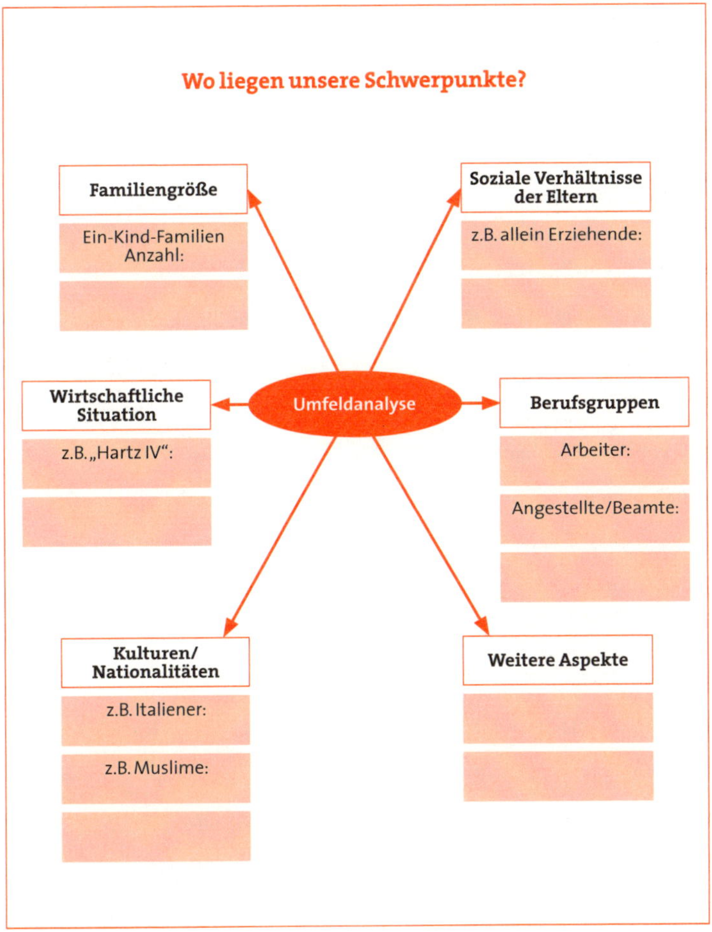

Wesentliche Aspekte der Umfeldanalyse

Checkliste: „Kindertageseinrichtungen im Einzugsbereich"			
Die Mitanbieter im Bereich der Elementarpädagogik, die sich im Einzugsbereich Ihrer Kindertageseinrichtung befinden, und das Angebot, das sie vorhalten			
	1. Kita	2. Kita	3. Kita
Pädagogischer Ansatz			
Zielgruppe			
Das besondere Angebot			
Stärken der Kita			
Image/Öffentlichkeitsarbeit			
Das Raumkonzept der Einrichtung			
Ganztagsbetreuung/ Öffnungszeiten			
Jahresbericht/ Internet-Auftritt			
Werbung bei der Zielgruppe			
Veranstaltungen			
...			

Nach diesen Analysen können Sie nun darangehen, für Ihre Kindertageseinrichtung die drei nächsten der fünf notwendigen Schritte (siehe die folgende Abbildung) zu einer guten Marktentwicklung einzuleiten.

Schritt 3, die Stärken-Schwächen-Analyse, wird im nächsten Abschnitt angesprochen, die Schritte 4 und 5 im folgenden Kapitel 13.

Die fünf Schritte der Marktentwicklung

1. Schritt
Welche gesellschaftlichen Trends beeinflussen die Kita-Arbeit? (Siehe Tabelle S. 220)

↘ **2. Schritt**
Umfeldanalyse – für welche Fragen/Verhältnisse muss die Kita Lösungen bieten?

↘ **3. Schritt**
Stärken-Schwächen-Analyse vornehmen mithilfe einer SWOT-Matrix, siehe unten

↘ **4. Schritt**
Grundsätze der Kita-Arbeit in einer Konzeption festlegen (Systematische Konzeptionsentwicklung)

↘ **5. Schritt**
Konkrete Maßnahmen in einem Dreijahresplan festlegen

12.3.2 Stärken-Schwächen-Analyse (SWOT-Analyse)

Bei der SWOT-Analyse versuchen Sie, intern wie extern Stärken und Schwächen Ihrer Kindertageseinrichtung zu analysieren, und zwar nach dem unten vorgegebenen Raster.

SWOT		
	Stärken (Strengths)	**Schwächen (Weaknesses)**
Chancen (Opportunities)	**S-O** Stärken/Chancen-Kombination Welche Stärken hat unsere Kita? Wie können wir diese Stärken nutzen, um unsere Chancen zu nutzen?	**W-O** Schwächen/Chancen-Kombination Welche Schwächen können zu Stärken entwickelt werden?
Gefahren (Threats)	**S-T** Stärken/Gefahren-Kombination Welche Stärken können wir einsetzen, um Gefahren zu begegnen?	**W-T** Schwächen/Gefahren-Kombination Wo liegen unsere größten Schwächen? Wie können wir uns vor Gefahren, die daraus erwachsen, schützen?

Aufgabenstellung

Füllen Sie diese Vier-Felder-Matrix mit Ihrem Team aus und entwickeln Sie entsprechende Strategien für die eigene Kita.

Die Entwicklung dieser Strategien ist sicherlich ein sehr schwieriges Unterfangen. Hier sollten Sie ggf. auf externe Unterstützung setzen.

Achten Sie bitte darauf, dass auch eine Kindertageseinrichtung sich an dem Bedarf der Zielgruppen ausrichten muss, wenn sie längerfristig erfolgreich sein will. Insbesondere dann, wenn Kindertageseinrichtungen zukünftig vielleicht generell nicht mehr auf ein nur kleines Einzugsgebiet beschränkt sein sollten, wie es vielfach heute noch der Fall ist.

13 Konzeptionsentwicklung

Die Erstellung einer Konzeption sollte für eine Kindertageseinrichtung, sofern dies nicht sowieso in einzelnen Landesgesetzen vorgeschrieben ist, zu einer Selbstverständlichkeit geworden sein. Nicht zuletzt die Erziehungs-, Orientierungs- bzw. Bildungspläne der einzelnen Bundesländer sehen die Erstellung einer Konzeption vor.

Gründe für eine Konzeptionsentwicklung

Neben dem gesetzlichen Auftrag gibt es verschiedene Gründe, weshalb eine gute Konzeptionsentwicklung notwendig ist:

- neue Entwicklungen in der Elementarpädagogik,
- veränderte Angebote für Kinder oder z.B.
- veränderte Arbeitsformen bzw.
- veränderte Arbeitszeiten der Eltern.

Sie führen u.a. zu einer neuen Konzeptionsentwicklung oder Fortschreibung der Konzeption.

Es gibt aber neben den inhaltlichen Gründen auch formale Aspekte, die die Erstellung einer Konzeption sinnvoll machen, auf die wir später noch einmal eingehen werden.

Eine Konzeption ist etwas grundsätzlich anderes als ein Konzept.

Konzeption – nicht zu verwechseln mit Konzept

Während ein Konzept ein Entwurf, eine Erstfassung einer Idee oder eines Gedankens ist, also unfertig ist und zukünftig noch bearbeitet und auf den aktuellen Stand gebracht werden muss, ist eine Konzeption die verbindliche Niederlegung der pädagogischen Inhalte und der Arbeitsweise einer Kindertageseinrichtung. Sie ist quasi das Qualitätshandbuch einer elementarpädagogischen Einrichtung:

- In der Konzeption legen Sie die pädagogischen Ziele und die Standards fest.
- Sie legen die Grundsätze der Zusammenarbeit mit den Eltern wie auch mit Institutionen dar.
- Sie erläutern die Rahmenbedingungen, unter denen die Eltern ihre Kinder in der Kita anmelden.

Die Konzeption ist somit gleichzeitig Bestandteil des Betreuungsvertrages, den Sie mit den Eltern schließen, und gleichzeitig ein inhaltliches Versprechen bzw. eine Selbstverpflichtung gegenüber den Eltern.

Alle Eltern erhalten eine Konzeption

Daraus ergibt sich, dass die Konzeption schriftlich niedergelegt ist und auch bei Aufnahme des Kindes in die Kita bzw. bei Abschluss des Betreuungsvertrages den Eltern ausgehändigt wird.

Die Konzeptionsentwicklung ist Anlass für eine wichtige Kommunikations- und Reflexionsmöglichkeit innerhalb der Kita unter den pädagogischen Mitarbeiterinnen, die deutlich macht, wie professionell die Erzieherinnen an der Umsetzung des Erziehungs-, Bildungs- und Betreuungsauftrages arbeiten. Sie ist für die Standortbestimmung des Trägers eine gute Möglichkeit, sein Verständnis von Familienpolitik und sein Zukunftskonzept in einem öffentlichen Rahmen zu präsentieren. Nicht zuletzt ist die Zusammenarbeit/Erziehungspartnerschaft mit den Eltern ein wesentlicher Aspekt einer Konzeption. Mit der Einbeziehung der Eltern in die Konzeptionsentwicklung ist ein wichtiger Schritt in diese Richtung vollzogen.

Beteiligung von pädagogischen Mitarbeiterinnen, Träger und Eltern

Damit sind auch schon die drei Gruppen benannt, die an der Entwicklung oder der Fortschreibung der Konzeption beteiligt sein sollten. Sicherlich für alle Beteiligten eine nicht ganz einfache (und konfliktfreie) Aufgabe, die sich, wenn sie ernst genommen wird, über einen längeren Zeitraum erstrecken wird. Sie werden, je nach Größe Ihrer Einrichtung, für eine professionelle Konzeptionsentwicklung mehrere Studientage und genügend Raum für den Diskurs einplanen müssen.

Sinnvoll ist hier eine, zumindest teilweise, externe Begleitung während des Konzeptionsentwicklungsprozesses, damit Rollenkonflikte und unterschiedliche Sichtweisen Gewinn bringend moderiert werden können.

Die Konzeption hat nicht nur inhaltliche Bedeutung. In der Außendarstellung spielt sie mehr und mehr eine wichtige Rolle. Die Konzeption ist die „Visitenkarte" der Kindertageseinrichtung. Sie sollten sie daher auch entsprechend gestalten.

Zielgruppe der Konzeption

Ein wichtiger Punkt, den Sie beachten sollten, ist:

> *Die Konzeption richtet sich in erster Linie an Erwachsene, d.h. an Eltern, Politiker, Fachkräfte etc.*

Auch das legt nahe, entsprechend Wert auf die äußere Gestaltung zu legen. Strukturieren Sie die Konzeption klar und übersichtlich, verwenden Sie Bilder (nicht Kinderzeichnungen etc.), Grafiken und übersichtlich gestaltete Texte, die die Pädagogik nachvollziehbar darstellen und überladen Sie die Konzeption nicht mit zu viel Text. Ein DIN-A4-Format bietet gute Gestaltungsmöglichkeiten.

Methodisches Vorgehen

Das methodische Vorgehen bei der Erstellung einer Konzeption geschieht in fünf Schritten, wobei Sie vor der Übernahme das Ergebnis prüfen und gegebenenfalls noch einmal einen oder mehrere Schritte zurückgehen, um nachzuarbeiten.

Fünf Schritte der Erstellung

Inhalte der Konzeption

Für den Einstieg in die Konzeptionsentwicklung eignet sich eine Themensammlung:

Themensammlung für den Einstieg in die Konzeptionsentwicklung

Aufbau einer Konzeption

Hier der Vorschlag eines Musters.

	Inhaltsverzeichnis	Seite
I.	Die Kindertageseinrichtung	
II.	Die Räumlichkeiten	
II.1	Die Kita xxyyzz	
II.2	Das Nebengebäude	
II.3	Die Außenstelle xyz	
II.4	Das Raumkonzept	
III.	Die Gruppen	
III.1	Die Kinderkrippe	

III.2	Der Kindergarten	
III.3	Die Integrationsgruppe	
III.4	Der Hort	
IV.	Rechtliche Rahmenbedingungen	
V.	Die Kindertageseinrichtung als Bildungseinrichtung	
VI.	Kindheit heute	
VII.	Unsere Ziele	
VII.1	Basiskompetenzen	
VII.2	Sprachentwicklung	
VII.3	Soziale Kompetenzen	
VII.4	Selbstwirksamkeitsüberzeugungen	
VII.5	Partizipation	
VII.6	Mathematisches Grundverständnis	
VII.7	Natur- und Umweltbewusstsein	
VII.8	Kognitive Entwicklung/lernen, wie man lernt	
VII.9	Naturwissenschaftliches Grundverständnis	
VII.10	Emotionale Entwicklung und Lebensfreude	
VII.11	Resilienz	
VII.12	Körper und Bewegung	
VII.13	Gesunde Ernährung	
VII.14	Transitionsprozesse/Übergänge gestalten	
VII.15	Lebenspraktische Kompetenzen	
VII.16	Ästhetische Bildung	
VIII.	Bedeutung des Spiels	
IX.	Unser pädagogischer Ansatz	
IX.1	„Offene Arbeit"	
IX.2	Strukturmerkmale der „offenen Arbeit"	
IX.3	Handlungskonzept in der „offenen Arbeit"	
	oder	
IX.1	„Der Ansatz von M. Schörl"	
IX.2	„Situationsansatz" – etc.	
X.	Schwerpunkte unserer Arbeit	
X.1	Unsere Rituale	

X.2	Projektarbeit	
X.3	Waldtage	
X.4	Vorbereitung auf den Übergang zur Schule	
X.5	Beobachtung und Entwicklungsdiagnostik	
X.6	Förder- und Trainingsprogramme	
X.7	Musikalische Früherziehung	
XI.	Zusammenarbeit der päd. Mitarbeiterinnen	
XI.1	Unsere Mitarbeiterinnen	
XI.2	Fortbildung, Qualifikation, Vernetzung	
XI.3	Das Prinzip der „Facherzieherin"	
XII.	Unsere Kita als Ausbildungsstätte	
XIII.	Erziehungspartnerschaft	
XIII.1	Unsere Grundsätze	
XIII.2	Erziehungsverträge	
XIII.3	Individuelle Beratung und Elternsprechtage	
XIII.4	Regelmäßige Kommunikation	
XIII.5	Elternmitarbeit	
XIII.6	Elternbeteiligung	
XIV.	Kooperation mit anderen Institutionen	
XV.	Öffentlichkeitsarbeit	
XVI.	Nachwort	

14 Zusammenarbeit und Erziehungspartnerschaft mit Eltern

Der Kindergarten hat die Aufgabe, dazu beizutragen, dass das „Recht (des Kindes) auf Förderung seiner Entwicklung und auf Erziehung zu einer eigenverantwortlichen und gemeinschaftsfähigen Persönlichkeit“ (wie es in § 1 Abs. 1 SGB VIII – KJHG formuliert ist) verwirklicht werden kann.

Eine konstruktive und vor allem vertrauensvolle Zusammenarbeit zwischen Kindertageseinrichtung und Eltern ist eine fundamentale Voraussetzung für eine erfolgreiche pädagogische Arbeit mit Kindern.

Rückblick in die Geschichte

Das wurde (und wird) nicht immer so gesehen, sondern die pädagogische Arbeit mit Kindern und die Einbeziehung von Eltern hat eine sehr unterschiedliche und wechselhafte Geschichte.

Als „Kinderschutzanstalten“ im 19. Jahrhundert gegründet, hatte schon kurze Zeit später Friedrich Fröbel die Vorstellung vom Kindergarten als einem Ort der Elternunterstützung und Elternbildung.

Im 20. Jahrhundert war in den 50er- und 60er-Jahren dieser Gedanke dann überwiegend aus dem Bewusstsein der Elementarpädagoginnen verschwunden – und zwar jeweils aus sehr unterschiedlichen Gründen. Von den Anhängern der antiautoritären Erziehung (Familien galten als Ort der Unterdrückung) bis hin zu den Vertretern kompensatorischer Erziehung (Unterschichtsfamilien vermitteln einen Erziehungsstil, der Benachteiligungen hervorruft) war eher ein Interesse vorhanden, Eltern aus dem Erziehungsprozess herauszuhalten.

Trotz weit reichender Veränderungen in der elementarpädagogischen Landschaft und trotz des überwiegend praktizierten Situationsansatzes im Elementarbereich haben sich Elemente dieser Sichtweisen in den Einstellungen vieler Pädagoginnen mit einer gewissen Hartnäckigkeit gehalten.

Elternleistungen

Eltern haben jedoch enorm wichtige Leistungen erfolgreich erbracht, bevor das Kind in den Kindergarten kommt, denn schließlich kommen Kinder in die Kindertageseinrichtung, die das Sprechen bereits gelernt haben, mit anderen Kindern zusammen spielen können, neugierig sind etc. Sie können diese Aufzählung aus Ihrer Kenntnis und Erfahrung bestimmt noch ohne Probleme sehr viel weiter führen.

Eltern „kennen" ihre Kinder

Die Eltern kennen ihre Kinder natürlich auch sehr viel besser als andere Personen. Sie kennen ihr Kind in einer Vielzahl von Lebenssituationen und wissen, wie es sich dort verhält.

Dem gegenüber stehen in der Kita häufig Zeitmangel und eine Gruppengröße, die eine individuell ausgerichtete Pädagogik sehr erschweren. Den Fähigkeiten und dem Wissen der Eltern stehen aufseiten der Kita die fachliche Kompetenz der Erzieherinnen, Heilpädagoginnen etc. gegenüber.

Im Rahmen einer Erziehungspartnerschaft ist es für Sie eine wichtige Leitungsaufgabe, den Dialog zwischen beiden Seiten zu fördern und in einen Austausch über unterschiedliche Erziehungsvorstellungen und -methoden einzutreten.

Grundlage der Erziehungspartnerschaft ist das gegenseitige Kennenlernen und Respektieren von Erziehungszielen und Erziehungsmethoden!

Selbstverständlich gibt es nicht „die" Eltern, die entweder motiviert, zukunfts- sowie leistungsorientiert und aktiv oder die sozial benachteiligt, mehrfach belastet, überfordert und desinteressiert sind. Schon von daher bedeutet Zusammenarbeit auch, sehr differenziert auf die Lage der Eltern und ihre Bedarfe einzugehen.

Für eine gute Erziehungspartnerschaft können Sie sich u.a. an den folgenden fünf Aspekten orientieren:

Aspekte der Erziehungspartnerschaft

Die Aspekte der Erziehungspartnerschaft im Einzelnen

a. Jedes Kind ist in seinem individuellen Kontext zu sehen:
- *Der Kindergarten bietet eine individuelle Planung für jedes Kind und gibt individuelle Rückmeldung für die Eltern.*
- *Erzieherinnen beobachten die Kinder in der Kindertageseinrichtung, auch individuell.*
- *Dokumentationen (Portfolios, individuelle Entwicklungsdokumentationen, Lerngeschichten) verdeutlichen den Eltern die Entwicklungsschritte ihres Kindes.*
- *Kinder werden individuell gefördert.*

b. Eltern sind die ersten Erzieher und die besten Kenner ihrer Kinder:
- *Eltern beobachten ihre Kinder zu Hause.*
- *Eltern und Erzieherinnen tauschen sich über das Kind aus.*
- *Die Lebenssituation der Eltern/Kinder wird einbezogen, z.B. durch Hausbesuche.*
- *Die Eltern dokumentieren wichtige Erlebnisse ihrer Kinder in einem Familienbuch (Familienalbum).*
- *Der Kindergarten richtet ein „Bezugserzieherinnen"-System ein.*

c. Eltern werden wahrgenommen als Personen mit eigenen Interessen und Bedürfnissen:
- *Die Kita macht Bildungsangebote für Eltern.*
- *Elternkurse zu speziellen Themen (ggf. von externen Gruppen) werden angeboten.*
- *Institutionen, Praxen (Ergotherapie, logopäd. Praxen) bieten Informationen.*
- *Es gibt eine Ideenbörse für Eltern für Spielideen, Spielzeug, Freizeitgestaltung mit Kindern.*
- *Die Kita bietet Serviceangebote, damit Eltern ihren eigenen Bedürfnissen besser nachgehen können.*
- *Es gibt Serviceangebote, z.B. durch flexible Anwesenheits-, Bring- oder Abholzeiten.*

d. Die Kindertageseinrichtung versteht sich zunehmend als Kinder- und Familienzentrum:
- *Es gibt einen Aufenthaltsraum für Eltern („Elterncafé").*
- *Es gibt Angebote zur gegenseitigen Unterstützung von Eltern untereinander (Nachbarschaftshilfe).*
- *Eltern bringen eigene Angebote in die Kita-Arbeit ein.*
- *Babysitter-Dienste existieren.*
- *Es gibt offene Angebote für Familien, deren Kinder nicht in der Kita sind.*

Erziehungspartnerschaft bedeutet somit auch eine Abkehr vom Gedanken einer ungleichen Hilfebeziehung, in der Pädagoginnen helfen und den Eltern geholfen wird.

Wenn Sie für Ihre Kindertageseinrichtung einen solchen (oder einen ähnlichen) Weg einschlagen wollen, dann wäre eine gewichtige Voraussetzung, die schrittweise Umsetzung eines gemeinsamen Erziehungsansatzes zwischen Kita und Eltern.

Individuelle Erziehungsvereinbarungen

Eine Möglichkeit hierbei wäre der Abschluss von individuellen Erziehungsvereinbarungen mit Eltern.

Mit dem Abschluss einer Erziehungsvereinbarung treffen Sie eine freiwillige Übereinkunft mit Eltern. Freiwillig bedeutet, dass einerseits wohl u.U. nicht alle Eltern eine Vereinbarung abschließen wollen (und somit auch nicht müssen oder dazu gedrängt werden sollten), und andererseits, dass es sich nicht um die Formulierung einer Kita-Ordnung im „neuen Schlauch" handelt.

Die Erziehungsvereinbarung hat keinen rechtlich verbindlichen Hintergrund (wie z.B. die Kita-Ordnung als Bestandteil des Betreuungsvertrages). Vielmehr ist sie eine Möglichkeit, in einen Austausch über Vorstellungen, Handlungsweisen und Ziele der Beteiligten zu treten und die Erwartungen aller am Erziehungsprozess beteiligten Personen bzw. des Kindergartens zu formulieren und auch schriftlich festzuhalten. Das Schriftliche ist aber nicht der zentrale Punkt.

Zentrales Thema der Erziehungsvereinbarung ist der stattfindende Aushandlungsprozess zwischen Eltern und Mitarbeiterinnen der Kindertageseinrichtung!

Aufgenommen werden sollte in die Erziehungsvereinbarung das, worüber ein gemeinsames Verständnis erzielt worden ist. Sie beruht also auf Gemeinsamkeiten. Die aufgeführten Punkte müssen leistbar für beide beteiligten Seiten sein.

Wenn Sie eine Erziehungsvereinbarung mit Eltern abschließen, sollte die Vereinbarung Ausdruck dafür sein, dass sich die Kita und die Eltern mit gegenseitiger Anerkennung begegnen und kooperieren. Ausdruck hiervon kann u.a. das gemeinsame Verständnis dafür sein, dass

- die Eltern nicht direkt das Verhalten oder die Leistung ihres Kindes in der Kita bestimmen und auch dass
- die Erzieherinnen nicht direkt das Verhalten oder die Leistung des Kindes im häuslichen Rahmen bestimmen.

So machen Sie Eltern in erster Linie zu Erziehungspartnern und auch zu Partnern einer solchen Vereinbarung, in die Sie, je nach Alter bzw. Entwicklungsstand, auch die Kinder einbeziehen können.

Vorbereitung der Erziehungsvereinbarung

Methodisch werden Sie als Kita-Leitung in Schritten vorgehen:

Zielgruppe Eltern	**Zielgruppe Kita-Mitarbeiterinnen**
Vorstellung der Idee einer Erziehungsvereinbarung in Elternabenden	Vorstellung der Idee einer Erziehungsvereinbarung in einer Teambesprechung
⇩	⇩
Sammlung von Wünschen, Ideen, Problemen und Anregungen	Sammlung von Wünschen, Ideen, Problemen und Anregungen
⇩	⇩
Vorstellung eines möglichen Entwurfes	Erarbeitung eines möglichen Entwurfes für die Vorstellung auf Elternabenden
⇩	⇩
Beteiligung der Elternvertretung	Einbeziehung von Kita-Träger und/oder Kita-Beirat o.Ä.
⇩	⇩
Zeit und Diskussionsbedarf ausreichend berücksichtigen	Später: Aufnahme in die Konzeption der Kindertageseinrichtung

Mit der Erziehungsvereinbarung besteht bei allen Beteiligten die Möglichkeit,

- besser miteinander in einen regelmäßigen und konstruktiven Austausch zu kommen,
- Vorurteile und einseitige Sichtweisen abzubauen und
- gleichberechtigt miteinander zu kommunizieren.

Formulieren Sie Erziehungsvereinbarungen positiv und verständlich!

Beiderseitige Erwartungen und Leistungen

Achten Sie besonders darauf, dass

- die Eltern ihre Erwartungen und ihre Leistungen einbringen,
- der Kindergarten seine Erwartungen und seine Leistungen einbringt.

Anforderungen, Vorwürfen oder „moralischen" Bewertungen der jeweils anderen Seite sollten Sie entgegentreten und Missverständnisse aufklären.

Genügend Zeit einplanen

Für den Abschluss von Erziehungsvereinbarungen benötigen Sie Zeit. Zeit, die Sie durch eine verbesserte „Kita-Kultur" und eine verbesserte Zusammenarbeit sicherlich an Zeitersparnis durch verringerte Konfliktlösungsprozesse und durch mehr Motivation wieder wettmachen. Zuerst einmal ist jedoch ein gewisses Investment notwendig.

Planen Sie daher ein

- mindestens einen Elternabend,
- eine Sitzung der Elternvertretung,
- eine gemeinsame Veranstaltung von Mitarbeiterinnen und Elternvertretung,
- ausreichend Zeit für die Aushandlung von Einzelvereinbarungen,
- Zeit für Vorbereitung und Entwurf von Einzelvereinbarungen.

Beginnen Sie mit einer „kleinen" Erziehungsvereinbarung!

15 Beobachtung in der Kita

15.1 Grundlegendes

In so gut wie allen Bildungsplänen, die für den Elementarbereich vorliegen, gehört es zu den wichtigsten Aufgaben des Kindergartens, die betreuten Kinder zu beobachten und über ihren Lern- bzw. Entwicklungsstand eine Dokumentation anzufertigen.

Neue Anforderung: Beobachtung, Entwicklungsstand dokumentieren

Um eine qualitativ gute Voraussetzung zur pädagogischen Planung zu haben, um die Entwicklung über einen längeren Zeitraum nachvollziehen zu können und um eine gute Gesprächsgrundlage für den Austausch mit Eltern zu erhalten, sollten Sie die Beobachtungen schriftlich fixieren.

Über Art und Umfang dieser Dokumentation gibt es keine bindenden Vorgaben. Vielmehr ist es Ihre Aufgabe als Leitung oder die des Trägers, im Rahmen einer Konzeptionsentwicklung auch das Thema „Beobachtung und Dokumentation" hinreichend zu berücksichtigen und die Form der Dokumentation und die Instrumente für die Beobachtung festzulegen.

Beobachtung geht über individuelle Beobachtung selbstverständlich hinaus. So beobachten Sie u.a.

- einzelne Kinder,
- Gruppen von Kindern,
- Kinder in ihrer jeweiligen Umgebung (und deren Bezug zur Umgebung)
- usw.

Bei der Betrachtung der Bildungs- und Orientierungspläne für den Elementarbereich finden Sie jeweils wichtige Anhaltspunkte zum Thema „Beobachtung".

Definition: Beobachtung

Eine Beobachtung ist eine Verhaltensbeschreibung, die Sie bzw. die Erzieherinnen des Kindergartens aus unterschiedlichen Gründen anfertigen. Sie dient u.a. als Grundlage für Elterngespräche, für den Austausch im Erzieherinnenteam, zur Planung pädagogischer Interventionen und vor allen Dingen zur Hypothesenüberprüfung oder Hypothesenfindung.

Beobachtung ist also eine sorgfältige Wahrnehmung und Aufnahme von Situationen und Personen in einem jeweils unterschiedlichen Zusammenhang.

Vornehmen können Sie diese Beobachtungen als

- gezielte Beobachtung oder auch als
- ungezielte Beobachtung, wobei letztere eher eine Themen- oder Hypothesenfindung im Blick hat.

Eine ungezielte Beobachtung beinhaltet nicht wenige Risiken und sollte deshalb auch, wenn sie denn überhaupt so durchgeführt wird, einigen Regeln folgen, wie sie z.B. bei einem Zeit-Personen-Gitter beschrieben sind.

Überwiegend ungezielt zu beobachten bringt die Beobachtenden in die Nähe der Alltagsbeobachtung mit nicht unerheblichen Risiken.

Genauere Unterscheidung von Beobachtungen in ...

Alltagsbeobachtung = unreflektiert, routinemäßig und ungezielt

Professionelle Beobachtung = gezielte, an bestimmten Kriterien festgelegte Beobachtung

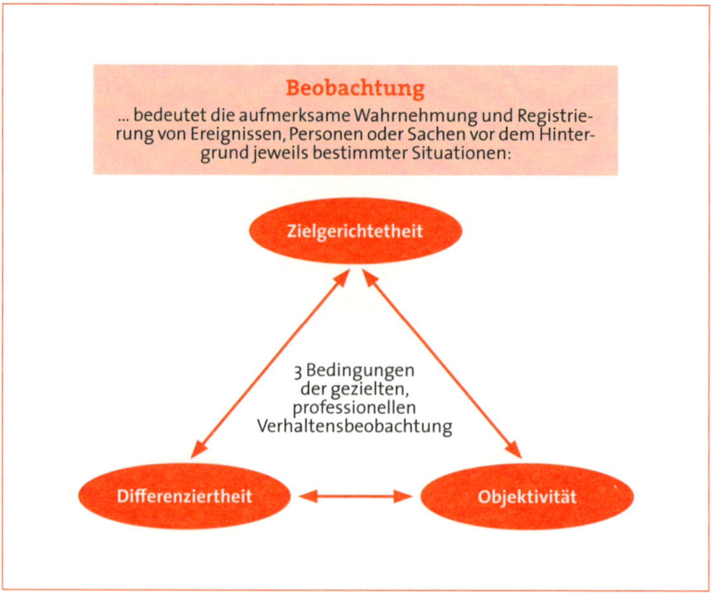

Drei Seiten einer Beobachtung

Die Bedingungen im Einzelnen

Zielgerichtetheit: Eine Beobachtung ist überlegt und gezielt auf ein konkretes Beobachtungsfeld gerichtet oder eine Situation bzw. ein Beobachtungsobjekt steht besonders im Fokus.

Differenziertheit: Mit Differenziertheit ist gemeint, Einseitigkeit zu vermeiden und originalgetreu aufzuschreiben, damit Informationen und nicht bereits fertige Einstellungen geliefert werden. Den Kontext sollten Sie dabei mit einbeziehen (familiärer Hintergrund, Spielsituation etc.).

Objektivität: Objektivität heißt sachorientiert vorgehen, persönliche Erwartungen, Einstellungen und Interessen der Beobachterin haben allgemein Einfluss auf die Ergebnisse in Bezug auf Wahrnehmung.

Bei der Beobachtung gilt es neben der Frage von freier oder strukturierter Beobachtung weitere, wichtige Aspekte zu betrachten:

Wichtige Aspekte bei Dokumentation und Beobachtung

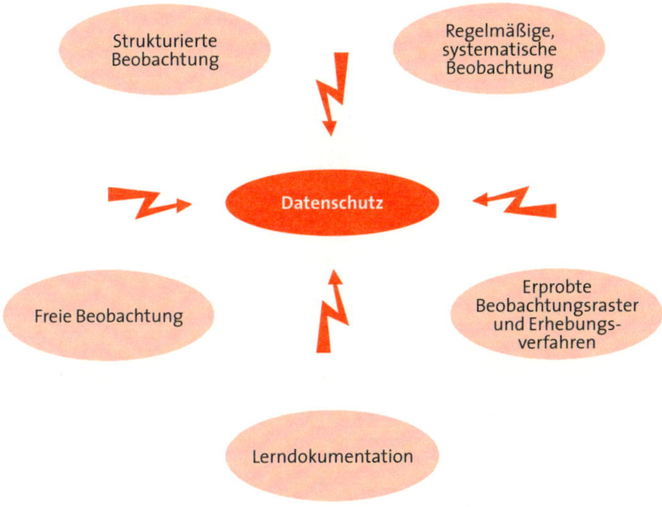

15.2 Praxis der Beobachtung

15.2.1 Regelmäßigkeit und Systematik

Beobachtungsrhythmen

Wenn Sie Beobachtungen regelmäßig und systematisch einplanen, so sind Zusammenfassungen im halbjährlichen Rhythmus üblich, in manchen Fällen auch im jährlichen Rhythmus bzw. in jährlichen Abständen, was auch abhängig sein kann vom Beobachtungsinstrument.

Bei Kindern unter zwei Jahren ist eine Zusammenfassung alle Vierteljahr sinnvoll.

Eher erprobte Verfahren statt selbst entwickelte

Nutzen Sie erprobte Beobachtungsverfahren und sparen Sie es sich, in den gemeinsamen Aufbau eines ganz eigenen Beobachtungs- bzw. Beurteilungsrasters zu investieren. Verwenden Sie die Kita-Ressourcen eher auf eine gute Vorbereitung des Erzieherinnenteams, was den Einsatz eines Beobachtungskonzepts bzw. dessen Umsetzung anbetrifft.

Denn es gibt mittlerweile viele, auch vom Ansatz und Aufwand her sehr unterschiedliche Modelle, unter denen Sie bestimmt ein für Ihre Einrichtung passendes Modell finden werden.

Hier ist es dann eben besonders wichtig, dass alle Pädagoginnen einen vergleichbaren Umgang mit dem Beobachtungsinstrument entwickeln.

Ergänzend freie Beobachtung, nach Regeln

Nicht zuletzt spielt die freie Beobachtung bei allen Beobachtungskonzepten eine besondere Rolle, ist sie doch als Ergänzung eine unverzichtbare Methode, Informationen zu sammeln. Die Beobachtung in Form einer „freien Beobachtung" erfordert eine besondere Sorgfalt und folgt besonderen Regeln (siehe Abbildung auf der folgenden Seite).

Neben den „klassischen" Beobachtungs- und Beurteilungsverfahren gibt es mehr und mehr individuelle Entwicklungsdokumentationen oder Portfolios.

Sie sind sehr viel breiter angelegt und sie bieten auch in Hinblick auf die Kooperation mit Eltern eine sehr viel breitere Information über den Entwicklungsverlauf des Kindes. Im Wesentlichen lassen sich drei Arten von Portfolios unterscheiden (siehe weitere Abbildung auf der nächsten Seite).

Freie Beobachtung

Portfolio

15.2.2 Vorbereitung und Durchführung von Beobachtungen

Daten sammeln nur gemäß Datenschutz

Wer beobachtet, sammelt Daten. Wer Daten sammelt, der ist verpflichtet, die Vorgaben des Datenschutzes zu berücksichtigen. Somit kann der Datenschutz einmal im Zusammenhang mit Beobachtung und Dokumentation wie auch unter dem Gesichtspunkt einer festen und guten Kooperation und Erziehungspartnerschaft mit Eltern gesehen werden. Wir werden den Aspekt „Datenschutz" noch einmal unter einem gesonderten Punkt ansprechen.

Form wählen

Eine Beobachtung zur Erfüllung der vorgegebenen Ziele kann unterschiedlich durchgeführt werden, z.B.
- in natürlichen Situationen,
- als gebundene Beobachtung oder auch
- als standardisierte Beobachtung.

Thema benötigt

Wichtig ist, dass Sie für eine gute Beobachtung auch ein Thema benötigen, z.B.
- wie ist der Kontakt zu anderen Kindern,
- wie sind die Möglichkeiten der Kontaktaufnahme,
- Umgang mit Langeweile,
- aggressives Verhalten und
- weitere.

Bevor Sie jedoch beginnen, wäre der Zeitpunkt gekommen, wo Sie einige grundlegende Fragen für sich als Leitung und auch mit den Pädagoginnen Ihres Teams klären sollten.

Wozu benötigen Sie Ihre Beobachtungen?

Denkbare Gründe sind:
- *Fallbesprechungen*
- *Elternrückmeldungen*
- *Elternbeteiligung (gemeinsam beobachten)*
- *Übersicht über Ermittlungsstand von Kindern erhalten*
- *Planung pädagogischer Arbeit*
- *Erkennen von Entwicklungsrückständen*
- *Erstellung eines Schulfähigkeitsprofils*
- *Mit Kindern Entwicklungsschritte reflektieren*
- *Raum-/Materialbedarf erkennen*
- *Gruppenprozesse steuern*
- *Klären, ob sich die Kinder wohl fühlen*

Es können natürlich auch verschiedene Ziele angesteuert werden, jedoch ist die Ressourcenplanung ein äußerst wichtiger Faktor. Wollen Sie gute Beobachtungen und Dokumentationen, benötigen Sie – je nach Modell – unterschiedlich viel Zeit. Eine entsprechende Planung und Prioritätensetzung wäre sinnvoll und ist auch notwendig, um nicht unrealistisch zu planen und sich selbst und andere bei der Umsetzung zu überfordern.

Gute Beobachtung/Dokumentation benötigt Zeit – und zum Teil nicht wenig Zeit!

Frage(n) nach den Ressourcen

Deshalb sollten einige Fragen im Vorfeld geklärt sein, und zuerst eine der wohl wichtigsten Fragen zumindest aus Leitungssicht: „Was brauche ich?"

Das ist die typische Ressourcenfrage. Sicherlich benötigen Sie ein kompetentes Team, d.h., dass die pädagogischen Mitarbeiterinnen das Thema „Beobachtung" für sich erschlossen haben, Beobachtungsmodelle und -instrumente kennen, aber vor allen Dingen auch Beobachtungsrisiken und Beurteilungsrisiken hinreichend erkennen und einschätzen können.

Wer beobachtet, unterliegt einem nicht unerheblichen Beobachtungs- und Beurteilungsrisiko. Fehler können in erster Linie vermieden werden, wenn ausreichend Zeit zur Reflexion mit anderen Teammitgliedern besteht.

Beobachtungsfehler ...

die es zu vermeiden gilt, sind u.a.:

- *Verschiedene Personen haben verschiedene Sichtweisen auf das gleiche Problem, d.h., sie interpretieren einen Sachverhalt unterschiedlich. Dabei können z.B. eigene Erfahrungen, Einstellungen, Haltungen usf. eine Rolle spielen.*
- *Es entstehen Konzentrationsfehler, die durch Unaufmerksamkeit, Ablenkung etc. bedingt sind oder auf Erinnerungsprobleme zurückgehen.*
- *Milde-Effekt, das bedeutet, dass in bestimmten Situationen oder bei bestimmten Personen durch die Beobachterin eine mildere Beurteilung vorgenommen wird („P. war lange erkrankt" oder „C. ist neu hier in der Gruppe und kennt sich noch nicht so gut aus" etc.).*
- *Der Kontext einer Situation wird nicht ausreichend gewürdigt.*

- *Der Zeitpunkt der Beobachtung spielt eine Rolle (ist die Beobachterin die erste, zweite oder dritte Person, die das Verhalten bzw. die Situation beurteilt; liegt die Beobachtung am Morgen oder bereits am Mittag?).*
- *Es besteht die Tendenz zur einheitlichen Beurteilung (z.B. weil sich die Einschätzungskriterien unter den Gruppenerzieherinnen stark angenähert haben). Der Halo-Effekt tritt ein, dass z.B. von einer beobachteten Eigenschaft bei einer Person auch auf alle weiteren Eigenschaften geschlossen wird.*

Fallbesprechung und kollegiale Beratung

Mit einem guten Team können Sie dann optimale Ergebnisse erzielen, wenn Sie geklärt haben, wer ggf. gemeinsam (nicht unbedingt zeitgleich) beobachten kann und wer die Beobachtungsergebnisse auswerten und verbessern kann, z.B. in einem Fallgespräch. Ein Fallgespräch (als kollegiale Beratung) dient dem fruchtbaren Austausch von Erfahrungen, Informationen und soll professionelle Einschätzungen der pädagogischen Fachkräfte fördern.

Professionelle Einschätzung fördern

Um hierbei nicht in eine oberflächliche Diskussion abzugleiten, sollten Sie bei Fallbesprechungen bzw. bei kollegialer Beratung auf die Einhaltung des folgenden Ablaufs achten:

Schritte in Fallbesprechungen und bei kollegialer Beratung

1. Wer will etwas von wem?
Klärung, wer beraten wird und wer berät.

2. Situationsschilderung
Die Rat suchende Erzieherin schildert die Situation.

3. Rückfragen/Informationsanreicherung
Die Beraterinnen stellen Verständnisfragen zur Situation.

4. Reflexionsphase
Die Beraterinnen legen eine Reflexionsphase ein.

5. Austausch der Beraterinnen.
Die Beraterinnen diskutieren untereinander, machen auch Lösungsvorschläge – die Ratsuchende ist daran nicht beteiligt, sondern verfolgt die Diskussion ohne eigene Beiträge zu liefern.

6. Stellungnahme
Jetzt nimmt die Rat Suchende zur Diskussion Stellung, klärt, was für sie brauchbar und interessant ist, räumt Missverständnisse aus usf. – evtl. Wiedereinstieg bei Punkt 4.

7. Lösungs- und Veränderungsvorschläge
Jede Beraterin nennt nun ihren Vorschlag zur Veränderung oder Lösung der Situation / des Problems.

8. Feed-back und Rückmeldung
Alle Beteiligten geben sich eine Rückmeldung zum Ablauf.

Nur eine gemeinsame Auswertung einer Beobachtung oder eines Beobachtungszeitraumes kann zu einer objektiveren Einschätzung führen und auch eine Hypothesenbildung oder die Entwicklung von Lösungsmöglichkeiten positiv beeinflussen.

In jedem Fall bedeutet eine solche Vorgehensweise, dass Sie personelle Ressourcen bereitstellen und Prioritäten entsprechend setzen müssten.

Zeitplanung

Beantworten Sie sich einmal folgende Frage, die Sie in jedem Fall in Ihrer Kita klar entscheiden sollten:

Verfügbare Zeit konkret benennen

- Frage: Wie viel Zeit steht jeder pädagogischen Mitarbeiterin für Beobachtung (inkl. der notwendigen Vorbereitung, Auswertung, Fallbesprechung und abschließenden Dokumentation) durchschnittlich je Woche zur Verfügung?
- Antwort: Jede pädagogische Mitarbeiterin hat wöchentlich im Durchschnitt ... Stunden für die vorher genannte Aufgabe zur Verfügung.

Erst mit dieser konkreten Zeitangabe haben Sie die Grundlage für ein gutes Beobachtungskonzept geschaffen, denn Sie können nun vom Aufwand das für Sie passende Beobachtungsinstrument auswählen und Sie können mit den Teammitgliedern eine Arbeits(zeit)-planung vornehmen.

Sie werden schnell bemerken, dass die übliche Vorbereitungszeit hierfür kaum ausreichend bemessen ist, da in diesem Zeitkontingent häufig eine Vielzahl von Aufgaben untergebracht worden ist, wie die folgende Aufzählung zeigt.

Vorbereitungszeit beinhaltet häufig u.a.
- Planung und Vorbereitung der pädagogischen Arbeit,
- Planung und Vorbereitung von Projekten,
- Planung und Vorbereitung von Feiern, Festen, besonderen Aktivitäten
- Teilnahme an Dienstbesprechungen (einschl. Vor- und Nachbereitung),
- Vorbereitung (u.U. auch Durchführung) von Elternabenden,
- Vorbereitung (u.U. auch Durchführung) von Elterngesprächen,
- Vorbereitung von Beobachtungen.

Beobachtungsaufgaben passen nicht mehr mit in die Vorbereitungszeit

Sehen Sie jetzt noch freie Kapazitäten zur Durchführung, Auswertung von Beobachtung für eine gute Dokumentation (evtl. mit Eltern/Kindern gemeinsam) und für gemeinsame Besprechungen? Im Rahmen von Vorbereitungszeit wohl kaum, selbst wenn man die Durchführung der Beobachtung aus dem Zeitkontingent noch streichen würde. Hier wird ein grundsätzliches Dilemma deutlich. Nämlich, dass die Gesellschaft für die Arbeit im Elementarbereich derzeit nicht ausreichend Ressourcen zur Verfügung stellt. Erzieherin sein ist eigentlich eine Vollzeitaufgabe, auch dann, wenn Kinder nur bis 13.00 oder 14.00 Uhr betreut werden. Will man Bildungsprozesse stärker entwickeln, Familie nachhaltiger unterstützen, sind Investitionen in diesem Bereich (materiell, personell, finanziell) unbedingt notwendig. Elementarpädagoginnen sind alleingelassen, wenn gesellschaftliche Anforderungen und Wünsche zwar steigen, aber die Rahmenbedingungen bestenfalls gleich bleiben, sich mancherorts sogar verschlechtern.

Gesellschaftlich wünschenswerte Aufgaben fordern zusätzlich Ressourcen

Pädagogische Arbeit im Elementarbereich besteht eben nicht nur aus der direkten pädagogischen Arbeit mit Kindern, sondern wie vorher beschrieben aus der Bewältigung einer Vielzahl anderer wichtiger Aufgaben.

Als Leitung werden Sie der Frage nicht ausweichen können, wo Sie Zeitkontingente hernehmen können, die Sie gezielt für die Beobachtung/Dokumentation einsetzen. Eine solche Möglichkeit liegt in der Organisation der pädagogischen Arbeit. In einem „offenen Konzept“ können Sie voraussichtlich eher solche Zeitkontingente bereitstellen als in einem betont gruppenbezogenen Konzept. Die Organisation eines für alle Kinder zeitgleichen „Freispiels“ bietet voraussichtlich mehr Möglichkeiten für Zeitfenster zur Dokumentation als bei unterschiedlichen Zeiten und, wenn Sie auf Angebote parallel zur „Freispielzeit" verzichten, werden Sie auch mehr Zeit zur Verfügung haben. Es gibt also eine Reihe wichtiger Fragen zu klären, bevor überhaupt pädagogische Fragen zur Beobachtung geklärt werden können.

15.2.3 Beobachtungsrahmen

Zu den gerade angesprochenen (Vor-)Fragen gehört z.B. die Frage danach, wie die Beobachtung eigentlich ablaufen soll. Soll es eine teilnehmende oder eine nicht teilnehmende Beobachtung sein?

Teilnehmende Beobachtung	Nicht teilnehmende Beobachtung
• Soll sie aktiv sein? • Soll sie passiv sein? • Weiß das Kind, dass es beobachtet wird, oder weiß es das nicht? • Kennt die Beobachterin die Chancen und Risiken in ihrer Doppelrolle?	• Ist die Beobachterin anwesend und führt z.B. Protokoll? • Beobachtet sie z.B. hinter einer Einwegscheibe? • Wird die Beobachtungssituation aufgezeichnet (Video)?

Weitere Fragen stellen Sie nach dem genauen Gegenstand der Beobachtung, was oben schon einmal angeklungen war, d.h., jede Beobachtung benötigt ein Thema, z.B.:

- Rücksichtnahme gegenüber anderen Kindern?
- Wie ist das Kontaktverhalten?
- Welches ist die bevorzugte Beschäftigung?
- Fühlt sich das Kind wohl in der Gruppe / im Kindergarten / im Kontakt zur Erzieherin?
- Ist das Kind engagiert?

Weiterhin muss geklärt werden, wie weit Zusammenhänge und Hintergründe einer Beobachtungssituation berücksichtigt werden sollen. Dass der Kontext mit einbezogen werden sollte, ist unbestritten, nicht jedoch die Frage nach dem Ausmaß.

Für Sie ist es sinnvoll, ein Beobachtungskonzept bzw. einen Beobachtungsrahmen für Ihre Kita auszuarbeiten.

Ein solcher Beobachtungsrahmen könnte so aussehen:

Beobachtungsrahmen		
Wann	**Instrument**	**Bemerkung**
Beginn des Kindergartenjahres oder bei neuen Mitarbeiterinnen und Praktikantinnen	Zeit-Personen-Gitter (Z-P-G)	Zeit-Personen-Gitter a) Übersicht schaffen über Situation der Kinder („Hubschrauberflug“) b) Kurze, aber untermauerte Rückmeldungen an Eltern c) Suche nach Beobachtungszielen d) Ansätze finden für weitere intensivere Beobachtungen (wer soll zuerst beobachtet werden?) e) Übersicht vor Fallbesprechungen
Halbjährlich, Mitte und Ende des Kindergartenjahres	Entwicklungsgitter, z.B. • GEB (Gelsenkirchener Entwicklungsbegleiter) • Portfolio • etc.	a) Regelmäßig nach Alter oder Vorgabe des Beobachtungsinstitutes b) Vor regelmäßig stattfindenden Elternsprechtagen c) Nach vereinbarten Zeiträumen
Bei Bedarf	a) BEK (Beobachtungsbogen für Enwicklungsrückstände und Verhaltensauffälligkeiten bei Kindern) b) SELDAK/SISMIK Sprachentwicklung und Literacy bei deutschsprachig aufwachsenden Kindern bzw. bei Migrantenkindern c) Häufigkeitsauszählung* d) Spielgruppenaufzeichnung* e) Raum- bzw. Objektskizzen* f) Screenings/Tests	Diese Instrumente sollten bei speziellem Bedarf eingesetzt werden.
Begleitend zu allen Instrumenten	Freie Beobachtung	

* siehe die folgenden Erläuterungen zum Beispiel „Beobachtungsrahmen“

Erläuterungen mit Beispielen

Zu Beginn des Kindergartenjahres oder, wenn neue Mitarbeiterinnen sich einen kurzen Überblick verschaffen wollen, können Sie ein so genanntes Zeit-Personen-Gitter (Z-P-G) einsetzen.

Das Vorgehen: Sie tragen beim Z-P-G feste Zeitpunkte ein und notieren über einen Zeitraum von zwei Wochen / zehn Tagen das, was Sie bei den Kindern zu diesen Beobachtungszeitpunkten sehen.

Zeit-Personen-Gitter

Aufzeichnung:

- *stichwortartig*
- *stichprobenartig*
- *längerer Zeitraum möglich*
- *Verteilung auch über den Tag*

Vorteile:

- *leicht anwendbar*
- *neue Beobachtungsschwerpunkte werden u.U. erkennbar*
- *kann Hinweise auf bestimmte, typische Verhaltensweisen geben*
- *erkennbar wird auch, was nicht festgehalten wird*
- *kann Anregung für weiter gehende, diff. Beobachtung sein*

Nachteile:

- *besser nutzbar für diejenigen, die die Kinder kennen*
- *aktiviert wird eher Hintergrundwissen, als neue Infos*
- *längere zeitliche Aufzeichnungen wären für das Erkennen typischer Verhaltensweisen notwendig*
- *beschrieben wird häufig, was ein Kind macht, nicht wie*
- *keine Info über die Bedeutung der Beobachtung*

Nach dem Beobachtungszeitraum fassen Sie Ihre Beobachtung zusammen und erkennen „typische“ Aspekte, haben Fragen (Beobachtungsthemen gefunden) und können Eltern kurze Rückmeldung geben aufgrund einer einfachen, strukturierten Beobachtung.

Vielleicht setzen Sie auch jetzt Prioritäten, weil Ihnen ein Kind besonders aufgefallen ist und Sie hier mehr Informationen gewinnen möchten.

Die Checkliste ist einfach, die Ergebnisse zwar beschränkt, sie lassen aber eine vertiefende Weiterarbeit zu.

Beispiel für Kurzauswertung zehn Tage				
Name Zeit	Kind 1	Kind 2	Kind 3	Kind 4
09:30 Uhr	beim Frühstück; isst mitgebrachte Brote; sitzt am Rand	spielt Memory oder andere Spiele zu zweit, meistens mit Sabine	bastelt eine Laterne o.Ä. unter Anleitung einer Erzieherin	angeleitete Beschäftigung mit Erzieherin
10:15 Uhr	spielt mit Puppen oder andere Rollenspiele (allein)	überwiegend zusammen mit Klaus und Katrin in der Kuschelecke	spielt mit Robin, Theo und Christian in der Lego-Bauecke	angeleitete Beschäftigung und Spiel mit Erzieherin. u. and. Kindern
11:00 Uhr - draußen	wandert umher; alle Bereiche, draußen und drinnen	baut mit Erkan im Sandkasten	beschäftigt sich in der Holz-Bauecke, baut an einer Bude mit anderen Jungen	schaukelt allein oder ist am Sandkasten, allein, spielt selten anhaltend (2 Mal in 10 Tagen)
11:30 Uhr - draußen	spielt überwiegend im Sandkasten oder an der Wasserbahn	probiert die Bobbycars aus, versucht mit Stelzen zu laufen etc.	spielt mit verschiedenen Jungen Cowboy	geht umher

Beispielraster „Häufigkeitsauszählung“				
	Zeitraum			
Wochentag	08:00–09:30	09:30–11:00	11:00–12:30	12:30–14:00
Montag				
Dienstag				
Mittwoch				
Donnerstag				
Freitag				
Sonnabend				

Die Häufigkeitsauszählung ermöglicht es, ein bestimmtes Verhalten eines Kindes durch eine einfache Strichliste zu dokumentieren. Und zwar in Tageszeiträumen und an Wochentagen. Über mehrere Wochen geführt, können so typische Besonderheiten (Wochentage oder Tageszeiten) genauso erkannt werden wie Zeiten, in denen das auffällige Verhalten nicht auftritt. Gerade dies wäre für eine pädagogische (positive) Intervention wichtig. Aber auch die Veränderung (quantitativ) von Verhaltensweisen, z.B. nach pädagogischen Schritten, sind mit der Häufigkeitsauszählung gut zu erkennen.

Typische Besonderheiten werden sichtbar

Entwicklungsgitter

Entwicklungsgitter sind schematisch gleich für alle Kinder, worin ein Vorteil, aber auch gleichzeitig ein Nachteil besteht. Der Nachteil liegt darin, zu schnell zu einer Übereinkunft bei Beobachtungen zu kommen (Einschätzung empfiehlt sich hier zu zweit, z.B. wegen des gemeinsamen Austausches). Ein recht eingehendes Gitter für den Alltagsgebrauch ist der Gelsenkirchener Entwicklungsbegleiter. Spezieller bezogen auf Entwicklungsrückstände, gemeinsame Beobachtungen mit Eltern oder für eine Entwicklungsdiagnostik mit begleitender Entwicklungsförderung können die Entwicklungsgitter von Kiphard/Ohlmeier und Kiphard/Sinnhuber sein. Neben diesen auf regelmäßige Begleitung angelegten Beobachtungsinstrumenten können Sie je nach Bedarf verschiedene Checklisten und Beurteilungsbögen einsetzen, wie der „Beobachtungsrahmen“ zeigt.

Gleich für alle Kinder

Gitter für den Alltag und bei Entwicklungsrückständen

Ergänzend sollte immer parallel zu den genannten Beobachtungsinstrumenten auch eine „freie Beobachtung“ der Vertiefung dienen.

Eine Alternative zum o.g. Verfahren stellt ein Portfolio oder eine Entwicklungsdokumentation dar. Ein Portfolio ist eine Sammlung von Arbeiten, Leistungen von Kindern oder die Dokumentation besonderer Ereignisse oder Lernschritte. Entscheiden Sie sich für ein Portfolio, ist wichtig, dass Sie die notwendigen Schritte planen und wichtige Aspekte berücksichtigen (Bild nächste Seite).

Weitere Verfahren

Neben der Material- und Situationssammlung können Sie direkt die Kinder einbeziehen, indem Sie sie sich selbst zu wichtigen Fragen/Einstellungen äußern lassen (Kinderinterview). Nicht zuletzt können Sie die Aktivitäten des Kindes anhand der von Margaret Carr beschriebenen Lerndispositionen beschreiben. Sie können auch in kleinen Entwicklungsberichten Fortschritte der Kinder festhalten.

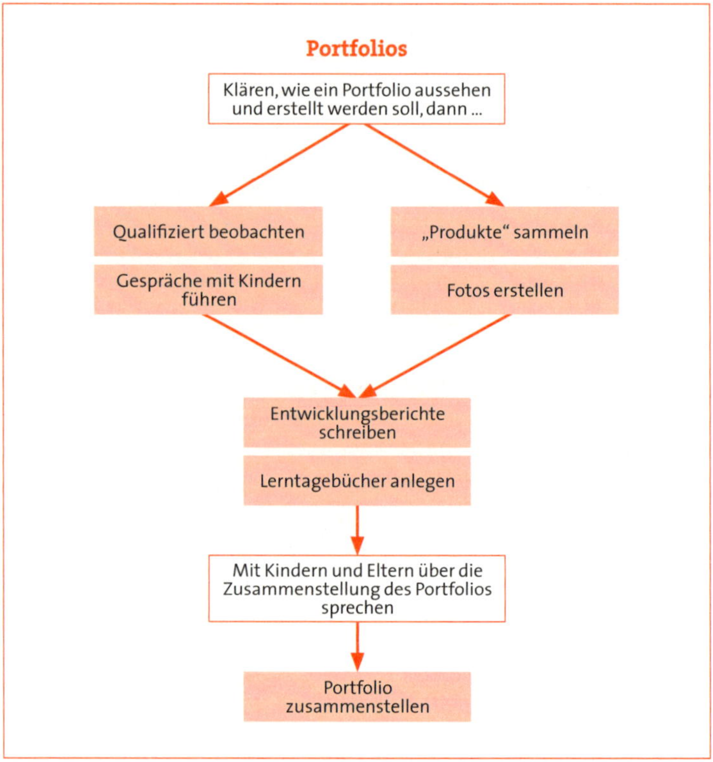

15.3 Datenschutz

Die Kindertageseinrichtung hat einen Erziehungs-, Betreuungs- und Bildungsauftrag, den sie zur Unterstützung der Eltern und zur Förderung der Kinder wahrnimmt. In diesem Zusammenhang benötigt die Kita über das Kind und auch über seine Familie Informationen oder beobachtet das Kind und dokumentiert wesentliche Ereignisse und Entwicklungsschritte.

Sozialdatenschutz

In diesem Zusammenhang unterliegen die Mitarbeiterinnen der Kindertageseinrichtung dem Sozialgeheimnis und sind den Eltern in besonderem Maße zum Sozialdatenschutz verpflichtet.

Das Datenschutzrecht ist ein relativ junges Rechtsgebiet und so ist die Orientierung hier nicht immer ganz einfach. Grundlage sollte es daher sein, möglichst transparent Eltern gegenüber mit allen Angelegenheiten der Datenverwendung umzugehen und die Eltern nach Möglichkeit entsprechend einzubeziehen.

Sie als Kita-Leitung tragen die Verantwortung dafür, dass

Verantwortung der Kita-Leitung

- die Unterlagen über die Kinder bzw. über deren Familien so verwahrt werden, dass ein Zugriff unberechtigter Personen nicht möglich ist,
- eine unbefugte Weitergabe von Sozialdaten nicht stattfindet und
- das Prinzip der informationellen Selbstbestimmung (Transparenz des Datenumgangs, Einwilligung der Betroffenen) sichergestellt ist.

Hierbei kann es wichtig sein, sich von den Eltern der Kinder jeweils ausdrücklich die Zustimmung für die Erledigung bestimmter Aufgaben geben zu lassen.

Zwei Beispiele dafür sind die

Zustimmung für bestimmte Aufgaben einholen

- Zustimmung zur Bildungsdokumentation und der
- Umgang mit Daten über Kinder beim Übergang von der Kita in die Grundschule.

Am Ende dieses Kapitels finden Sie dazu jeweils ein Muster.

Arten von Daten und Umgang

Bei den Daten, mit denen Sie es im Kindergarten zu tun haben, können Sie erst einmal zwei Kategorien unterscheiden:

Daten sind ...

anvertraute Daten, nämlich:

- *Sozialdaten, die im Rahmen persönlicher oder erzieherischer Hilfen der Kita (Mitarbeiterinnen oder dem Kita-Team) anvertraut worden sind;*
- *dafür existiert ein besonderer Vertrauensschutz und das gilt*
- *auch für ehemalige Kinder.*

nicht anvertraute Daten, nämlich

- *Sozialdaten, die offensichtlich sind.*

Sozialdaten sind also alle Einzelangaben über persönliche und sachliche Verhältnisse, wobei es keine Rolle spielt, aus welcher Quelle sie stammen (d.h., auch nicht anvertraute Daten sind nur sachlich zu nutzen).

Unmittelbare Schutzverpflichtung

Unmittelbar sind alle Träger der öffentlichen Jugendhilfe an die Bestimmungen gebunden, bei sog. „freien Trägern" besteht diese Bindung durch öffentliche Beauftragung.

Arbeitsvertragliche Verschwiegenheitsverpflichtung

Sie selbst und natürlich Ihre Mitarbeiterinnen sind selbstverständlich darüber hinaus durch den Arbeitsvertrag (verpflichtet zur Verschwiegenheit) gebunden.

Wichtiger Ratschlag: Bei anderen Mitarbeiterinnen in der Kita (z.B. Praktikantinnen, ehrenamtlichen Helferinnen oder mitarbeitenden Eltern) ist es sinnvoll, dass Sie sich eine Datenschutzverpflichtung unterschreiben lassen.

Grundsätze zur Beachtung

Ersterhebung

- ***Sozialdaten sind beim Betroffenen selbst zu erheben.***
- ***Ausnahmen sind gesetzlich geregelt.***

Erforderlichkeitsgrundsatz

- ***Daten dürfen nur zur Erfüllung konkreter Aufgaben nachgefragt oder erhoben werden.***
- ***Es dürfen keine Daten auf Vorrat erhoben werden.***

Darüber hinaus bestehen noch zwei weitere Aspekte:

1. Das Transparenzgebot bedeutet, dass die Durchschaubarkeit für die Betroffenen gegeben sein muss. Es ist damit das Recht der Betroffenen auf informationelle Selbstbestimmung gemeint. Einwilligungserklärungen sollen sich auf klar erkennbare Situationen beziehen.
2. Das Zweckbindungsprinzip bedeutet, dass die erhobenen Daten nur zu dem Zweck verwendet werden dürfen, zu dem sie erhoben wurden, und dass Abweichungen nur mit Einwilligung der Betroffenen vorgenommen werden können.

Für die Sicherung der Daten ist es daher erforderlich, entsprechende Zugangssperren im PC zu installieren und die „sensiblen Aufzeichnungen" nicht öffentlich zugänglich zu lagern.

Mustererklärungen für die Einwilligung zur Datenweitergabe aus besonderem Anlass

Erklärung zum Umgang mit Daten über Kinder beim Übergang Kindertageseinrichtung/Grundschule

Die Förderung der Persönlichkeit Ihres Kindes ist eines unserer wesentlichen Anliegen und daher von entsprechender Bedeutung.

Für Ihr Kind steht ein wichtiger Übergang vom Kindergarten in die Grundschule bevor. Am Ende dieses Kindergartenjahres wird Ihr Kind in die Grundschule wechseln. Wir sind uns über die Bedeutung dieses Schrittes für Ihr Kind und für Sie sehr bewusst und möchten für Ihr Kind diesen Übergang sorgsam und gut vorbereiten und begleiten. Aus diesem Grund ist ein guter Austausch zwischen Kindergarten und Schule für Ihr Kind und für Sie aus unserer Sicht eine große Hilfe. Es besteht eine gemeinsame Bereitschaft von Schule und Kindergarten zu einer guten und kontinuierlichen Zusammenarbeit, um diesen Übergang erfolgreich zu gestalten, Ihr Kind zu fördern und Sie zu unterstützen. Dabei kann es sinnvoll sein, dass sich Schule und Kindergarten über die Entwicklung, die Stärken und den besonderen Bedarf Ihres Kindes austauschen.

Wir möchten, dass Sie uns bei dieser Zusammenarbeit unterstützen. Durch den gemeinsamen Austausch erhalten die pädagogischen Fachkräfte der Schule Einblick in die individuellen Fortschritte und Stärken Ihres Kindes aus der Kindergartenzeit. Gleichzeitig ermöglicht der Austausch mit der Schule eine auf Ihr Kind abgestimmte, gezielte Unterstützung und ggf. Förderung, wenn dies sinnvoll erscheinen sollte. Wir möchten Sie daher um Ihr Einverständnis für einen solchen Austausch mit der Schule bitten.

Wir garantieren Ihnen in diesem Zusammenhang, dass Sie über jedes Gespräch, das der Kindergarten mit der Schule über Ihr Kind führt, vorher informiert werden. Sie können dann an diesem Gespräch selbstverständlich teilnehmen oder auch im Gespräch mit dem Kindergarten vorher festlegen, über welche Punkte nicht gesprochen werden soll. Wir, als Kindergarten, werden Sie in jedem Fall nach dem Gespräch über dessen Verlauf informieren. Wir erwarten, dass die Schule die Informationen, die Sie über Ihr Kind erhalten hat, nach dem Ende des ersten Schuljahres vernichtet.

Wenn Sie nicht möchten, dass solche Gespräche durch uns geführt werden, oder wenn Sie Ihr Einverständnis widerrufen (ein Widerruf ist jederzeit möglich), entstehen Ihnen oder Ihrem Kind dadurch selbstverständlich keine Nachteile.

Wir geben hiermit unser Einverständnis, dass die Mitarbeiterinnen/Mitarbeiter der Kindertageseinrichtung ... über unser Kind ... im Rahmen des Übergangs zur Grundschule mit den Lehrkräften der Schule ... Gespräche über den Bildungs- bzw. Entwicklungstand unseres Kindes führen und Auskünfte geben können.

....	....
Ort	Name

Erklärung zur Bildungsdokumentation

Die Kindertageseinrichtung .... hat neben der Betreuungsaufgabe für Ihr Kind auch einen Erziehungs- und Bildungsauftrag.

Die Förderung der Persönlichkeit Ihres Kindes ist dabei eines unserer wesentlichen Anliegen und daher von entsprechender Bedeutung.

Ihr Kind soll sich in der Kita wohl fühlen und sich nach seinen Fähigkeiten bestmöglich entwickeln.

Um diese Entwicklung erfolgreich zu begleiten, zu fördern und herausfordern zu können, ist es erforderlich, von Zeit zu Zeit, sein Verhalten, seine Handlungen, sein Spiel, seine Bewegung, seine Sprache usf. gezielt zu beobachten und dies zu dokumentieren. Wir möchten auch, dass Sie uns, wenn Sie es wünschen (nach Ihren Möglichkeiten), bei dieser Aufgabe begleiten.

Mithilfe dieser Beobachtung und Dokumentation erhalten die pädagogischen Fachkräfte Einblick in die individuellen Fortschritte Ihres Kindes. Gleichzeitig ermöglicht die Dokumentation eine auf Ihr Kind abgestimmte, gezielte Unterstützung und ggf. Förderung.

Die Dokumentation kann natürlich auch für Sie sehr hilfreich sein. Bei Gesprächen mit Ihnen über die Entwicklung Ihres Kindes kann die Dokumentation eine wichtige Orientierung darstellen. Sie kann auch für Sie später z.B. eine Hilfe beim Übergang Ihres Kindes in die Schule sein usw.

Wir möchten Sie daher um Ihr Einverständnis für eine solche Bildungsdokumentation bitten. Die Bildungsdokumentation können Sie jederzeit einsehen und Sie haben einen Anspruch auf die Herausgabe. Die Bildungsdokumentation wird Ihnen nach Ende der Kindergartenzeit ausgehändigt.

Ohne Ihre ausdrückliche Einwilligung bzw. Aufforderung wird die Bildungsdokumentation nicht an Dritte weitergegeben und auch die Inhalte werden mit Dritten nicht erörtert.

Wenn Sie nicht möchten, dass eine solche Bildungsdokumentation durch uns angelegt wird, oder wenn Sie Ihr Einverständnis widerrufen (ein Widerruf ist jederzeit möglich), entstehen Ihnen oder Ihrem Kind dadurch selbstverständlich keine Nachteile.

Wir sind mit der Dokumentation der Beobachtung und Bildungsentwicklung unseres Kindes einverstanden.

....	....
Ort	Name

Anhang: Hilfen für die Personalarbeit

In mehreren Kapiteln dieses Buches wird der Umgang der Kita-Leitung mit den Mitarbeiterinnen angesprochen – dies aus unterschiedlichen Blickwinkeln (z.B. bei der Kommunikation, der Führung, der Teamentwicklung u.a.).

Was zu Ihren Pflichten und Rechten als Vorgesetzte Ihrer Mitarbeiterinnen gehört, hängt im Einzelfall vom Träger und der Ausgestaltung Ihres Arbeitsvertrages ab. Möglicherweise gehört Personalarbeit und -verwaltung mit zu Ihren Aufgaben. In diesem Anhang finden Sie erstens ein Lexikon mit den allerwichtigsten Begriffen aus dem Arbeitsrecht. Zweitens sind hier Muster von Aufgabenprofilen bzw. Stellenbeschreibungen abgedruckt, auf die im Kapitel 8 über Qualitätsmanagement verwiesen wurde.

Arbeitsrechtliches Mini-Lexikon

Stellenbeschreibungen sind programmatisch wie arbeitsrechtlich zu sehen und damit so etwas wie die Gelenke zwischen der fachlichen und der disziplinarischen Mitarbeiterinnenführung.

Muster von Stellenbeschreibungen

Arbeitsrechtliche Grundbegriffe von A bis Z

Arbeitnehmerschutzvorschriften: Dies sind Normen (meist Gesetze), die dem Arbeitgeber Pflichten zum Schutz der Arbeitnehmer auferlegen. U.U. können der Einrichtung bei schuldhafter Verletzung Schadenersatzansprüche drohen.

Arbeitnehmerüberlassungsgesetz: Es trennt zwischen erlaubter und unerlaubter Arbeitnehmerüberlassung. Das Gesetz schafft Bedingungen, unter denen gewerbliche Leiharbeit zulässig ist (z.B. bei der Einstellung von Hilfskräften, Reinigungskräften etc. zu beachten).

Arbeitsschutzgesetz: Der Arbeitgeber ist verpflichtet, seine Mitarbeiter vor drohenden Gefahren am Arbeitsplatz zu schützen – was vor allem im Arbeitsschutzgesetz geregelt wird.

Arbeitszeitgesetz: Es regelt entsprechend dem Arbeitnehmerschutz Obergrenzen der Arbeitszeit.

Ausschlussfristen: Es handelt sich um Verfallfristen, die in Arbeits- und Tarifverträgen (z.B. TVöD) enthalten sind und oftmals übersehen werden. Danach verfallen Ansprüche unter den dort bestimmten Voraussetzungen, wenn sie nicht innerhalb einer bestimmten Frist geltend gemacht werden.

Betriebliche Übung: Laut Bundesarbeitsgericht ist die betriebliche Übung ein gleichförmiges und wiederholtes Verhalten des Arbeitgebers. Sie entsteht allein durch die gleichartige, dreimalige Wiederholung eines bestimmten Verhaltens, ohne dass es dabei auf den Willen des Arbeitgebers ankommt, sich zu einer Leistung zu verpflichten. Entscheidend ist, wie der Arbeitnehmer das Verhalten des Arbeitgebers zu verstehen hat.

Betriebsverfassungsgesetz: Das BVG gilt nur für bestimmte Träger, bei anderen kommt z.B. das Personalvertretungsrecht oder das kirchliche Dienstrecht zum Tragen. Das BVG regelt im Betrieb das Zusammenwirken von Arbeitgebern und Arbeitnehmern. Die Betriebsverfassung beteiligt Arbeitnehmer über unterschiedlich abgestufte Beteiligungsrechte an Entscheidungen des Arbeitgebers im Betrieb.

Bürgerliches Gesetzbuch: Das BGB regelt eine Reihe betrieblicher Belange und greift teils auch für soziale Einrichtungen. Je nachdem müssen beachtet werden: Verbot der Diskriminierung, Kündigungsfristen, Betriebsübergang, Arbeitnehmerhaftung, Schriftform bei Kündigungen, allgemeine Geschäftsbedingungen.

Bundesurlaubsgesetz: Es garantiert jedem Arbeitnehmer, arbeitnehmerähnlichen Personen und Heimarbeitern einen jährlichen Mindesturlaub von 24 Werktagen.

Entgeltfortzahlung: Dies ist die Zahlung der weiteren Vergütung, obwohl der Arbeitnehmer nicht arbeitet. Es wird das Entgelt fortgezahlt. Ein Arbeitnehmer, der aufgrund seiner Erkrankung an der Arbeitsleistung verhindert ist, hat für die Dauer von sechs Wochen Anspruch auf Entgeltfortzahlung.

Fürsorgepflicht: Die im Zusammenhang mit dem Arbeitsverhältnis stehenden Interessen des Arbeitnehmers sollen von dem Arbeitgeber gewahrt werden. So sollen das Leben sowie die Gesundheit (körperliche Integrität) und die Persönlichkeitsrechte des Einzelnen geschützt werden.

Gleichbehandlungsgrundsatz: Der Arbeitgeber darf nicht sachfremde Unterscheidungen zwischen den einzelnen Arbeitnehmern vornehmen, z.B. bei der Gewährung von Urlaubs- und Weihnachtsgeld. Der Gleichbehandlungsgrundsatz gebietet dem Arbeitgeber, alle Mitarbeiter, welche sich in einer vergleichbaren Lage befinden, gleich zu behandeln.

Grundgesetz: Das Grundgesetz ist die rechtliche Grundordnung der Bundesrepublik Deutschland. Eine Reihe von allgemeinen Grundsätzen des Arbeitsrechts ist verfassungsrechtlich garantiert, das heißt, die Grundrechtsnormen bilden die Grundlage für eine menschenwürdige Gestaltung der Arbeits- und Sozialordnung.

Interessenausgleich: Dies ist der Einigungsversuch zwischen Arbeitgeber und den Vertretern der Beschäftigten (Betriebsrat, Personalrat). Vor einer Betriebsänderung, die für die Belegschaft wesentliche Nachteile zur Folge haben kann, muss versucht werden, einen Interessenausgleich zu erzielen. Die Beratungen zwischen Arbeitgeber und Betriebsrat oder Personalrat beziehen sich auf alle Aspekte der geplanten Betriebsänderung, wie auf die Frage, ob die Betriebsänderung unausweichlich ist, in welchen Zeiträumen und unter welchen Bedingungen sie unter Umständen durchzuführen ist und wie sie sich auf die Arbeitnehmer auswirken kann. Dabei gibt es Unterschiede je nachdem, ob der Träger ein Betrieb ist und nach BVG verfahren wird oder ob es eine Einrichtung mit Personalrat ist.

Kündigungsschutzgesetz: Das Kündigungsschutzgesetz – insbesondere § 1 KSchG – ist eine der wichtigsten Arbeitnehmerschutzbestimmungen und gewährt einen gesetzlichen Kündigungsschutz zugunsten der Arbeitnehmer. Mitarbeitern kann nur gekündigt werden, wenn ein Kündigungsgrund nach dem Kündigungsschutzgesetz vorliegt.

Leistungsverweigerungsrecht/Arbeitsverweigerungsrecht: Das Recht des Arbeitnehmers die Arbeit zu verweigern, ohne dass er dadurch eine Pflichtverletzung begeht. Umgekehrt kann aber auch der Arbeitgeber seine Leistung/Lohnzahlung zurückhalten beziehungsweise verweigern, wenn der Arbeitnehmer seine Verpflichtungen verletzt hat.

Nachweisgesetz: Verpflichtet den Arbeitgeber zur schriftlichen Fixierung der wesentlichen Arbeitsbedingungen, um Rechtsklarheit zu schaffen. Arbeitgeber müssen danach spätestens einen Monat nach dem vereinbarten Beginn des Arbeitsverhältnisses die wesentlichen Bedingungen schriftlich festhalten, unterzeichnen und dem Mitarbeiter aushändigen.

Personalvertretungsgesetz: Es betrifft Kitas, deren Beschäftigte zum öffentlichen Dienst gehören, und regelt Wahl, Zuständigkeit und Befugnisse der Personalvertretung (die anlaog zum Betriebsrat zu sehen ist). Die Kita-Leitung muss hier zusammenarbeiten. Es gibt Personalvertretungsgesetze der Länder und des Bundes, aber Kitas dürften in aller Regel dem Landesrecht unterliegen.

Schutzvorschriften des Arbeitsrechts: Sie umfassen alle Normen, die dem Arbeitgeber, in besonderen Fällen auch dem Arbeitnehmer, öffentlich-rechtliche Pflichten zum Schutz der Arbeitnehmer auferlegen.

Teilzeit- und Befristungsgesetz: Es regelt seit dem 1. Januar 2001 die Befristung von Arbeitsverträgen unter Nennung von Befristungsgründen (so genannte Sachgrundbefristung) und gibt vor, unter welchen Voraussetzungen eine begründungslose Befristung möglich ist (so genannte sachgrundlose Befristung). Ferner bezweckt das Gesetz, die Teilzeitarbeit zu fördern, und normiert daher erstmals auch einen Anspruch von Vollzeitbeschäftigten, in Teilzeitarbeit zu wechseln.

Aufgabenprofil für die Leitung der Kindertageseinrichtung ...

Name: ...

Die Leitung führt im Einvernehmen mit dem Träger die Kindertageseinrichtung. Sie übernimmt im Auftrag des Trägers die beschriebenen Teile der Betriebsführung, sie ist verantwortlich für die Entwicklung und Umsetzung der Konzeption und des organisatorischen Ablaufs, die Mitarbeiterinnenführung, die Zusammenarbeit mit Eltern und für die Darstellung der pädagogischen Arbeit in der Öffentlichkeit.

Die Leiterin ist zuständig für die Gewährleistung sorgfältiger, pädagogisch-inhaltlicher Planung, die tägliche Gestaltung des Zusammenlebens mit den Kindern und die Zusammenarbeit im Mitarbeiterinnenteam. Gemeinsam mit dem Träger und allen Mitarbeiterinnen sorgt sie für ziel- und aufgabenorientierte Qualität.

In der Leitungsfunktion ist ein Teil der Fürsorgepflicht des Arbeitgebers enthalten. Die Leiterin ist weisungsbefugt. Sie gibt alle Informationen weiter, die ein arbeitsrechtlich einwandfreies und loyales Miteinander ermöglichen.
Zur Einhaltung des Betreuungsvertrages, den Eltern mit dem Träger schließen, übernimmt die Leiterin die Gewährleistung der Hygienevorschriften, der Aufsichtspflicht, der Verkehrssicherungspflicht und die Sorge für das Wohl der Kinder innerhalb der Einrichtung. Sie delegiert diese weiter an die Stellvertretung, die Gruppenleitungen und weitere Mitarbeiterinnen.

I. Stellenbezeichnung

Leiterin

II. Funktion

Leitende pädagogische Fachkraft
Vorgesetzte der Mitarbeiterinnen

III. Unterstellung

Rechtsträgerin der Einrichtung
Geschäftsführerin / ...

IV. Überstellung

1. stellvertretende Leitung
2. sämtliche pädagogische Fachkräfte
3. Praktikantinnen
4. Haus- und Reinigungspersonal
5. Zivildienstleistender

V. Ziel der Stelle

Verantwortliche, pädagogische und organisatorische Leitung der Kindertageseinrichtung im Auftrag und im Einvernehmen mit dem Träger. Vorgesetzte des übrigen Personals, Repräsentation der Einrichtung in der Öffentlichkeit.

VI. Aufgabenbereiche im Einzelnen:

1. Zusammenarbeit mit dem Träger

Regelmäßige Besprechungen, schriftliche Vorlagen und Aktennotizen, gegenseitige Information (mündlich/schriftlich) und Absprache sowie Abstimmung bei Entscheidungen. Über personelle, rechtliche und finanzielle Änderungen wird Einvernehmen mit Träger und Leitung hergestellt. Die Leiterin ist für die Haushaltsplanung und die Bewirtschaftung des Etats der Einrichtung verantwortlich.

Vorkommnisse im Alltag der Kita, die rechtliche, konzeptionelle, personelle oder finanzielle Konsequenzen nach sich ziehen, werden dem Träger umgehend mitgeteilt.

Zu öffentlichen Veranstaltungen wird der Träger informiert und eingeladen.

Bauliche Mängel werden umgehend, im Rahmen der Etatverantwortung, behoben oder der zuständigen Stelle ohne Verzögerung mitgeteilt.

2. Pädagogische Leitungskompetenz

Die Leitung ist zusammen mit den Teammitgliedern zuständig für die Umsetzung der Konzeption. Die Planung und Durchführung der Erziehungsarbeit orientiert sich an der Art der Trägerschaft und der Zielgruppe der Einrichtung. Die inhaltliche Konzeption wird regelmäßig weiterentwickelt und fortgeschrieben.

3. Mitarbeiterführung

- Personalauswahl und Einstellungsgespräch
- Einarbeitung neuer Mitarbeiterinnen
- Teamentwicklung, Teamförderung
- Vermittlung und Förderung zwischen dem Einzelnen und dem Team
- Durchführung der Dienst- und Mitarbeiterinnenbesprechungen
- Information der Mitarbeiterinnen
- Unterstützung der pädagogischen Arbeit
- Sorge für ein leistungsförderndes Betriebsklima
- Fachliche, bedarfsgerechte Anleitung
- Stärkenorientierter Einsatz und Förderung der Motivation
- Regelmäßige Mitarbeiterinnengespräche als Rückmeldung
- Orientierungshilfe und kollegiale Beratung
- Korrektur und mündliche Ermahnung bei dienstlicher Nachlässigkeit
- Entwurf von Zeugnissen

4. Betriebsführung

- Aufnahme und Auswahl der Kinder
- Vertragsabschluss mit den Eltern
- Beteiligung bei Personalauswahl und Einstellungsverfahren
- Aufstellung der Dienstpläne, Umsetzung der Dienstordnung
- Delegation von Tätigkeiten
- Koordination der einzelnen Aufgabenbereiche
- Urlaubs- und Fortbildungsplanung
- Organisation der Krankheitsvertretung
- Anordnung und Ausgleich von Überstunden
- Ableistung der Verfügungszeiten (Zeit, Ort, Inhalte)
- Einteilung von gruppenübergreifenden Arbeiten
- Sicherheit der Haus- und Gartenanlage
- Verwaltung und Büroorganisation
- Erstellung von Zeugnisvorlagen

5. Zusammenarbeit mit den Eltern

- Anmeldegespräche, Sprechstunde
- Kontaktpflege zu den Eltern und Kontaktförderung der Eltern untereinander
- Elternveranstaltungen in Zusammenarbeit mit dem Team
- Elterninformation: Elternbriefe, Aushang, Zeitung
- Elterngespräche: Informations-, Beratungs- und Problemgespräche
- Zusammenarbeit mit der Elternvertretung

- Mitarbeit im Kita-Beirat
- Gemeinsame Aktivitäten von Kita und Eltern
- Unterstützung in schwierigen Familiensituationen
- Information zu und Vermittlung von Fach- und Beratungsdiensten
- Unterstützung des Fördervereins

6. Zusammenarbeit mit Behörden

Die Zusammenarbeit mit Behörden und Verwaltungen wird bei Bedarf mit dem Träger abgestimmt.

7. Vernetzung und Zusammenarbeit mit anderen Institutionen

Die Leitung ist verantwortlich für die Vernetzung der Kita, insbesondere bei der

- Zusammenarbeit mit den Einrichtungen der Jugendhilfe
- Zusammenarbeit mit den Schulen
- Zusammenarbeit mit Fachdiensten/ Therapeutinnen

VII. Besondere Befugnisse

Die Leitung hat Haus- und Weisungsrecht.

Die stellvertretende Leitung übernimmt bei Abwesenheit die Pflichten und Rechte der Leitung.

Teilaufgaben können auf Dauer an die ständig bestellte stellvertretende Leitung übergeben werden. Diese sind dann der Stellenbeschreibung der Stellvertretung zuzuordnen.

Die Leiterin kann ihren Privat-Pkw für dienstliche Fahrten generell nutzen und erhält hierfür eine Vergütung.

(Datum, Unterschriften)

Aufgabenprofil für die ständig bestellte stellvertretende Leitung

Name: …

Stellenbeschreibung

I. Stellenbezeichnung

Ständig bestellte stellvertretende Leitung

II. Funktion

Vorgesetzte pädagogische Fachkraft

III. Unterstellung

Träger und Leiterin der Kita

IV. Überstellung

1. den Gruppenkräften
2. den pädagogischen Zweitkräften
3. den Praktikantinnen
4. dem Haus- und Reinigungspersonal
5. dem Zivildienstleistenden

V. Ziel der Stelle

Sie erledigt im Vertretungsfall die Grundzüge der pädagogischen Arbeit und vertritt die Leiterin der Kita in deren Abwesenheit bei allen laufenden Angelegenheiten.

- Weiterführung der bestehenden Konzeption im Sinne der Loyalitätspflicht gegenüber der Leitung
- Weiterführung der pädagogischen Arbeit, Betriebsführung, Mitarbeiterführung und Zusammenarbeit mit Eltern
- Eigene Gruppenführung – bei Abwesenheit der Leitung länger als 5 Tage ruht die Gruppenführung
- Übernahme von stetigen Teilaufgaben (z.B. Einkauf, Essensbestellung, Kassenführung)

- Die Stelleninhaberin hat nach Weisung der Kita-Leitung Einzelaufträge auszuführen

VI. Aufgabenbereiche im Einzelnen

1. Zusammenarbeit mit dem Träger
- Vertretung der Kita-Leitung
- Teilnahme an Dienstbesprechungen bei Abwesenheit der Kita-Leitung oder nach Absprache

2. Zusammenarbeit mit der Leitung
- Ständiger kooperativer Austausch mit der Leitung
- Koordination der einzelnen Aufgabenbereiche
- Urlaubs- und Fortbildungsplanung
- Organisation der Krankheitsvertretung
- Anordnung und Ausgleich von Überstunden
- Ableistung der Verfügungszeiten (Zeit, Ort, Inhalte)
- Einteilung gruppenübergreifender Arbeiten
- Sicherheit der Haus- und Gartenanlage
- Verwaltung und Büroorganisation
- Erstellung von Zeugnisvorlagen

3. Zusammenarbeit mit den Eltern
- Anmeldegespräche, Sprechstunde
- Kontaktpflege zu den Eltern und Kontaktförderung der Eltern untereinander
- Elternveranstaltungen in Zusammenarbeit mit dem Team
- Elterninformation: Elternbriefe, Aushang, Zeitung
- Elterngespräche: Informations-, Beratungs- und Problemgespräche
- Zusammenarbeit mit dem Elternbeirat
- Gemeinsame Aktivitäten von Kita und Eltern
- Unterstützung in schwierigen Familiensituationen
- Information zu und Vermittlung von Fach- und Beratungsdiensten

4. Zusammenarbeit mit Behörden
In Vertretung der Leitung der Kindertageseinrichtung und nach vorheriger Abstimmung mit dem Träger.

5. Vernetzung und Zusammenarbeit mit anderen Institutionen
- Vertretung der Kita-Leitung
- Die stellv. Kita-Leitung ist Kooperationsbeauftragte für die Zusammenarbeit Kita/Schule

VII. Besondere Befugnisse

Die stellv. Leitung hat im Auftrag des Trägers / der Kita-Leiterin Haus- und Weisungsrecht. Informationsrecht und -pflicht sind wesentliche Bestandteile dieser Funktion.

Die stellvertretende Leitung übernimmt bei Abwesenheit die Pflichten und Rechte der Leitung.

Teilaufgaben können auf Dauer an die ständig bestellte stellvertretende Leitung übergeben werden. Diese sind dann der Stellenbeschreibung der Stellvertretung zuzuordnen.

Die stellv. Leiterin kann ihren Privat-Pkw für dienstliche Fahrten nutzen und erhält hierfür eine Vergütung.

(Datum/Unterschriften; für die Kita zeichnen der Träger und die Kita-Leiterin)

Aufgabenprofil für die Gruppenleiterin (Erzieherin)

Arbeitsbereich/Gruppe ...
Arbeitszeit: ... Std. wöchentlich
Pädagogische Arbeitszeit: ... Std. wöchentl.
Verfügungszeit: ... Std. wöchentlich

Name der Erzieherin: ...

Stellenbeschreibung

I. Stellenbezeichnung
Gruppenleiterin (Erzieherin)

II. Unterstellung
Träger, Leiterin der Kita

III. Ziel der Stelle
Leitung einer Kita-Gruppe / eines Kita-Arbeitsbereichs

IV. Aufgabenbereiche im Einzelnen
Betreuung, Erziehung und Bildung einer Kita-Gruppe / eines Kita-Bereiches

- Wahrnehmung der Aufsichtspflicht
- Verantwortung und Sorge für die Person des Kindes
- Förderung in allen durch das Kita-Gesetz und den in der Konzeption festgelegten Bereichen auf der Grundlage der Trägerausrichtung

Planung, Vor- und Nachbereitung sowie Durchführung gezielter Projekte und Ermöglichung zu freiem Spiel der Kinder

- Schwerpunkte der pädagogischen Arbeit für das laufende Jahr festlegen, unter Berücksichtigung des pädagogischen Ansatzes der Kita
- Beobachtung und Dokumentation der pädagogischen Arbeit
- Bereitstellung und Pflege von Materialien

Zusammenarbeit mit den anderen Mitarbeiterinnen der Kita

- in kooperativer Form
- durch die Beratung aller wichtigen Belange der Gruppe
- durch ein einvernehmliches pädagogisches Vorgehen

Voraussetzungen sind Kenntnisse und ständige Weiterentwicklung über

- rechtliche Grundlagen
- Grundsätze des Trägers
- die Inhalte und Rahmenbedingungen des pädagogischen Konzepts der Kita
- die Konzeption

- Regelmäßiges Studium von Fachliteratur
- Teilnahme an Fort- und Weiterbildungsmaßnahmen

Vor- und Nachbereitung sowie Durchführung der Zusammenarbeit mit Eltern

- Elternveranstaltungen und Elterngespräche nach Vereinbarung, Information und Dokumentation
- Mitwirkung an der Wahl der Elternvertreter
- Anerkennung der Elternkompetenz und Elternverantwortung

Anleitung von Praktikantinnen

- Einbeziehung der Praktikantin in das gesamte Arbeitsfeld

- Einweisung von Praktikantinnen, Vermittlung von Übungsmöglichkeiten, Begleitung von Angeboten, Reflexion, Erstellung von Beurteilungen und Teilnahme an Prüfungen
- Entwurf für Praktikantinnenbeurteilungen

Teilnahme an Dienstbesprechungen
Dienstbesprechungen sind Grundlage der gemeinsamen pädagogischen Arbeit. Sie dienen der gegenseitigen Information und beinhalten fachliche und organisatorische Absprachen mit verbindlichem Charakter.

Zusammenarbeit mit Schulen und anderen kooperierenden Institutionen
- Kontakte zu Lehrkräften
- Beratung mit Fachkräften anderer Professionen

Sonstige Aufgaben
- Raumgestaltung
- Verantwortung für Ordnung und Sauberkeit in den Kita-Räumen
- Pflege des Spielmaterials, der Materialschränke und der Spielbereiche, der Gruppen- und Nebenräume
- Weitere Aufgaben:
  - Durchführung regelmäßiger, systematischer Beobachtungen
  - Führen eines Gruppenbuches
  - Gruppenkassenführung
  - Einkäufe
  - Mitgestaltung von Festen
  - bei Bedarf Erstellung von Entwicklungsberichten

(Datum, Unterschriften; für die Kita zeichnen Träger und Kita-Leiterin)

Aufgabenprofil für die Kinderpflegerin/Sozialassistentin/päd. Zweitkraft

Arbeitsbereich/Gruppe ...
Arbeitszeit: ... Std. wöchentlich
Pädagogische Arbeitszeit: ... Std. wöchentl.
Verfügungszeit: ... Std. wöchentlich

Name der päd. Zweitkraft: ...

Stellenbeschreibung

I. Stellenbezeichnung
Zweitkraft

II. Unterstellung
Träger und Kita-Leitung

III. Ziel der Stelle
Mitarbeit und Unterstützung der pädagogischen Arbeit der Gruppenleitung
Führung von Kleingruppen
Abdecken der pflegerischen/hauswirtschaftlichen Arbeiten

IV. Aufgabenbereiche im Einzelnen

1. Betreuung, Erziehung und Bildungsarbeit in der Gruppe
- Beteiligung an der Planung und Durchführung der Erziehungs- und Bildungsarbeit in der Gruppe
- Durchführung gruppenübergreifender Aktivitäten
- regelmäßige Kleingruppenarbeit
- Vertretung der Gruppenerzieherin
- Beobachtung und Dokumentation
- Aufsichtsführung

2. Zusammenarbeit mit der Gruppenerzieherin
Einvernehmliche Gestaltung der pädagogischen Arbeit mit der Gruppenleiterin

3. Zusammenarbeit mit den Eltern
- Gemeinsame Planung und Durchführung von Elternabenden
- Teilnahme an Elterngesprächen oder Durchführung der Elterngespräche in Absprache mit der Gruppenleiterin
- Teilnahme an Elternvertretungssitzungen in Absprache mit der Kita-Leitung

4. Pflegerische und hauswirtschaftliche Aufgaben
Die Zweitkraft (Kinderpflegerin etc.) ist verantwortlich:
- für Ordnung und Sauberkeit der Räume der Kindertageseinrichtung
- für die Pflege des Spielmaterials, der Materialschränke und der Spielecken der Gruppen- und Nebenräume
- die Erledigung von Verwaltungsaufgaben
- Zu den Verwaltungsaufgaben gehören nach Abstimmung mit der Gruppenleiterin:
  - Führen der Anwesenheitslisten
  - Mitarbeit bei Erhebungen und Statistiken
  - Anmelde- und Abmeldeformalitäten
  - Einkäufe

5. Teilnahme an Teambesprechungen
Dienstbesprechungen sind Grundlage der gemeinsamen pädagogischen Arbeit. Sie dienen der gegenseitigen Information und beinhalten fachliche und organisatorische Absprachen mit verbindlichem Charakter.

6. Teilnahme an Fortbildung und Auseinandersetzung mit Fachliteratur

(Datum, Unterschriften; für die Kita zeichnen der Träger und die Kita-Leiterin)

Literaturverzeichnis

Blake, R./Adams-McCanse, A.: Das GRID-Führungsmodell; Econ 2002

Boy, J./Dudek, C./Kusche, S.: Projektmanagement; Gabal 2004

Bridges, W.: Der Charakter von Organisationen; Hogrefe 1998

Conta Gromberg, E.: Handbuch Sozial-Marketing; Cornelsen 2006

Crisand, E.: Prinzipien der Führungsorganisation; Sauer-Verlag 1998

Czichos, R. u.a.: Change-Management; E. Reinhardt 2002

Döttling, D. (Hrsg.): Marketing Basiswissen; Gabal 1999

Ebel, B.: Qualitätsmanagement; Verlag Neue Wirtschafts-Briefe 2003

Engel-Ortlieb, D.: Perfekt im Office; Ueberreuter 2005

Erath, P./Amberger, C.: Das KitaManagementKonzept; Herder 2000

Francis, D./Young, D.: Mehr Erfolg im Team; Windmühle Verlag 1996

Fröhlich, K./Lovric, D.: Public Relations; Cornelsen 2004

Fthenakis, W. (Hrsg.): Elementarpädagogik nach PISA; Herder 2003

Fthenakis, W./Textor, M. (Hrsg.): Qualität von Kinderbetreuung; Beltz praxis 1998

Fthenakis, W./Textor, M.: Pädagogische Ansätze im Kindergarten; Beltz 2000

Gätjens-Reuter, M./Behrens, C. (Hrsg.): Das große Handbuch Sekretariat, Assistenz und Office-Management; Verlag moderne Industrie 2001

Greving, H.: Qualitätsmanagement; Bildungsverlag Eins 2003

Hacker, H.: Vom Kindergarten in die Grundschule; Klinkhardt, 1998

Haeske, U.: Team- und Konfliktmanagement; Cornelsen 2002

Hecke, L.: Kindertagesbetreuung in Niedersachsen; Loseblattwerk; Carl-Link-Verlag; Stand: 31.05.2006

Hockling, S./Weigelt, U.: Arbeitsrecht; Reihe Pocket Recht; Cornelsen 2007

Hofmann, E.: Professionell Präsentieren; Luchterhand 2001

Hopfgartner, G./Nessmann, K.: Public Relations für Schulen; öbv&hpt 2000

Jakubeit, G.: Kann denn Leiten Sünde sein; Bremische Ev. Kirche Landesverband 2000

Kämpfer, H.-D.: Recht und Verwaltung; Bildungsverlag Eins 2003

Katzenbach, J./Smith, D.: Teams; Heyne Business 2003

Kießling-Sonntag, J.: Zielvereinbarungsgespräche; Cornelsen 2002

Knorr, F./Offer, H.: Betriebswirtschaftslehre – Grundlage für die Soziale Arbeit; Luchterhand 1999

Kostelnik, M./Soderman, A./Whiren; A.: Developmentally Appropriate Curriculum: Best Practices in Early Childhood Education; Prentice Hall 2006

Kreyenfeld, M./Spieß, C.K./Wagner, G.G.: Finanzierungs- und Organisationsmodelle institutioneller Kinderbetreuung; Luchterhand 2001

Kronberger Kreis für Qualitätsentwicklung Hrsg.: Qualität im Dialog entwickeln; Kallmeyer'sche Verlagsbuchhandlung 1998

Kuhnt, B./Müller, N.: Zukunftswerkstätten; Ökotopia-Verlag 1996

Laewen, H.-J./Andres, B.: Bildung und Erziehung in der frühen Kindheit; Cornelsen/Beltz 2002

Lenzen, A.: Erfolgsfaktor Schlüsselqualifikation; Sauer-Verlag 1998

Lipp-Peetz, Chr.: Praxis Beobachtung; Cornelsen 2007

Lotmar, P./Tondeur, E.: Führen in sozialen Organisationen;Haupt 2004

Lütjen, U.: Organisation und Finanzierung von Trägern der Jugendhilfe; Luchterhand 1997

Mack, B.: Führungsfaktor Menschenkenntnis; Verlag moderne Industrie 2000

Maslow, A.H.: Motivation und Pesönlichkeit; Rowohlt 2002

Mexner, H.E.: Mitarbeitergespräch; Carl Link Verlag 2001

Neuland, M.: Neuland-Moderation; Neuland Verlag für Lebendiges Lernen 2001

Pausewang, F.: Ziele suchen – Wege finden; Cornelsen 2000

Prott, R.: Rechtshandbuch für Erzieherinnen; Cornelsen/Beltz 2006

Rahn, H.J.: Führung von Gruppen; Recht und Wirtschaft 2006

Reichert-Garschhammer, E.: Qualitätsmanagement im Praxisfeld Kindertagseinrichtngen (Bund); Carl Link Verlag 2001

Rosenstiel, L. v.: Motivation im Betrieb; Rosenberger Fachverlag 2001

Ruhleder, R. H.: Rhetorik, Kinesik, Dialektik; Verlag Deutsche Wirtschaft 2001

Sauter, E./Schweyer; G.: Der eingetragene Verein; Beck 2005

Schmidt, R./Fohrer, P.: Besser organisieren – 99 Tipps für mehr Überblick im Büro; Cornelsen 2006

Schulz von Thun, F.: Miteinander reden, 3 Bände; Rowohlt; erhältlich in verschiedenen Ausgaben ab 1981

Schuster, F./Steffen, D.: Das Rechnungswesen des kommunalen Verwaltungsbetriebes; Springer 2002

Schwarting, G.: Den kommunalen Haushaltsplan richtig lesen und verstehen; Erich Schmidt 2005

Seiwert, L. J.: Das 1x1 des Zeitmanagement; Gabal; ursprüngliche Ausgabe 1989

Seiwert, L. J.: Mehr Zeit für das Wesentliche; Verlag moderne Industrie; ursprüngliche Ausgabe 1984

Tietze, W. u.a.: Kindergarten-Skala (KES-R); Cornelsen/Beltz 2005

Ziesche, U.: Handbuch zur Qualitätsentwicklung in Kindertagesstätten (vergr.); Luchterhand 2002

Stichwortverzeichnis

Ablage 114
Ablagesystem 114, 116
Ablauforientierte Modelle 127
Adressaten 125
Akten 114
Aktenorganisation 114
Aktenplan 116
Alltagsbeobachtung 238
Analysestern 59
Anerkennung, materielle 189
Anerkennung, nonverbale 189
Anerkennung, verbale 189
Anerkennungsgespräch 188, 190
Angebotsprofil 215
Anvertraute Daten 253
Arbeitseinweisungen 140
Arbeitsgruppen 54
Arbeitsinventur 24
Arbeitsmanagement 26
Arbeitsorganisation 22
Arbeitsraum, funktionaler 112
Arbeitssicherheit 119
Arbeitsstörungen 26
Arbeitsziele 86
Aspekte, gruppendynamische 70
Aufbewahrungsfristen 119
Aufgabenprofil 259
Aufgabenüberprüfung 24
Aufnahmeverfahren 136
Ausgaben, außerplanmäßige 104
Ausgaben, überplanmäßige 104
Aussagen, persönliche 167
Außerplanmäßige Ausgaben 104
Autorität 17, 70

Bedarfe 214
Bedarfsdeckungsprinzip 100
Bedürfnispyramide 89
Bedürfnisstufen 91
Beobachtung 237
Beobachtung, freie 241
Beobachtung, professionelle 238
Beobachtungsfehler 243
Beobachtungsinstrument 240
Beobachtungsrahmen 247
Beratung, kollegiale 244
Bereich, dynamischer 113
Bereich, statischer 113
Besprechungsregeln 37
Betreuungsvertrag 225
Beziehungen 20
Beziehungsaspekt 69
Beziehungsbedürfnisse 91
Beziehungsgestaltung 194
Bezuschussung 95
Bilanz 109
Bildungsdokumentation 256
Bringpflicht 31
Buchhaltung 92
Bundeszuschüsse 93
Büro 112
Büro, Einteilung eines 113
Büroablage 117
Büroorganisation 111

Daten, anvertraute 253
Datenschutz 239, 242, 252
Datensicherung 122
Datenweitergabe 255
Deckungsfähigkeit, echte 103
Deckungsfähigkeit, unechte 104
Deckungsgrundsätze 103
Definitionen der Führung 69
Defizitausgleich 95
Delegation 70, 81, 171
Delegation, fallweise 82
Delegation, generelle 82
Dimensionen der Qualitätsmanagementkonzepte 144
DIN EN ISO 9000, Konzept der 133
Distanzzone 156
Diversifikation 216
Dokumentation 239
Dokumentverwaltung 121
Dokumentvorlagen 122
Dynamischer Bereich 113

Ebene, nonverbale 150
Ebenen der Qualität 127
Echte Deckungsfähigkeit 103
Echte Teams 55
Eigenbedarfsdeckung 106
Eigenbetrag 95
Eigenleistungen 95
Einnahmen 94
Einstellung 70
Einteilung eines Büros 113
Einzugsbereich 222
Eltern 212, 231, 235
Elternansprache 215
Elternbeiträge 94
Elternbriefe 201
Elternentscheidung 213
Elterngespräche 160
E-Mails 122
Empfänger 152
Entscheiden, situationsorientiertes 77
Entwicklungsgitter 251
Entwicklungsstand 237
Ereigniskalender 202
Ergebnisorientierte Modelle 127
Erziehungspartnerschaft 231 f.
Erziehungsvereinbarung 234
Existenzbedürfnisse 91
Externe Kommunikation 198

Fachkompetenz 14
Fachwirtin für Kindertageseinrichtungen 9
Faktoren nach Herzberg 91
Fallbesprechung 244
Fallweise Delegation 82
Farbe 118
Feed-back 167
Finanzierung 92
Flucht 170
Förderung, kommunale 93 f.
Fragearten 155
Fragetechniken 154, 157
Freie Beobachtung 241
Freie Trägerschaft 106
Führen, situationsorientiertes 77 f.
Führung 19, 68
Führung, Definitionen der 69
Führungsaufgabe 9
Führungsstil, vertrauensorientierter 71
Führungsstile 80
Funktionaler Arbeitsraum 112

Geh-Struktur 148
Geld 20
Generelle Delegation 82
Gesellschaften 106
Gesetze 124
Gesprächsebenen 153
Gesprächskultur 32

Gesprächsleitfaden 184
Gesprächsrahmen 159
Gesprächsregeln 156
Gesundheit 112
Gesundheitsschutz 119
Gewinn- und Verlustrechnung 109
Grundausrichtung 214
Gruppen 54
Gruppendynamische Aspekte 70
Gruppendynamische Prozesse 62
Gruppendynamische Rollen 63
Gruppenfreistellung 40
Gutes Leitungsverhalten 21

Haftung 124
Hängemappen 115
Haushaltsplan 92, 96 f.
Haushaltsplanerstellung 97
Haushaltssatzung 98, 100
Haushaltssysteme 107
Herzberg, Faktoren nach 91
Hierarchie 17, 68
Hierarchieebene 19
Hochleistungsteams 56
Holpflicht 31

ICH-Form 166
Individueller Qualitätsentwicklungsprozess 129
Info-Brett 198
Informationen 20
Inhalte der Konzeption 228
Inneres Team 13
Integrierte Qualitätsentwicklung 144
Interaktion, themenzentrierte 157, 164 f.
Interne Kommunikation 197
Interpersonelle Konflikte 169
Intrapersonelle Konflikte 168

Jahresbericht 206
JOHARI-Fenster 161
Jour fixe 37

Kalkulation 95
Kameralistisch 107
Kampf 171
Kaufmännisch 107
Kind, Recht des 231
Kindergarten-Einschätz-Skala 132
Kindertageseinrichtungen, Fachwirtin für 9
Kindeswohl 126
Kindgerechter Tagesablauf 41
Kita-Finanzierung, öffentliche 93
Kohäsion 69
Kohäsionsaspekt 18
Kollegiale Beratung 244
Komm-Struktur 147
Kommunale Förderung 93 f.
Kommune 93, 96, 106
Kommunikation 112, 147
Kommunikation, externe 198
Kommunikation, interne 197
Kommunikation, Modell von 152
Kompetenzen 19
Kompetenzschwerpunkte 15
Kompromiss 171
Konfliktbearbeitung 170
Konfliktbewältigung 168, 174
Konflikte, interpersonelle 169
Konflikte, intrapersonelle 168
Konfliktlösung 170
Konfliktlösungsmatrix 176
Konfliktmanagement 147
Konfliktverhalten 173
Konkurrenz 211
Konsens 171
Kontrolle 86
Kontrollfehler 87
Konzept der DIN EN ISO 9000 133
Konzeption, Inhalte der 228
Konzeptionsentwicklung 225
Körpersignale 158
Kostenarten 110
Kostenrechnung 92, 110
Kostenstellen 110
Kostenträger 110
Kreis, Kronberger 128
Kritikgespräch 187
Kronberger Kreis 128
Kunden 125, 212
Kundenzufriedenheit 125

Legitimation 126
Legitimierung 20
Leistungsbereitschaft 84
Leiterinnenrolle 178
Leitung 13
Leitung, Rollenverständnis von 17
Leitungsaufgabe 9
Leitungsbereich 112
Leitungspersönlichkeit 11
Leitungsverhalten, gutes 21
Licht 120
Lokomotion 19, 69

Macht 20
Machtaspekt 151
Marketing 211
Marketinginstrumente 218
Marketingmix 218
Marktdurchdringung 216
Marktentwicklung 223
Markterschließung 216
Marktforschung 218
Maslow 89
Materielle Anerkennung 189
Methodenkompetenz 14
Mitarbeiter/-innen 235
~besprechung 31, 33
~führung 68
~gespräch 177, 180
~raum 112
Modell von Kommunikation 152
Modelle, ablauforientierte 127
Modelle, ergebnisorientierte 127
Motivation 70, 89
Motivatoren 91

Nachgeben 171
Nachricht, Seiten einer 152
Nachtragshaushalt 97
Nachtragshaushaltssatzung 102
Nonverbale Anerkennung 189
Nonverbale Ebene 150

Öffentliche Kita-Finanzierung 93
Öffentlichkeitsarbeit 192, 218
Organigramm 134
Organisationsformen, teamorientierte 53
Organisationsklima 69
Organisationsmittel 118
Organisationstypen 177

Paraphrasieren 154
Pauschalbetrag 95
PC 120 f.
Personalarbeit 257
Persönliche Aussagen 167
Potenzielle Teams 55
PR 192

Preisgestaltung 218
Pressearbeit 205
Produktentwicklung 216
Professionelle Beobachtung 238
Profil 211, 214
Prozesse, gruppendynamische 62
Pseudo-Teams 54
Public Relations 192

QM-Linien 126
Qualität, Ebenen der 127
Qualitätsentwicklung 123
Qualitätsentwicklung, integrierte 144
Qualitätsentwicklung, Schritte zur 146
Qualitätsentwicklungsprozess, individueller 129
Qualitätshandbuch 225
Qualitätsmanagement 123
Qualitätsmanagement-Handbuch 133
Qualitätsmanagementkonzepte, Dimensionen der 144

Recht des Kindes 231
Reklame 192
Ressourcen 44
Rollen, gruppendynamische 63
Rollen, soziale 11
Rollenerwartungen 11 f.
Rollenkonflikte 15
Rollenverständnis von Leitung 17

Sachebene 150
Scheinfragen 166
Schlüsselqualifikationen 14
Schlüsselsituationen 144
Schritte zur Qualitätsentwicklung 146
Seiten einer Nachricht 152
Seitengespräche 167
Selbsteinschätzung 73
Selbstkontrolle 87
Selbstreflexion 72, 172
Selbstveränderung 131
Selbstverwirklichung 89
Sender 152
Setzen von Zielen 44
Sicherheit 112
Signale 158
Situationsorientiertes Entscheiden 77
Situationsorientiertes Führen 77 f.
Sitzposition 159
Smalltalk 160
Sozialdaten 253
Soziale Rollen 11
Sozialmanagement-Lehrgänge 9
SPEED 117
Stabilisationsfaktoren 91
Stärken-Schwächen-Analyse 223
Statischer Bereich 113
Statistik 206
Stellenbeschreibung 140
Stellenplan 105, 108
Stimme 159
Störfaktoren 26
Störfaktorenanalyse 27
Störungen 30, 165
Strategiekombinationen 215
Subjektkompetenz 14
SWOT-Analyse 223 f.

Tagesablauf, kindgerechter 41
Tagesordnung 34
Tagesordnungsstruktur 35
Tagesorganisation 39
Tagesplanblatt 29
Tagesstruktur 38
Tätigkeitsorientierung 44
Team, inneres 13
Teamarbeit 57 f.
Teambesprechung 31, 33
Teamentwicklung 48
Teamentwicklungsphasen 50
Teamentwicklungsprozess 50
Teamgröße 49
Teamklima 69
Teamkommunikation 164
Teammitglieder 48
Teamorientierte Organisationsformen 53
Teamprofil 61
Teamrollen 64
Teams, echte 55
Teams, potenzielle 55
Teamsituation 58
Temperatur 120
Themenzentrierte Interaktion 157, 164 f.
Tisch 120
Trägerlandschaft 211
Trägerrolle 16
Trägerschaft, freie 106
Transparenz 16
Trendanalyse 220
TZI 164 f.
TZI-Dreieck 165

Überplanmäßige Ausgaben 104
Umfeldanalyse 221
Unechte Deckungsfähigkeit 104

Verantwortungsraster 136
Verbale Anerkennung 189
Verbalisieren 154
Verfahrensanweisungen 134
Verfügungszeit 40
Verhaltensgitter 75
Verkauf 218
Vermögenshaushalt 99, 102
Verschwiegenheitsverpflichtung 254
Vertrauensorientierter Führungsstil 71
Verwaltungshaushalt 92, 99, 102
Verwaltungsorganisation 111
Vorbereitungsbogen 184
Vorbereitungszeit 40
Vorgaben 86
Vorgesetztenrollen 17

Wachstumsbedürfnisse 91
Wahrnehmung 161
Watzlawick 149
Werbung 192
Widerstand 84, 88
Wir-Gefühl 18
Wirtschaftlichkeit 124
Wirtschaftlichkeitsfragen 123
Wirtschaftsplan 107

Zahlungsverkehr 92
Zeitinventur 24
Zeitmanagement 22
Zeit-Personen-Gitter 249
Zeitplanung 44, 245
Ziele 45
Ziele setzen 44
Zielebenen 47
Zielformulierungen 46
Zielgruppen 196
Zielgruppenorientierung 196
Zielorientierung 44
Zielplanung 16
Zielvereinbarungen 177
Zuhören 155